Maria Leondin

Die Liebe im Zeichen der Sterne

Maria Leondin

Die Liebe im Zeichen der Sterne

PARTNERSCHAFTS-
HOROSKOP

tosa

Umschlag von Beate Dorfinger unter Verwendung einer Abbildung der Buenos Dias Bildagentur sowie eines Bildes „Body Zodiac“ der Tushita Fine Arts GmbH.

Druck: Ueberreuter Print

Inhalt

Vorwort

Haben Sie sich auch schon gefragt, warum Sie immer den Falschen finden? Wer überhaupt zu Ihnen passen würde? Wollen Sie endlich wissen, ob es die berühmten Gegensätze sind, die sich anziehen, oder ob Sie lieber nach jemandem Ausschau halten sollten, der Ihnen ähnlich ist?

In diesem Buch finden Sie Antworten auf all diese Fragen. Jedes Tierkreiszeichen wird auf den Prüfstand gehoben und eingehend untersucht: Wie steht es mit Beruf und Berufung? Wie bandelt man mit diesem Wesen am besten an, was sollte man besser lassen? Was kommt auf Sie zu, wenn es dann „zur Sache" geht – ein schnurrender Kater oder ein polternder Elefant, ein schweigender Genießer oder ein Analytiker selbst noch im Bett? Was bedeutet diesem Wesen der Begriff Partnerschaft? Wie werde ich dieses Wesen notfalls möglichst schmerzlos wieder los? Und, die wichtigste Frage von allen: Wer paßt zu wem?

Die Beziehungen zwischen den einzelnen Vertretern des Tierkreises werden hier aus einer etwas unüblichen Perspektive unter die Lupe genommen. Die Ergebnisse sind manchmal nicht so, wie Sie sie aus anderen Büchern gewohnt sein dürften. Bei Kombinationen wie Zwillinge/Zwillinge oder Waage/Waage, zu denen es oft heißt, Gleich und Gleich gesellt sich gern, bleibt bei genauerem Hinsehen die Gratulation im Halse stecken. Solche Verbindungen klingen zwar harmonisch und plausibel, doch im Falle eines Streits bleibt kein Raum für Entwicklungen, weil die Partner (außer ihren eigenen Fehlern) nichts voneinander lernen können.

Partnerschaft als Entwicklungsaufgabe, das klingt nach Mühsal. Doch es lohnt sich allemal, sich dieser Aufgabe zu stellen. Schließlich genießen sicher auch Sie es, wenn Ihnen Ihr Partner hilft, bestimmte Dinge leichter anzugehen, weniger verkrampft zu sehen und damit aus so mancher Sackgasse herauszukommen, in die Sie sich ohne ihn manövrieren würden. Auch wenn er Ihnen mit seinem Sinn für Poesie und Romantik den Zugang zu Ihrer eigenen Gefühlswelt eröffnet, ist das ein Lernerfolg aus einem Miteinander, das zu einer Bereicherung für Sie beide werden kann.

Scheinbar haarigen Beziehungen wird in diesem Buch daher immer wieder eine wohlbegründete Chance gegeben.

Auch Tierkreiszeichen, um die man der landläufigen Meinung zufolge besser einen Bogen machen sollte, kommen hier weitaus besser weg als in der vergleichbaren Literatur. Während nämlich bestimmte Wesen meist nur in ihrer erwachsenen, reifen, „erlösten" Form Thema der Astrologie sind, werden diese Tierkreiszeichen hartnäckig in ihrer unentwickelten Form behandelt, so als gäbe es gar keine erwachsenen, ausgeglichenen Jungfrauen, Krebse oder Skorpione.

In diesem Buch werden die Elemente, die den Tierkreiszeichen zugeordnet sind, immer wieder erwähnt – hier ein Überblick für Sie zum raschen Nachschlagen:

Widder, Löwe, Schütze	Feuer
Stier, Jungfrau, Steinbock	Erde
Zwillinge, Waage, Wassermann	Luft
Krebs, Skorpion, Fische	Wasser

Zum Abschluß möchte ich Ihnen etwas sehr Wertvolles wünschen, und ich hoffe, daß Ihnen dieses Buch den Weg dahin zumindest erleichtern kann: reifere, mutigere Beziehungen und den Traumpartner Ihres Lebens.

Maria Leondin

Die Liebe im Zeichen des Widders

Der Widder – 21. März bis 20. April

Energisch, begeisterungsfähig, beweglich und voller Unabhängigskeitsdrang – so präsentieren sich die Menschen, die im Zeichen des Widders geboren wurden. Zu ihrer Tatkraft, ihrem Sinn fürs Praktische und Praktikable, ihrer Zielstrebigkeit und ihrer gesamten positiven Dynamik gesellen sich oft aber auch Schattenseiten wie Gier, Anmaßung, Willkür, Reizbarkeit und Streitsucht. Ein streichelweicher, unkomplizierter Zeitgenosse ist der Widder sicherlich nicht. Dafür aber ein umso interessanterer.

Mit einem Widder an Ihrer Seite brauchen Sie eine gute Kondition. Er scheint ständig in Eile zu sein, von einem Ereignis zum nächsten zu hetzen, ständig auf der Jagd nach noch größeren Abenteuern, Erfolgen, Reizen. Er scheut auch nicht davor zurück, Streit anzuzetteln oder künstliche Krisen zu erzeugen, wenn ihm eine Situation uninteressant erscheint.

Widder lieben den Kampf als aufregendes Spiel. Wer den Konflikt scheut oder todernst nimmt, verwandelt sich in ihren Augen schnell zum Spielverderber. Mit einem Widder als Partner sollten Sie daher tunlichst lernen, zu streiten. Er wird es Ihnen leicht machen: Als geborener Krieger ist der Widder ein fairer Kämpfer, der Ihnen so schnell keinen Streit nachtragen wird – selbst wenn er ihn verloren hat!

Elegante oder spitzfindige Kompromisse sind dagegen bei ihm verschenkt. Oft wird er sich nicht einmal die Zeit nehmen, den vorgeschlagenen Ausgleich auch nur anzusehen.

Ein Widder erlebt sich als Maß aller Dinge, als Angelpunkt seiner Welt. Auf Fehler und Schlampereien reagiert er ungeduldig und gereizt. Was auf den ersten Blick wie Ordnungsliebe wirken mag, entpuppt sich bei näherem Hinsehen jedoch als verletzte Eitelkeit. In seinem tiefen Inneren hält sich ein Widder für einwandfrei und ist daher der Ansicht, nur ebenso Einwandfreies zu verdienen. So verlangt er von allen kompromißlos das Beste, sucht jedoch gleichzeitig weiter nach einem oder einer noch Besseren.

Diese egozentrierte Weltsicht bleibt nicht ohne Folgen auf die zwischenmenschlichen Beziehungen des Widders. Im Job erwartet er von anderen die Erledigung der Grundlagen und der lästigen Routine, um selbst mit kreativen, zukunftsweisenden und zielorientierten Entscheidungen zu brillieren; in der Liebe dreht sich alles um seine drängende erotische Lust. Seine Mitmenschen – Mitarbeiter wie Partner – werden dabei schnell zu Objekten, die er ohne den Anflug eines Bedauerns austauscht, wenn sie seinen Bedürfnissen nicht mehr gerecht werden.

Das heißt jedoch nicht, daß der Widder ein unangenehmer Zeitgenosse oder ungerechter Chef wäre. Sein Feuer ist ansteckend, und so reißt er in seiner Begeisterung seine gesamte Umgebung mit.

Beruf und Berufung

Der berufliche Aufstieg dieses Sternzeichens wird durch den scharfen Intellekt unterstützt, der die Widder-Geborenen mit einer raschen Auffassungsgabe ausstattet. In der Gestalt von Medizinern und Wissenschaftlern begegnen sie einem besonders häufig wieder – sofern sie ihre universitäre Ausbildung abschließen. Ungewöhnlich viele Widder werden allerdings von Herausforderungen der Praxis vorzeitig in technische Berufe gelockt.

Ihrem beruflichen Werdegang schadet die abgebrochene akademische Laufbahn nicht. Sie scheinen immun gegen Streß zu sein, und da sie nicht an Details kleben und ihre Ziele immer das Ganze berücksichtigen, sind sie für

Führungsfunktionen wie geschaffen. Mehr noch, nicht selten reklamieren sie den Chefsessel sogar sehr nachdrücklich für sich. Bevor sich ein Widder mit einer untergeordneten Position zufrieden gibt, gründet er lieber sein eigenes Unternehmen. Was Astrologen bislang als sichere Schlüsse aus Sternbildern und Analogieketten folgerten, ist nun auch statistisch belegt.

Gunther Sachs attestierte nach dem Auswerten von Millionen Daten (Die Akte Astrologie, München 1997) den einzelnen Sternzeichen ihre Besonderheiten. Die Widder-Geborenen füllen in dieser Untersuchung die Kategorie der Selbstständigen weit überdurchschnittlich. Und sie machen ihre Sache hervorragend, so daß Sie in den meisten Fällen bei einem Widder nicht nur auf einen erfolgreichen, sondern auch auf einen finanzkräftigen Menschen stoßen werden.

Ihre Kommunikationsfähigkeit macht Widder zu brillanten Consultern, ihre rhetorische Begabung und ihre Kampfkraft zu wünschenswerten Anwälten. Da Widder-Geborene gern in der Öffentlichkeit stehen, sind sie außerdem in der Riege der Politiker häufig anzutreffen. Ihre Überzeugungskraft setzen sie allerdings auch als Tierzüchter in der Landwirtschaft oder als Soldaten ein. Schließlich wird man sie auch als Profisportler in Kampf- und Mannschaftssportarten häufig antreffen.

Bei aller Brillianz – den praktischen Dingen des Alltages ist der Widder eher hilflos ausgeliefert. Seine Buchhaltung überläßt er trotz – oder gerade wegen – seiner perfektionistischen Art besser anderen, und auch bei seiner Steuererklärung ist er für Hilfe dankbar.

Finanzielle Entscheidungen liegen ihm ebensowenig, es sei denn, es handelt sich um strategische Maßnahmen in großem Stil. Dabei kommt ihm seine Fähigkeit zugute, alle relevanten Faktoren zu berücksichtigen, während er auf sein

Ziel zusteuert. Beim alltäglichen Haushalten geraten ihm dagegen seine unglaubliche Großzügigkeit und seine Impulsivität viel zu leicht in die Quere.

Der hoffnungsvolle Anfang

Einen Versuch ist es allemal wert, zumindest einmal im Leben die Aufmerksamkeit eines Widders zu erregen. Ist sein Jagdtrieb erst einmal erwacht, wird er unverzüglich damit beginnen, Sie von seinen Vorzügen zu überzeugen. Sie werden staunen, welche unwiderstehlichen Eigenschaften Sie an ihm entdecken. Zielstrebigkeit und Selbstbewußtsein vereinigen sich im Widder nämlich zu einer Mischung, die eines Staubsaugervertreters würdig ist.

Einen Widder findet man an allen Plätzen dieser Welt, an denen etwas los ist. Rauschende Parties, gesellschaftliche Happenings, kulturelle Events oder politische Veranstaltungen – Hauptsache, es geht hoch her und er ist mitten im Geschehen.

Wenn Ihnen in einer derartigen Umgebung das Objekt Ihrer Begierde deshalb auffällt, weil es von den begehrenswertesten Gästen des Abends umringt wird und trotzdem nach einem noch geistreicheren, schöneren oder reicheren Flirt Ausschau hält, können Sie ziemlich sicher sein, einen Widder im Visier zu haben. Widder werden auch in der Liebe ihrem Ruf gerecht, sich nicht mit kleinen Freuden zufrieden zu geben, sondern ihre Ziele hoch zu stecken und kompromißlos zu verfolgen.

Einen Widder fangen Sie am leichtesten ein, indem Sie sich zum Ziel seiner Wünsche und Begierden machen. Widder geben nämlich nur höchst ungern die Zügel aus der Hand. Sie wollen erobern, nicht erobert werden. Verbieten Sie einer Widder-Frau, ihre Rechnung im Restaurant selbst zu bezahlen, und Sie werden vermutlich kein zweites Rendezvous mit ihr erleben. Aus dem gleichen Grund wird sich ein Widder-Mann irritiert zurückziehen, wenn Sie sein ritterliches Angebot, Ihnen in den Mantel zu helfen, rüde zurückweisen.

Wahrscheinlich werden Sie anfangs überhaupt nicht merken, daß Sie die Aufmerksamkeit des Widders erregt haben. Als meisterhafter Jäger beobachtet er seine „Beute" meist eine Weile aus den Augenwinkeln. In dieser Zeit rückt er sich selbst ins rechte Licht, erst dann geht er zum Angriff über. Er wird ein wahres Feuerwerk an Worten in die Runde schießen und sich im Glanz seines Intellektes und seiner geschliffenen Rhetorik präsentieren. Vielleicht können Sie ihn sogar das eine oder andere Mal dabei erwischen, wie er seine Wirkung selbstverliebt in einem Spiegel beobachtet.

Nähern Sie sich dem Widder zunächst auf der intellektuellen Ebene. Zeigen Sie sich als aufmerksamer, jedoch nicht als schweigsamer Zuhörer. Fordern Sie ihn ruhig heraus, versuchen Sie allerdings keinesfalls, das Interesse der restlichen Runde von ihm abzuziehen.

Wenn Sie mit „Ihrem Widder" in ein Zwiegespräch eintauchen, können Sie durchaus auch an seine Ritterlichkeit appellieren. Die Krieger des Mars sind sehr hilfsbereit. Vermeiden Sie jedoch, als Opfer aufzutreten, suchen Sie lieber seine Unterstützung für ein Vorhaben oder fragen Sie ihn um Rat.

Ist das alles nicht nach Ihrem Geschmack, dann holen Sie den Widder am besten auf die Tanzfläche. Zur hohen Kunst des Flirts gehört, ihn nicht aufzufordern. Locken Sie den Widder-Geborenen lieber hinter sich her. Tanzen Sie wild und selbstbewußt allein zu heißen Rhythmen, und Sie werden schnell seine Gesellschaft genießen. Viele Widder sind hervorragende Tänzer, die sich taktsicher und elegant allein auf dem Parkett bewegen, die jedoch genauso hinreißend führen.

Ein schneller, rhythmischer Tanz in den Armen eines Widders ist ein sehr genauer Vorgeschmack auf die erotischen Genüsse, die auf Sie warten. Signalisieren Sie ihm in solchen Augenblick niemals etwas, was Sie nicht zu halten bereit sind. Wenn die Aggressivität des Widders auch sonst stark spielerische Elemente enthält, beim Sex versteht er keinen Spaß. Hinhaltetaktik oder erotische Neckereien machen ihn rasend. Entweder dreht er sich auf dem Absatz um und geht, ohne Sie jemals wieder eines Blickes zu würdigen. Oder er nimmt sich, was ihm so offensichtlich versprochen wurde. Die alte Machoweisheit „Eine Frau meint `ja´, wenn sie `nein´ sagt", könnte dem Weltbild eines Widder-Mannes entstammen.

Hat es beim ersten Treffen noch nicht so richtig gefunkt, präsentieren Sie „Ihrem Widder" beim nächsten Mal gleich mehrere aufregende Möglichkeiten. Es muß nicht unbedingt eine heiße Party sein, Widder fühlen sich auch in Theater- und Konzertsälen wohl, lieben Sportarenen und haben auch etwas für Museen übrig. Oder gehen Sie mit ihm an die frische Luft.

Bei all der Aggressivität und Angriffslust, die dem Widder landläufig bescheinigt werden, mag der Rat, „Ihren Widder" zu einem Spaziergang zu verführen, verwunderlich klingen. Doch ist dieser leidenschaftliche Mensch gleichzeitig voller Schönheitssinn und Harmoniebedürfnis. Er liebt hochgelegene und wildromatische Orte; durchforsten Sie mit ihm Walddickichte, erstürmen Sie Gipfel oder brausen Sie über steile Schipisten.

Sie sollten sich allerdings sicher sein, daß Sie mit ihm Schritt halten können. Muß er Ihretwegen warten, ist die Affäre vorbei, ehe sie richtig begonnen hat. Richten Sie sich außerdem darauf ein, daß ein Widder in der Dunkelheit des Waldes oder in der Einsamkeit der Bergwelt nicht nur Händchenhalten vergnüglich findet. Ist dies auch nach Ihrem Geschmack, lockt ein wahres „Abenteuer Natur".

Eine weitere, überraschende Seite des Widders entdecken Sie, wenn Sie Ihr Programm auf seine enorm große, jedoch gut versteckte spirituelle Offenheit aufbauen. Sie dürfen nur nicht den Fehler machen, ihn mit der Aussicht auf die himmlische Entspannung nach einer gelungenen Meditation ködern zu wollen. Entspannung findet er langweilig. Locken Sie ihn hingegen mit dem Abenteuer anderer Welten und der Ekstase eines veränderten Bewußtseins, wird der Widder ziemlich sicher mit von der Partie sein.

Der Eros des Widders

Soviel Programm Sie sich auch ausdenken mögen, rechnen Sie nicht damit, daß „Ihr Widder" auch nur einen Ihrer Vorschläge aufgreift. Vermutlich hat er bereits sehr genaue Vorstellungen von dem, was er machen möchte – und das wird bei einem in Leidenschaft entbrannten Widder vor allem „das eine" sein.

Lange Vorspiele dürfen Sie weder von einem Widder-Mann noch von einer Widder-Frau erwarten. Viel lieber als umständliche und langatmige Zärtlichkeiten ist es ihm, wenn er Gelegenheit bekommt, einen wohldosierten Widerstand zu überwinden. Für zartbesaitete Liebende sind diese Zeitgenossen daher wirklich nichts.

Härter Gesottene kommen dafür in den Genuß seiner schier unendlichen Kondition – unter Umständen auch dann noch, wenn sie bereits schlafen. Aber an solchen Kleinigkeiten stört sich ein leidenschaftlicher Widder kaum. Und Sie werden erleben, wie umwerfend seine Überredungskraft sein kann. Sorgen Sie jedenfalls für einen vollen Kühlschrank – die erste Nacht mit einem Widder wird vermutlich lang. Ein großes Steak, viele scharfe Gewürze und reichlich frisches Obst kommen bei Ihrem Gefährten mit ziemlicher Sicherheit gut an. Myrrhe in der Duftlampe und zinnoberrote Kerzen für die richtige Atmosphäre bringen ihn noch zusätzlich in Fahrt.

Widder wollen Grenzen sprengen, im täglichen Leben genauso wie im Bett. Machen Sie sich also auf ein erotisches Abenteuer gefaßt und vergessen Sie lieber alles, was man gewöhnlich in Sachen Liebe tut oder läßt. Ort und Zeit, Stellung und Stimulation – alles muß der Widder zumindest einmal auch im glatten Gegenteil ausprobiert haben. Mit einer Ausnahme: Eine Annäherung von hinten wird er nicht zu schätzen wissen, so erotisch oder liebevoll sie auch gemeint sein mag. Ansonsten sind Ihrer und seiner Phantasie jedoch keine Grenzen gesetzt.

Der Widder-Mann ist ein drängender, fordernder Liebhaber, der in seiner Leidenschaft alles um sich herum vergißt. Nur als fragliches Experiment ist er bereit, der Frau die dominante Position einzuräumen – doch selbst dann gelingt es ihm noch, den Takt anzugeben. Er bevorzugt es, sich seiner Partnerin von hinten zu nähern, und noch lieber sorgt er dafür, daß sie sich kaum rühren kann. Das erlaubt ihm, seiner Lust mit voller Kraft ihren Lauf zu lassen, wobei er allerdings freilich immer wieder an Schmerzgrenzen stößt.

Tage zählend zu verhüten, stößt mit einem Widder an die Grenzen der Unmöglichkeit. Doch ist der Widder keinesfalls unsensibel. Eine Frau, die auch im Bett selbstbewußt mit ihrem Körper und ihren Bedürfnissen umzugehen versteht, kann ihm schon mit kleinen Gesten ihre Grenzen vermitteln. Doch meist ist das überhaupt nicht notwendig. Die Begeisterung des Widder-Mannes ist so ansteckend, daß sich selbst solche Grenzen verschieben.

Die Widder-Frau verträgt es durchaus, zunächst etwas heftiger angefaßt zu werden. Sie genießt dies als furiose Overtüre, um schlußendlich die gesamte männliche Energie ihres Partners doch zu unterwerfen. Mit all ihrer Kraft schwingt sie sich zu seiner Herrin auf, um ohne Rücksicht auf Konventionen und Beschränkungen von Gipfel zu Gipfel zu stürmen. Ein Liebhaber, der sich nicht verschrecken läßt und mit ihr Schritt hält, wird von ihr zu ungeahnten Höhen geführt – auch wenn sein Körper am Ende Biß- und Kratzspuren aufweisen könnte. Ist sie befriedigt, sinkt sie als schnurrendes Kätzchen zurück in die Kissen. Kaum zu glauben, daß dieses anschmiegsame Wesen noch kurz zuvor eine wahre Furie war.

Den Rahmen für Ihr Liebesspiel mit einem Widder sollten Sie so abwechslungsreich wie möglich gestalten, wobei es Ihnen kaum gelingen wird, auf Tabus zu stoßen. So wird sich Ihr Widder-Partner in einem Porno-Kino genauso wohl fühlen wie in einer Tantra-Gruppe, in der gleich mehrere dutzend Paare miteinander auf die alles auflösende sexuelle Ekstase zusteuern. Er kann sich Ihnen im Auto ebenso ungeniert nähern wie auf dem Damenklo Ihrer Lieblingskneipe. Und vielleicht überrascht er Sie eines Tages mit einem Kamasutraset, einfach, um Neues auszuprobieren.

Bei soviel Selbstbewußtsein und Forscherdrang übersehen viele, daß auch ein Widder-Geborener seine physischen und psychischen Streicheleinheiten benötigt. Loben Sie seine erotischen Qualitäten immer wieder ausdrücklich. Solange Sie glaubhaft bleiben, wird Ihnen der Widder gerne zuhören. Doch wehe, Sie übertreiben. Der darauf folgende Spott kann so beißend sein, daß Ihnen alle weiteren Gelüste für den Augenblick vergehen.

Wenn Sie seinen Körper streicheln wollen, sollten Sie sich Kopf, Stirn, Augen, Ohren und Nase aussuchen. Auch einem intensiven, forschenden Kuß ist ein Widder nicht abgeneigt. Und ein Hauch in sein Ohr oder ein unüberhörbares Stöhnen treiben ihn zu immer neuen leidenschaftlichen Höhepunkten. Doch Vorsicht, wer einen konzentriert am Schreibtisch arbeitenden Widder an seinen erogenen Stellen erwischt, wird bestenfalls ein abwehrendes Knurren ernten. Nur so, zum Spaß, läßt sich kein Widder erregen. Schließlich ist die Liebe eine viel zu ernste Sache.

Der Widder als Partner

Der Widder wird vom Mars regiert, Feuer ist sein Element. Genau wie das Feuer ist der Widder flüchtig und unberechenbar, schwer zu beherrschen und von zwiespältiger Wirkung – wärmend und zerstörend, nährend und verschlingend. Das Feuer verwandelt alles, was es berührt – und der Widder macht es ähnlich.

Das tägliche Werben um seine Aufmerksamkeit erfordert Kraft und Nerven. Überlegen Sie sich daher, ob Sie mit einem kurzen, heißen Flirt zufrieden sind oder ob Sie künftig permanent viel Überzeugungskraft in „Ihren Widder" investieren wollen. Machen Sie sich zudem klar, daß Sie es mit einem ungeduldigen Zeitgenossen zu tun bekommen. Auch das ist nicht jedermanns Sache.

Bedenken Sie schließlich, daß ein Widder dazu neigt, über die Eigenarten seines Partners hinwegzuleben – manchmal will er sie nicht zur Kenntnis nehmen, doch oft entziehen sie sich tatsächlich seinem Wahrnehmungsvermögen. Dieser augenscheinliche Mangel muß allerdings nicht unbedingt ein Nachteil sein. So wie der Widder immer wieder die Wünsche und Bedürfnisse seines Partners ignoriert, so versteht er es auch, über Ticks und Marotten des anderen großzügig hinwegzusehen. Und wer ist schon fehlerlos?

Dauerhafte Beziehungen sind mit einem Widder keineswegs ausgeschlossen. Und sie lohnen sich allemal. Ist „Ihr Widder" erst einmal von Ihrer Einmaligkeit und Außergewöhnlichkeit überzeugt, wird er Ihnen den Himmel auf Erden bereiten. Da er den Alltag haßt wie die Pest, übernimmt in solchen Fällen meist er die Aufgabe, Abwechslung ins Leben zu bringen. Ihnen bleibt dann die – zugegebenermaßen ebenfalls recht anstrengende – Aufgabe, seine Einfälle gebührend zu bewundern und mit ihm zu durchleben.

Für „gebrannte Kinder", die noch unter dem Schock einer schmerzlich erlebten Trennung stehen, ist der Widder jedoch sicherlich kein geeigneter Trost. Die Gefahr ist viel zu groß, sich an diesem Energiebündel erneut die Finger zu verbrennen. Wer jedoch der Öde des täglichen Einerleis entfliehen möchte und auf der Suche nach wilden Abenteuern bereit ist, etwas zu riskieren, dem sei der Widder wärmstens empfohlen. Und wer sich aus innerlicher Erstarrung lösen und an den lodernden Flammen der Leidenschaft aufwärmen möchte, für den ist ein Widder ein Geschenk des Himmels.

Die brodelnde Leidenschaft eines Marsjüngers können Sie sich nicht nur im Bett zunutze machen. Ein Widder an Ihrer Seite ist von unschätzbarem Wert, wenn Sie in nächster Zeit große Pläne umsetzen wollen oder Prüfungen jeglicher Art zu bestehen haben. Begeistern Sie Ihren Partner für Ihr Vorhaben, und er wird sich zielstrebig zum Motor des ganzen Projektes entwickeln.

Ähnlich nützlich ist ein Widder-Partner, wenn es darum geht, sich aus alten Zwängen zu befreien. Bei ihm werden Sie so gut wie immer ein offenes Ohr für Ihren Befreiungskampf finden, selbst wenn Sie das eine oder andere Mal über die Stränge schlagen. Sie sollten allerdings selbst das Augenmaß bewahren. Als geborener Krieger liebt der Widder den Kampf um seiner selbst willen. Er wird Sie kaum bremsen. Außerdem kennt er keine Gewissensbisse, wenn Konventionen verletzt oder Grenzen überschritten werden.

Der Widder-Mann

Macho, Chauvi, Rambo – männliche Widder gefallen sich offensichtlich in der Rolle des alle Widerstände brechenden Eroberers. Sie sind der Inbegriff des Männlichen: energiegeladen, aggressiv, explosiv. Fordernd und formend machen sie sich auf die Jagd nach ihrer Beute, einer begehrenswerten Frau. Doch wie bei jedem Jäger erlöscht auch beim Widder das Interesse schlagartig, wenn er das Objekt seiner Begierde erlegt hat. Im Augenblick des Triumphes zieht es ihn bereits zur nächsten Jagd.

Giacomo Girolamo Casanova, ein Widder-Mann in Reinkultur, zog mit einem schier unstillbaren Hunger nach schönen Frauen durch die Betten des europäischen Hochadels. In Madrid und Petersburg, in Paris, Berlin und Wien schien keine Frau vor der erotischen Gier des Venezianers sicher.

Casanovas Leben ist so, wie er es in seiner Autobiographie beschreibt, für einen Widder typisch: Wißbegierig und redegewandt bringt es der Sohn von Schaustellern zum Theologen und Juristen. Als Kardinalssekretär scheitert er jedoch an einem Mißgeschick – alltagstauglich sind Widder eben in den seltensten Fällen. Doch Casanova rafft sich auf, wird Paradeoffizier, erfreut sich der Protektion einflußreicher venezianischer Senatoren, wird zum Lebemann, Salonlöwen, und als Freund Voltaires zum Dichter. Die „sinnlichen

Genüsse", bekennt er, seien das Zentrum seines Lebens, Triebfeder all seiner Eskapaden.

Oft wird Casanova mit dem Marquis de Sade in einen Topf geworfen. Völlig zu unrecht, denn anders als der im Sternzeichen des Zwillings geborene de Sade zeigt der Widder Casanova wenig Interesse an Grausamkeit oder Gewalt. Seine Schriften werden an keiner Stelle obszön oder pervers, ja, entgegen den landläufigen Vorurteilen kann man sie kaum als lasziv bezeichnen. Casanova ist vielmehr auf der ständigen Suche nach immer ekstatischeren Genüssen, nach der vollendeten seelisch-körperlichen Liebe.

Knapp vor seinem 40. Geburtstag scheint sich keine europäische Frau, egal welchen Rang sie bekleidet oder aus welcher Schicht sie stammt, seiner Manneskraft entziehen zu können. Und so tauscht Casanova ganz nach der Art eines Widders eine gegen die andere aus, sobald ihm noch lustvollere Erlebnisse winken. Gleichzeitig wird ein anderer erstaunlicher Wesenszug seines Sternzeichens sichtbar: die Ritterlichkeit. Als echter Widder unterstützt er viele seiner Geliebten auch nach der schnellen Trennung durch Jahre hindurch finanziell.

Casanova leidet aber auch unter dem größten Schatten eines Widder-Mannes. Er erträgt es nicht, alt zu werden, hat panische Angst vor seinem Verfall im Allgemeinen und vor dem Verlust seiner Potenz im Besonderen. Krampfhaft versucht er, sein Altern zu ignorieren und stirbt schließlich als verbitterter Sonderling.

Die Widder-Frau

Spröde, unnahbar, ja selbst männerfeindlich wirken viele Widder-Frauen auf das andere Geschlecht. Eine krasse Fehleinschätzung, was Frauen in der Regel bei einer im

Zeichen des Widders geborenen Geschlechtsgenossin auf den ersten Blick erkennen. Taucht eine Widder-Frau als Rivalin auf, ist Gefahr in Verzug.

Widder-Frauen sind hinter ihrer spröden Fassade schillernde, widersprüchliche, temperamentvolle und faszinierende Geschöpfe. Ihr Leben verläuft selten geradlinig, doch sie können mit den Irrungen und Wirrungen gut umgehen, da sie Situationen blitzschnell erfassen und fast im gleichen Augenblick Entscheidungen treffen. Beobachtern mag die Widder-Frau deshalb oft als grausam erscheinen.

Ein besonders schillerndes Beispiel ist Lucrezia Borgia, die illegitime Tochter von Papst Alexander VI. Mit elf Jahren wurde das Kind zum ersten Mal vom Vater verlobt, wenige Wochen später bereits zum zweiten Mal. Mit 22 Jahren heiratete Lucrezia Borgia Alfonso d'Este, den Erben des Hauses Ferrara. Es ist bereits ihre dritte Ehe. Alfonsos Vorgänger waren den politischen Intrigen rund um ihren Vater und ihren mörderischen Bruder Cesare zum Opfer gefallen.

In diesen wechselhaften Zeiten stand Lucrezia ihre Frau. Sie vertrat – ganz gegen alle Usancen und geltendes Kirchenrecht – den abwesenden Vater monatelang im Vatikan und war einige Zeit die Regentin von Spoleto. Kurz, sie scheute vor keiner Herausforderung zurück, auch wenn das, was an sie herangetragen wurde, sie oft überfordern mußte.

Ihre Verlobung mit dem Herzog von Ferrara wurde in Rom mit Kanonenschüssen gefeiert. Die Familie ihres künftigen Mannes galt als besonders stolz. Zur Hochzeit schmückte sich Lucrezia Borgia wie eine typische Widder-Frau: ungewöhnlich, doch wirksam. Sie erschien mit einem dünnen Band schwarzer Seide im Haar und einer Perlenschnur um den Hals. Und sie wußte, was sie tat. Der spartanische Schmuck mochte unüblich sein, doch brachte er ihre spröde Schönheit optimal zur Geltung. Und so wurde sie auch vom Hause Ferrara frenetisch gefeiert. Ihr Mann legte seiner neuen Herzogin Teile des unveräußerlichen Familienvermögens zu Füßen. 15 Jahre lebte Lucrezia Borgia an der Seite ihres dritten Mannes. Sie trat als Förderin der Künste und Wissenschaften auf und gebar zahlreiche Kinder, bevor sie im Alter von 37 Jahren starb.

Der Nachwelt ist diese schillernde Frau als sittenlose Giftmischerin in Erinnerung geblieben. Der italienische Komponist Gaetano Donizetti dichtete ihr sogar den Mord an einem illegitimen Sohn an – ein Schicksal, das einer Widder-Frau würdig ist. In einem Umfeld von Mördern und Ehebrechern mußte ihre Fähigkeit, Herausforderungen anzunehmen und Schwierigkeiten zu meistern, auf Unverständnis stoßen.

Das schnelle Ende

Widder sind Idealisten. Sie sehen die Welt so, wie sie sie sehen möchten. Und dabei können sie erstaunlich lange „blind“ sein. Ein irritierter Widder überrennt ein Hindernis schlicht. Wenn dies nicht mehr geht und er von irgendwem oder irgendwas gezwungen wird, seine Sicht der Dinge aufzugeben, fühlt er sich betrogen. In einem solchen Fall neigt ein Widder zu harten Schnitten.

So wird er die eine oder andere Marotte seines Partners schulterzuckend kommentieren – sofern er sie überhaupt zur Kenntnis nimmt. Fühlt er sich jedoch getäuscht, ausgenutzt oder betrogen und wackelt das Bild, das er sich von seinem Partner gemacht hat, wird er sich kommentarlos umdrehen und gehen. Jeder Versuch, ihn zurückzugewinnen, wäre völlig vergeblich.

Doch Sie brauchen nicht so tief ins Grundsätzliche zu greifen, um „Ihren Widder“ schnell los zu werden. Es genügt vollauf, ihn mit der Routine des Alltags zu konfrontieren. Wenn Sie jeden Abend müde sind, auf Festen gelangweilt und schweigend im Eck stehen, erotische Annäherungen immer mit der gleichen Stellung beantworten, dann sieht er sich nach neuen Gefilden um. Deuten Sie an, daß Sie erwarten, jeden Samstag geliebt zu werden – „Ihr Widder“ wird sich in eine Staubwolke verwandeln. Oder gähnen Sie demonstrativ während des Liebesspiels. Er wird sich kaum ein zweites Mal so demütigen lassen.

Machen Sie Ihrem Widder Eifersuchtsszenen, fragen Sie ihn, wer gerade angerufen hat und was die Nummer auf dem Zettel in seiner Jackentasche bedeutet, oder betrügen Sie ihn offensichtlich. Hilft das alles nichts, stornieren Sie seinen Abenteuerurlaub zu Füßen des Vesuv und buchen Sie drei Wochen in einem bayrischen Kurbad. Sie werden sehen, Widder ziehen gerne weiter.

Der Widder und seine Partner

Widder und Widder

In der Astrologie haben zwei Widder miteinander schlechte Karten. Es seien Partnerschaften, so heißt es, die am Führungsanspruch der beiden scheitern müßten. Dieses Bild ist nicht ganz korrekt. Beobachten Sie Widder doch einmal in der Natur: Ihre Streitigkeiten mögen mörderisch erscheinen, haben jedoch unbestrittenerweise auch ihre spielerischen Elemente.

Ähnlich verhält es sich bei menschlichen Widdern. In der Regel können sie die aggressiven Spielchen ihres Partners wesentlich besser einschätzen als andere Menschen. Daher sind Widder/Widder-Konstellationen durchaus nicht so aussichtslos, wie häufig behauptet. Voraussetzung ist allerdings – und das mag klassischen FeministInnen nicht gefallen – daß die Widder-Frau grundsätzlich bereit ist, ihren Partner als „Leithammel“ anzuerkennen. Die Statistik gibt dieser These übrigens recht. Gunter Sachs (Die Akte Astrologie) bescheinigt Widder/Widder-Verbindungen eine ungewöhnlich hohe Beständigkeit.

Widder und Stier

Gegensätze ziehen sich bekanntlich an. Und so kommt es, daß ein Widder mit seinem Veränderungsdrang an dem Sicherheitsstreben eines Stiers Gefallen findet, und daß der Stier in seiner Beharrlichkeit von der Beweglichkeit des Widders angezogen wird.

Ist die erste Faszination jedoch erst einmal erloschen, kann die anfängliche Anziehung in heftige Ablehnung umschlagen. Die Großzügigkeit des Widders verwandelt sich für den Stier in reine Verschwendungssucht; und was für den Widder zunächst wie Sicherheit wirkte, entpuppt sich als Langeweile. Unverhohlen schaut er sich dann nach interessanteren Jagdgebieten um.

In dieser Phase ist die unterschiedliche Streitkultur besonders gefährlich. Beide Tierkreiszeichen sind mächtige Kämpfer. Doch während der Widder oft die vorhandenen Grenzen nur austesten möchte, ist für den Stier ein Streit eine Sache auf Leben und Tod. Dann flieht der Widder, denn ein entfesselter Stier ist auch für ihn eine Nummer zu groß.

Reife Persönlichkeiten haben trotz allem gute Aussichten, das Potential ihrer Unterschiede auszuschöpfen. Wobei dies im allgemeinen leichter gelingt, wenn die Frau im Zeichen des Widders und der Mann im Zeichen des Stiers geboren wurde. In dieser Kombinationen mildert das Geschlecht der Partner die Energien von Mars (Widder) und Venus (Stier).

Widder und Zwillinge

Der Widder als Jünger des Feuers fühlt sich von den Vertretern der Luft magisch angezogen. Schließlich weiß er, daß er ohne dieses Element über kurz oder lang ersticken muß. Dieses Wissen macht die beiden zu einem originellen, durchsetzungskräftigen Gespann: Die Zwillinge tragen die kreativen Ideen in dieses Zusammensein, und der Widder setzt sie durch.

Auch mit den gegenseitigen Schatten können die beiden recht gut umgehen. Der Widder hält die herumflatternden Zwillinge bei der Stange – zur Not auch einmal mit einem deutlichen Schubs in die richtige Richtung. Die Untreue des Partners beantwortet er schlicht mit einer eigenen Eskapade, um sich dann innerlich völlig versöhnt wieder den erotischen Ideen der Zwillinge hinzugeben.

Die Zwillinge verstehen es ihrerseits, mit der Kampflust des Widders umzugehen. Einem Streit sind sie zwar nicht gewachsen, doch greifen die Jünger Merkurs in solchen Fällen zu einer ausgeklügelten List. Solange sich der Widder dadurch nicht grob getäuscht fühlen muß, geht das auch recht gut.

Widder und Krebs

Daß Widder und Krebs tatsächlich aufeinander treffen, hat Seltenheitswert. Schon beim ersten Liebeswerben wird sich der Widder vom Zickzack-Kurs des Krebses auf den Arm genommen fühlen, obwohl der Krebs ihm in Wahrheit näher rückt. Das ist schade, denn eigentlich passen sie gerade auf erotischem Gebiet sehr gut zusammen. Außerhalb des Bettes werden die Differenzen jedoch schnell unüberwindbar.

Das beginnt bereits an der Bettkante. Während der Krebs noch in den Federn kuschelt, drängt es den Widder zu seinen Kumpels in die Kneipe – oder, für den Krebs noch schlimmer, ins nächste Pornokino. Der Widder sucht das Abenteuer, der Krebs die Sicherheit. Der Widder ignoriert seine Umgebung, der Krebs will von allen geliebt und anerkannt werden. Der Widder ist ein Feind jeglicher Regelmäßigkeiten, der Krebs wird stark von inneren Rhythmen beherrscht. Der Widder liebt das Tempo, der Krebs mag nicht gedrängt werden. So müssen sie enorm viel lernen und akzeptieren – aber wie immer liegt darin auch eine enorme Chance auf persönliche Entwicklung.

Widder und Löwe

Widder und Löwe – diese Kombination verspricht eine lebendige, sprühende Partnerschaft. Das Naturell der beiden zwingt sie zwar immer wieder, um die Führung zu streiten. Böse sind sie sich jedoch nie lange. Und das ist bekanntlich bereits der halbe Weg zum Beziehungserfolg. Das hilft ihnen letztlich auch, sich wechselweise Eifersuchtsanfälle und Eskapaden zu verzeihen.

Alles in allem wird es eine lebhafte Beziehungskiste, die sich jedoch trotz aller Stürme als erstaunlich stabil erweist. Ein Blick in die Statistik bestätigt das astrologische Urteil übrigens auch in der Praxis: Vor allem Widder-Frauen zeigen ein deutlich überproportionales Interesse an Löwe-Männern und heiraten sie so gern wie sonst nur das eigene Sternzeichen oder Schützen. In der Scheidungsstatistik fallen diese Paare dagegen nicht auf. Anders die Widder-

Männer: Sie zögern deutlich stärker, sich an Löwe-Frauen zu binden. Dafür sind die Ehen, die trotzdem eingegangen werden, deutlich zerbrechlicher als andere.

Widder und Jungfrau

Widder und Jungfrau, Feuer und Erde: Im ersten Augenblick mag man geneigt sein, dieser Beziehung keinerlei Chancen zu geben. Aber so unmöglich ist sie dann doch nicht. Die Qualitäten von zwei bewußten Spezies dieser Arten fügen sich nämlich eigentlich sehr leicht zu einem harmonischen Ganzen zusammen: Der Widder bringt die Jungfrau in Schwung, stürmt mit ihr ins Chaos, bringt sie jedoch auch wohlbehalten wieder heraus. Das führt bei ihr mit der Zeit zu jener Sicherheit, die aus ihr ein ganz unkompliziertes Wesen macht. Daher ist der Widder auch im Bett wie geschaffen, eine Jungfrau zu erwärmen.

Haben sich die beiden erst einmal an die gänzlich andere Welt ihres Partners gewöhnt, profitieren sie ungewöhnlich stark voneinander. Der Widder gibt seinem Jungfrau-Partner kaum die Chance zu selbstquälerischen Gedanken oder Handlungen; und die Jungfrau schützt den Widder vor zu großen Folgen seines unüberlegten Draufgängertums.

Widder und Waage

In dieser Kombination treffen zwei unverbesserliche Idealisten aufeinander. Doch während der Widder seine Ideale im Außen sucht, kreiert sich die Waage die ihren in ihrem Inneren. Nichtsdestotrotz können beide rasend werden, wenn sie von ihrem Partner diese Ideale verraten sehen. Darin liegt die Gefahr, aber auch die ungeheure Chance dieser Beziehung.

Schafft es ein Widder, sich in den Dienst einer Waage zu stellen, so werden sie vermutlich miteinander die Welt verändern. Das Problem ist nur, daß ein Widder so ungern dient, das phantasievolle Potential der Waage jedoch nach einem bedingungslos loyalen Diener schreit. Doch sobald die beiden dieses Dilemma gelöst haben, bilden sie ein Team, dem man weder privat noch beruflich so schnell etwas entgegen setzen kann.

Im Bett spiegelt die Kombination von Widder und Waage im Detail, was auch allgemein gilt. Der Widder ist die treibende Kraft; manchmal die allzu treibende. Der Waage kommen bei diesem Draufgänger Romantik und Harmonie zu kurz. Sie fühlt sich zum Lustobjekt degradiert, wenngleich sie seiner Kraft auch viel abgewinnen kann. Auch hier gilt es, sich aneinander zu gewöhnen und das Weltbild des Partners zu begreifen. Gelingt dies, so kann dieses ungleiche Paar miteinander auch auf dieser Ebene erotische Höhen erreichen, die ihnen sonst versagt bleiben.

Widder und Skorpion

In dem hartnäckigen, geduldigen Skorpion fände der ungezügelte Widder eine ideale Ergänzung. Der Skorpion vermag den Widder vor unbedachten Aktionen zu schützen, während der Widder den Skorpion davor bewahrt, sich in fixe Ideen zu verbeißen.

Es handelt sich um eines jener Gespanne aus Feuer und Wasser, in der die gegenseitige Begrenzung die vernichtende Kraft der Elemente im Zaum hält und neue Produktivität entstehen läßt. Es wäre also durchaus vielversprechend, zumal der Skorpion als „Draufgabe“ über eine unvergleichlich trickreiche erotische Palette verfügt, die ganz nach dem Geschmack des Widders ist.

Doch leider kommt es dazu kaum. Denn bevor sie auch nur einen Teil des gemeinsamen Potentials ausleben können, haben sich die beiden zerrieben. Denn beim Skorpion stößt der Widder, der für sein Leben gerne Streit anzettelt, auf einen unerbittlichen Feind. Der eiskalten List dieses Gegners ist auch seine heiße Kampfkraft selten gewachsen. So werden aus den potentiellen Siegern zwei Verlierer.

Widder und Schütze

Mit Widder und Schütze treffen zwei Feuerzeichen aufeinander. Man darf also getrost erwarten, daß es heiß hergehen wird mit diesen beiden Vertretern des Tierkreises. „Sofort oder nie", lautet ihre Devise; wobei es wirklich schade wäre, wenn sie das hitzige Potential ihres Gegenübers ungenutzt vorbeiziehen ließen.

Auf den ersten Blick haben Widder und Schütze als Feuerzeichen sehr viel gemeinsam: Beide verfügen über einen regen Geist, ein ungestümes Temperament und große Kraft. Da in dieser Kombination keiner auf die Bremse steigt, werden sie sich vermutlich häufig die Köpfe einrennen. Aber das macht ihnen nicht viel aus. Beide sind so gebaut, daß sie Mißerfolge oder Streitigkeiten heftig ausleben und schnell abschütteln.

Darüber hinaus ergänzen sie sich optimal. Der Widder profitiert von den Ideen des Schützen, die er sich schnell als Ziel zueigen macht. Das wiederum freut den Schützen, denn so bekommt er endlich die Chance, etwas fertig zu machen.

Da der Widder es außerdem hervorragend versteht, den Schützen an die Freuden seines Körpers heranzuführen, werden die beiden ein wildes, aufregendes und befriedigendes Sexualleben teilen, indem so gut wie jede Nacht die Post abgeht.

Widder und Steinbock

Ein Widder, der an einen Steinbock gerät, sollte tunlichst auf seine Hörner achten. Denn an der stoischen Unbeweglichkeit dieses Gegenübers kann er sich leicht den Schädel einrennen. Auch sonst sind diese beiden Bewohner der Bergwelt nicht leicht zusammenzuspannen. Der Steinbock erscheint dem Widder spießig, der Widder findet den Steinbock albern.

Mit seiner schnellebigen, wendigen Art bedroht der Widder permanent das Sicherheitsbedürfnis des langsameren Steinbockes. Außerdem irritiert er ihn mit seiner Angewohnheit, das Leben zunächst einmal auf die leichte Schulter zu nehmen und Probleme zur Not mit einem heftigen Stoß ins Lot zu rücken. Doch gleichzeitg macht genau dies den Widder auch zu einem faszinierenden, anziehenden Gesellen für den Steinbock. Sein Humor, seine gradlinige Art und seine Offenheit gefallen ihm, und so kann es durchaus passieren, daß aus den beiden zumindest vorrübergehend ein Paar wird.

Im Idealfall entbrennt zunächst beim Steinbock die Liebe. Denn der Widder ist viel zu ungeduldig, um gegen die Festungsmauern eines zögernden Steinbocks anzurennen. Wahrscheinlicher ist allerdings, daß das Interesse der beiden vor allem erotischer Natur ist. Dann fallen kompliziertes Werben und umständliches Vorspiel weg, und sie treffen sich zu bewegenden, heißen Nächten im Bett des Steinbocks – zu nicht mehr, aber auch zu nicht weniger.

Widder und Wassermann

Trifft ein Widder auf einen Wassermann, so kann er eine erstaunliche Langmut entwicklen. Die Eskapaden des

Wassermanns können kaum so ausgefallen sein, daß der sonst so ungeduldige Widder seinen Gleichmut verliert.

Das liegt vermutlich nicht zuletzt daran, daß sich in jeder verrückten Idee des Wassermanns unendliche viele Ansatzpunkte für die Tatkraft des Widders finden. Er kann seine Kraft in deren Umsetzung stecken und wird dafür vom Wassermann begeistert gefeiert. Derartig abgearbeitet, bleiben weder Zeit noch Kraft für erzieherische Maßnahmen.

Für die Umgebung ist die Wirkung dieses Gespanns allerdings aufreizend anstrengend. Wo es geht und steht, versinkt zunächst einmal alles in Chaos. Beide sehen gerne über die Gefühle anderer Menschen hinweg, beide steuern ihre Ziele ohne Rücksicht auf Verluste an. Wie schmerzhaft sie dabei ihre Mitmenschen auch verletzen mögen, Widder und Wassermann kümmert das wenig.

Da die beiden keine Probleme haben, sich gegenseitig genügend Freiraum zuzugestehen und den eigenen mit Aktivitäten selbständig zu füllen wissen, verliert ihre Beziehung auf erotischem Gebiet nichts an Spannkraft. In den Armen eines Widders ahnt sogar der Wassermann, was körperliche Leidenschaft bedeuten kann. Und der Widder ist von den neuen, völlig tabulosen Einfällen seines Bettgenossen so fasziniert, daß er seine ansonsten so notorische Suche kaum aufnehmen muß. Gesetzt den Fall, daß beide genug Kraft für ihr anstrengendes Leben haben, werden sie ihre Beziehung lange Zeit in vollen Zügen genießen.

Widder und Fische

In einem Widder tauchen unweigerlich Pygmalion-Phantasien auf, wenn er den Fischen erstmals begegnet. Da scheint ein Wesen zu existieren, das er ganz nach seinen Vorstellungen zu formen vermag. Doch weit gefehlt, die Fische sind längst nicht so nachgiebig, wie es auf den ersten Blick scheint. Sie ziehen nur nicht in den Kampf, sondern entziehen sich lieber in die Tiefen des Wassers.

Ist der Widder ehrlich zu sich, dann ist ihm das so auch viel lieber. Er hat einfach nicht die Geduld und die Ausdauer, um ständig die Beschützerrolle zu spielen. Außerdem läßt ihn die Nachgiebigkeit der Fische ins Leere rennen, was er zutiefst verabscheut.

Wirklich vergnüglich wird es für den Widder nur im Bett. Die offene Hingabe und unverkrampfte Erotik seines Partners weiß er in vollen Zügen zu genießen, zumal ihn die Intuition und die Phantasie der Fische auch selbst auf neue Ideen bringen. Wenn etwas diese beiden zusammenhält, dann ist es die Erotik.

Die Liebe im Zeichen des Stiers

Der Stier – 21. April bis 20. Mai

Kennen Sie Ferdinand, den kleinen Stier aus dem Hause Walt Disney? Falls nicht, und Sie bekommen es mit einem Stier zu tun, dann sollten Sie ganz schnell Ferdinands Bekanntschaft machen.

Ferdinand sitzt verträumt auf seiner Wiese und schnuppert an den Blumen. Um ihn herum atmet alles Frieden und Harmonie – bis ..., ja, bis zu jenem Tag, als die Matadores in Ferdinands Heimat kommen. Sie suchen große, kräftige Tiere für den Stierkampf. Für den romantischen Ferdinand ist das nichts – doch leider, genau in jenem Augenblick, in dem sich die Männer aus der Stadt nähern, setzt sich Ferdinand auf eine Hornisse. Das folgende Schauspiel überzeugt die Matadores: Ferdinand, der Blumenfreund, der Genießer, der Philosoph und Pazifist ist der Richtige für die Arena.

Disneys Ferdinand ist ein typischer Vertreter seiner Art: ein ruhiger, friedlicher und ausgeglichener Zeitgenosse mit einem ausgeprägten Sinn für das Schöne im Leben. Fröhlich und sorglos genießt er seine Umgebung in vollen Zügen. Doch wehe, da gefährdet etwas die Ruhe dieses empfindsamen und empfindlichen Genießers. Im Augenblick verwandelt er sich zu „El Torro“, jener mörderischen Kampfmaschine, die alles um sich herum niederwalzt, um den Störenfried aufzuspießen. Blind vor Wut stürzt er los, um sich nach dem Abebben seiner Gefühle in einer gänzlich unmöglichen Situation wiederzufinden. Dann sitzt der Schöngeist da und muß damit leben, daß ihn alle für einen brutalen Kämpfer halten.

Dabei ist der Stier alles andere als brutal und rücksichtlos. Sieht man von solchen Wutanfällen ab, handelt es sich um einen sehr pragmatischen, lebenstüchtigen Zeitgenossen. Für wendigere Sternzeichen mag er manchmal auf der langen Leitung stehen; doch in Wahrheit beobachtet er eine Situation nur sehr gründlich. Bedächtig analysiert er das Geschehen, um dann seine Schlüsse zu ziehen und sie mit aller Konsequenz umzusetzen.

Stark, zäh und ausdauernd kämpft er sich durch die größten Widerstände. Das kann sich sehr positiv auswirken, weil der Stier auch dann noch energisch sein Ziel verfolgt, wenn andere längst aufgegeben haben. Genausogut kann es allerdings auch bedeuten, daß er starrsinnig und dickköpfig oder pedantisch auf seiner Sicht der Dinge besteht. Wer ihn dann von einem Fehler überzeugen will, hat einen schweren Stand.

Beruf und Berufung

Zähigkeit und Ausdauer beweisen Stiere beiderlei Geschlechts auch im Berufsleben. Es sind fleißige, konsequente Arbeiter, denen das angeborene Organisationstalent hilft, sich gut in Verwaltungsberufen, als Lehrer, Bankangestellte oder als Lagerhalter zurechtzufinden. Ihr Fleiß und ihre Zuverlässigkeit lassen sie oftmals zügig die Karriereleiter erklimmen. Mit einem Stier werden Sie daher in der Regel einen Menschen im Visier haben, der über kurz oder lang gut verdient.

In die obersten Chefetagen stößt der Stier allerdings immer seltener vor. In den Zeiten der alten „Firmenpatriarchen" reichten die positiven Stier-Qualitäten, um nach oben zu kommen. Daher werden Sie in der Riege der älteren Führungskräfte auch noch den einen oder anderen Stier entdecken. Dem heutigen Veränderungsdruck und der rasant wachsenden Informationsflut sind Stier-Geborene dagegen kaum gewachsen. Sie neigen dazu, Kleinigkeiten überzubewerten, vermögen Ratschläge und Kritik nicht wirklich zu schätzen, kritisieren jedoch selbst bis an die Grenzen zur Rechthaberei. Das macht sie zu unangenehmen Kollegen und vergiftet in Abteilungen, die von ihnen geführt werden, oft das Betriebsklima.

Der hoffnungsvolle Anfang

Auch wenn der Stier im Büro oft anzuecken vermag, in Gesellschaft wird er zum gewandten, charmanten Plauderer, der sich mit viel Feingefühl und Takt auf geselligem Parkett zu bewegen versteht. Er ist gerne unter Menschen, drängt sich jedoch kaum in den Vordergrund. Auf Parties finden Sie ihn eher am Rande, wo er mit sichtlicher Freude am Genuß teure Rotweine probiert oder sich auserwählte Häppchen sichert.

Doch bei allem Schliff, erwarten Sie nicht, daß dieser scheinbar so gesellige Mensch leicht zu verführen ist. Es wird Ihnen schwerlich gelingen, das Objekt Ihrer Begierde sofort abzuschleppen – es sei denn, Sie sind im Rotlichtmilieu unterwegs. Dort sind Stiere nämlich auf beiden Seiten überrepräsentiert – vermutlich, weil sie im Schutz der besonderen Spielregeln Leidenschaft entwickeln und trotzdem im Kern mißtrauisch und unnahbar bleiben können.

Geht es um mehr als um ein gekauftes Schäferstündchen, müssen Sie einen Stier zunächst von Ihren Reizen überzeugen. Das erste Rendezvous arrangieren Sie am besten in einem kleinen, aber feinen Restaurant. Stiere lieben gutes Essen und hervorragende Weine, reagieren angenehm angeregt auf Kerzenschimmer und leise klassische Musik.

Was „Ihren Stier“ tatsächlich in Fahrt bringt, ist jedoch recht schwierig abzuschätzen. Stier-Männer und Stier-Frauen entziehen sich handfesten „Gebrauchsanweisungen“.

Meist wird es Ihnen überhaupt nicht bewußt werden, was als wirkungsvolles erotisches Signal bei Ihrem Gegenüber ankommt. Vielleicht ist es Ihre Stimme, vielleicht Ihr Duft, oder die Art, wie Sie sich setzen. In jedem Fall wünscht sich der Stier eine Stimulation all seiner Sinne. Außerdem imponieren ihm so profane Dinge wie Schönheit, Macht und Geld. Anderen mag das oberflächlich erscheinen, doch der Stier steht zu seinen materiellen Bedürfnissen.

Einen Stier-Mann beeindrucken schöne Frauen, die er sich als leidenschaftlicher Sammler gerne zu eigen macht. Sie finden sich also besser gleich damit ab, mehr als Objekt denn als Partner an seiner Seite aufzutreten. Wählen Sie ein feminines, gepflegtes, leicht konservatives Outfit, und Sie werden seine volle Zustimmung ernten. Weiß kommt als Farbe besonders gut bei ihm an, rote Farbtupfer verfehlen beim ihm jedoch auch nicht ihre Wirkung.

Eine Stier-Frau sonnt sich gerne im Prestige Ihres Begleiters und läßt sich verwöhnen. Greifen Sie allerdings nicht zu unangemessen teuren Geschenken. Dies könnte sie verwirren, denn als Stier schaut sie aufs Geld und haßt Verschwendung.

Wenn Sie den Stier Ihrer Wahl Zuhause besuchen, animieren Sie ihn oder sie, zu kochen. Es sind exzellente Köche und Bäcker, die eine schmackhafte, wenngleich etwas fette Hausmannskost auf den Tisch zaubern und immer einen guten Wein aus dem Keller holen. Als Gastgeschenk empfehlen sich Rosen oder Narzissen und eine gute Flasche Aquavit oder ein praktisches „Spielzeug" wie ein Vakuumverschluß für Weinflaschen.

Sind Sie mit „Ihrem Stier" über die allerersten Anfänge des Kennenlernens hinaus, empfehlen sich Aktivitäten wie gemeinsames Singen. Wenn dies nicht nach Ihrem Geschmack sein sollte, dann probieren Sie es mit einer

Ausdauersportart wie Radfahren oder Wandern. Ein Stier ist in der Regel sehr naturverbunden. Sie werden kaum Probleme haben, ihn in Wiesen und Felder zu locken. Schenken Sie ihm einen Schal für kühle Herbst- und Winterspaziergänge. Während sich andere Tierkreiszeichen von „bestrickenden“ Anwandlungen leicht eingeengt fühlen, wird der praktische Stier dieses Präsent sehr wohl zu schätzen wissen. Wählen Sie ein flauschiges Material. Der Hals gehört zu den erogenen Zonen des Stiers. Wenn Sie ihm ihr Geschenk zum erstenmal umlegen, können Sie ihm wie zufällig ordentlich einheizen.

Gleiches gilt, wenn Sie „Ihrer Stier-Frau“ eine Perlen- oder Korallenkette um den Hals legen. Beide Schmuckstücke passen hervorragend zu ihr, und sie wird diese Berührung gleich doppelt zu schätzen wissen. Smaragde stehen ihr übrigens genauso gut – vielleicht krönen Sie damit einen traditionellen Ringwechsel. Stier-Frauen wissen die Kraft dieser alten Rituale noch zu schätzen. Nebenbei bemerkt: Auch Stier-Männer schmücken sich für ihr Leben gern.

Gehen Sie nach einer solch großzügigen Geste mit dem Stier auf „Schnäppchenjagd“, um Ihren Sinn für Sparsamkeit unter Beweis zu stellen, und Sie werden einen beständigen Partner an Ihrer Seite haben.

Der Eros des Stiers

Wo – so wie beim Stier – Leidenschaft und Ausdauer zusammentreffen, verspricht der Abend interessant zu werden. Bei allem Phlegma, das Stiere mitunter entwickeln, unter dem Eindruck der Liebe verwandeln sie sich in heißblütige Zeitgenossen. Ist die Leidenschaft erst einmal erwacht, bewegen sie sich geradlinig auf das Objekt ihrer Begierde zu. Für ein errötendes Zaudern oder einen neckischen Rückzug fehlt ihnen dann das Verständnis. Das mag zu dem Ruf des Stiers beigetragen haben, ein unromantischer Geselle zu sein.

Am besten kommen Sie einem Stier erst gar nicht mit modernen Schlagworten wie „dem Kampf der Orgasmusfixierung“. Obwohl die gesamte Haut des Stiers eine einzige erogene Zone ist, hat er mit reinem Kuschelsex nicht viel am Hut. Der orgiastische Höhepunkt gehört für einen Stier zum Sex, so wie der Sex ausschlaggebender Bestandteil einer Beziehung ist.

Doch bis es soweit ist, wollen Stiere sorgsam umworben werden. Um sie erfolgreich auf Touren zu bringen, sollten Sie tunlichst alle Sinne Ihres Gegenübers ansprechen. Laden Sie „Ihren Stier“ zu einem guten Essen bei sich zu Hause ein, kredenzen Sie echten Champagner, legen Sie schmeichelnde Musik auf und benutzen Sie ein betörendes Parfüm oder Rasierwasser. In diesem Stadium dürfen Sie ruhig zu einer gehörigen Portion Romantik greifen. Egal, ob Mann oder Frau, ein Stier weiß einen Abend bei Kerzenlicht oder am offenen Kamin zu schätzen. In einer solchen Atmosphäre werden Sie staunen, wie romantisch ein Stier in seiner fürsorglichen Art werden kann.

Wenn Sie dann noch ein Bärenfell für seine empfindsame Haut bereithalten, seine Brust und seinen Rücken mit Rosenöl einreiben, Hals und Schultern mit einer Feder kitzeln oder den Champagner von seinem Körper lecken, katapultieren Sie sich direkt in das Epizentrum eines erotischen Wirbelsturms. Lassen Sie sich nicht täuschen, wenn der Stier seine Augen bis auf Schlitze zusammenzieht und mit an Faulheit grenzender Passivität Ihre Streicheleinheiten genießt. Im Auge eines Orkans geht es bekanntlich trügerisch ruhig zu.

Stier-Frauen sind Verführerinnen in Person. Ohne große Gesten gelingt es ihnen, das Objekt ihrer Begierde in Schwung zu bringen. Doch sie brauchen Vertrauen und Vertrautheit. Überfordern Sie eine Stier-Frau nicht mit zu ausgefallenen Ideen, was Ort oder Art Ihres Liebesspieles angeht. Überlassen Sie lieber Ihrer Partnerin die Initiative. Sie werden sehr schnell merken, wie geschickt sie es versteht, Ihnen unterschwellig begreiflich zu machen, was sie möchte.

Einen großen Teil ihrer erotischen Stimulation bekommen Stiere über die Haut. Deshalb ziehen sich Stier-Frauen besonders gerne an, wo andere sich ausziehen. Diese Jüngerinnen der Venus lieben seidige Negligés, Spitzenunterwäsche und andere Dessous. Aber auch einer breit behaarten Männerbrust oder einem stacheligen Bart können sie einiges an erotischer Lust abgewinnen. Dabei darf der Partner ruhig ein wenig ins Schwitzen geraten. Stier-Frauen lieben das Animalische; und dazu gehört eben auch der richtige Geruch.

Stier-Männer haben es in jungen Jahren oft schwer. Mit ihrer kurzen, häufig gedrungenen Gestalt und der breiten, aber nicht hohen Stirn entsprechen sie nicht den landläufigen Schönheitsidealen und gewinnen erst mit dem Alter, wenn zwischen grauen Schläfen ein distinguiertes Äußeres zum Vorschein tritt. Dann werden aus männlichen Mauerblümchen, die zu Babyspeck neigen, heiß begehrte Herzensbrecher, auf die Frauen fliegen.

Wenn Sie sich einmal so richtig verwöhnen lassen wollen, dann sind Sie bei einem Stier-Mann an der richtigen Adresse. Mit Bedacht wird er das Ambiente wählen und mit viel Liebe zum Detail perfekt arrangieren. Er wird das Licht dämpfen und leise Musik spielen. Es erregt ihn, seine Zunge einzusetzen, und so wird er seine Auserwählte vermutlich auch mit ihrer Hilfe in Stimmung bringen. Und während er den Champagner über ihre Haut perlen läßt, wird er selbst immer wieder einen genießerischen Schluck machen. Doch damit ist in den Augen eines Stier-Mannes das Vorspiel auch schon beendet, und es geht zielstrebig zur Sache.

Sein größtes Potential sind seine Kraft, seine Ausdauer und sein sicherer Instinkt, der ihn die Bedürfnisse der Partnerin erahnen läßt. In Kombination mit seiner Leidenschaft wird er zu einem Liebhaber, der seinesgleichen sucht.

Der Anblick eines runden Hinterteiles, das sich ihm anbietet, bringen ihn ordentlich in Fahrt, und er liebt es, sich an den Hüften seiner Partnerin festzuhalten, um ordentlich in Schwung zu kommen. Wegen eines Stiers brauchen Sie sich wahrlich nicht in die Formen von Miss Twiggy zu hungern.

Bei aller Leidenschaft ist der Stier jedoch auch ein Pragmatiker. Wundern Sie sich deshalb nicht, wenn der erregte Stier an Ihrer Seite plötzlich aus voller Fahrt abbremst und nach der Verhütung fragt. Ist diese nicht zu seiner Zufriedenheit geregelt, kann es sein, daß er laut schimpfend unter der kalten Dusche verschwindet.

Der Stier als Partner

Als Ehepartner oder Elternteil ist ein Stier von unschätzbarem Wert. Versteckt er sich anfänglich noch so gern hinter einer knurrigen Fassade, so entpuppt er sich mit der Zeit als zuverlässiger, geduldiger und aufmerksamer Freund und Partner. Solange er seine Ruhe hat, beschenkt und verwöhnt er seine Lieben, liest ihnen jeden Wunsch von den Augen ab und beschützt sie vor den Widrigkeiten des Lebens.

Diese Fürsorge hat jedoch auch ihre Schattenseite. So mag es immer wieder vorkommen, daß der Partner die umsorgende Hilfe des Stiers als einengend und besitzergreifend erlebt. Das wird auch durch die Neigung des Stiers verstärkt, sich selbst über Macht, Geld und Besitz zu definieren. Der Partner wird schnell zu seinem Objekt, ohne daß der Stier-Geborene dies böse oder abwertend meinen würde. Im Gegenteil, oft ist er baß erstaunt, wenn er mitbekommt, daß der Mensch an seiner Seite kein Leben als „Schmuckstück" führen möchte.

Wenn Sie in Ihrer Partnerschaft mit „Ihrem Stier" an einem solchen Punkt angelangt sind, helfen nur direkte Worte. Für versteckte Signale ist er blind, Doppeldeutigkeiten prallen ungehört an ihm ab. Bedenken Sie jedoch, daß Sie es mit dem eigensinnigsten Genossen des gesamten Tierkreises zu tun haben. Wählen Sie Ihre Worte bei aller Direktheit so, daß er sich nicht verletzt fühlen muß. Sonst könnte es leicht passieren, daß er eigensinnig auf seiner Sicht der Dinge beharrt.

Zum Glück relativiert das Wissen um den Wert der Beständigkeit die Sturheit des Stier-Geborenen. Fühlt er sich in einer Beziehung auch nur halbwegs wohl, dann setzt er sie bei allem Starrsinn gewöhnlich nicht auf´s Spiel. Gefährlich wird es erst, wenn er im Alltag zwischen extremer Zurückgezogenheit und häufigen Wutausbrüchen schwankt. Dann hat er innerlich gekündigt und sucht nach einem Ausweg, ohne selbst gehen zu können.

Doch bis es soweit kommt, muß viel geschehen. Der Alltagstrott reicht sicherlich nicht aus. Im Gegenteil, wo weniger beständige Tierzeichen längst aus Langeweile das Weite suchen, laufen Stiere als Partner erst zu voller Größe auf. Bis zur Selbstaufgabe sind sie bereit, ihre Beziehungen zu festigen und zu pflegen – wäre da nicht eine riesengroße Schwäche: ihre Eifersucht. Wie Ferdinand nach dem Stich der Hornisse tobt ein Stier durch die Arena, wenn er sich mit einem Nebenbuhler konfrontiert wähnt. Fühlt er sich in seinem Verdacht bestätigt, ist jedes gute Wort verschwendet. Ein beleidigter Stier hat etwas von Othello. Er sucht weder Trost noch Versöhnung; er will Blut sehen.

Diese fatale Neigung zur Eifersucht hindert Stiere allerdings nicht daran, hin und wieder selbst auf Abwegen unterwegs zu sein. Dazu ist ihre Sinnlichkeit viel zu stark entwickelt. Als langjähriger Partner können Sie jedoch beruhigt sein. Er wird der ganzen Affäre nie so viel Platz in seinem Leben einräumen, daß er Ihre Beziehung gefährdet.

Der Stier-Mann

Ausgestattet mit der ausgeprägten Leidenschaft und der körperlichen Unbefangenheit eines Stiers, stand ein Mann wie kein zweiter am Anfang der modernen sexuellen Revolution: Sigmund Freud, geboren im Zeichen des Stiers, wurde zum Vater der Psychoanalyse und Aufdecker der Macht der Sexualität.

Freud war gleich in mehrerer Hinsicht ein typischer männlicher Stier: Die Sexualität war ihm als Triebfeder aus dem eigenen Leben gut bekannt. Ihr schrieb er eine alles entscheidende Kraft zu, um sich selbst gleichzeitig deutlich stärker an der Macht der Gewohnheit zu orientieren. Die Ehe mit Martha Bernays war 53 lange Jahre gegen alle erotischen Verlockungen auf Freuds Couch immun.

Vielleicht ist Freud seine eigene Beständigkeit manchmal schon zuviel geworden. In einem Briefwechsel mit seinem Freund Wilhelm Fließ beklagte er etwa das Verschwinden der ehelichen Libido, um kurz darauf Anna, sein fünftes Kind, zu zeugen. Ehefrau Martha dürfte jedenfalls recht gut gewußt haben, woran sie mit ihrem Stier ist. Zeit ihres Lebens lobte sie die Ehe mit ihrem außergewöhnlichen

Bettgenossen in den höchsten Tönen. Ihr Anteil daran war nicht zuletzt, dafür zu sorgen, daß Freud seine Ruhe hatte.

Vieles im Leben und Werk des Sigmund Freud deutet auf sein Sternzeichen. Die regelmäßig auftauchenden Depressionen und Existenzängste sind zum Teil sicherlich der Ausdruck seiner Kindheitserfahrungen. In ihrer starken Ausprägung weisen sie jedoch auch auf die materielle Orientierung eines Stiers hin. Freuds patriarchalisches Frauenbild weit abseits seiner revolutionären sexuellen Erkenntnisse zeugt vom Bedürfnis seines Sternzeichens, gesellschaftliche Rollenbilder übergenau einzuhalten. Daher finden sich auch unter den männlichen Jüngern der Venus ungewöhnlich viele Machos.

Bei seiner Arbeit kam dem Begründer der Psychoanalyse seine eigene Leidenschaft und das körperliche Selbstbewußtsein eines Stiers zugute. Mit diesen Eigenschaften, seiner Hartnäckigkeit und der Fähigkeit zu etwas Selbstdistanz fiel es Freud leicht, Dinge zu erkennen und auszusprechen, die bis dato von der Gesellschaft tunlichst ignoriert worden waren. So liegt es beispielsweise nahe, Freuds enge Bindung an die Mutter und die starke Neigung des Stiers zur Eifersucht für die Formulierung des Ödipus-Komplexes – jenem kindlichen Hass auf den gleichgeschlechtlichen Elternteil – verantwortlich zu machen.

Freuds Zerwürfnis mit C. G. Jung und anderen Kritikern folgt logisch aus der Unfähigkeit des Stiers, Fehler zuzugeben oder die eigene Sicht zu relativieren. Zum Glück, mag manch einer denken, denn ohne diese Kraft hätte ihm vielleicht das Zeug gefehlt, für seine Ansichten gegen das Establishment anzurennen – und unsere erotischen Genüsse würden sich noch unter den gleichen klammen Bettdecken und in den gleichen schwülen Ecken abspielen wie vor 100 Jahren.

Die Stier-Frau

„Eine großartige Frau!“, berichtete der preußische Gesandte von der Entwicklung einer vor Jahren kurzfristig einmal ins Auge gefaßten Ehefrau für den Kronprinzen. „Fest im Glauben, stark in der Liebe und ewig in Hoffnung.“ Wie gut, daß aus der Verbindung nichts wurde. Denn mit dem zur Homosexualität neigenden Wassermann Friedrich hätte Maria Theresia kaum ihre Freude gehabt. Um wieviel besser paßte doch der Schütze Franz Stephan von Lothringen in das Leben dieser rundherum weiblichen, und charmanten, aber auch kraftvoll-bestimmten Stier-Frau auf Österreichs Thron.

Die alten Portraits verraten viel über diese ungewöhnliche Frau, die mit Zähigkeit und Stärke die beinahe aussichtslose Aufgabe übernahm, die Herrschaft der Habsburger trotz des Fehlens eines männlichen Erbes zu sichern. Von ihrem Feldmarschall, Graf Daun, wird der Ausspruch kolportiert: „In Wien regiert zur Zeit der einzige Mann, den das Haus Habsburg hervorgebracht hat – und dieser Mann ist eine Frau.“ Mehrfach mußte sie ihre Soldaten ins Feld schicken, dann hatte sie ihre Ansprüche mit Ausnahme jener auf Schlesien und drei italienische Herzogtümer durchgesetzt.

In der Zwischenzeit wandelte sich das zarte junge Mädchen in eine gestandene Frau, der man nach der Geburt von 16 Kindern ihren Hang zu gutem Essen und Trinken ansah. An ihrer Seite hatte Maria Theresia den als Mann schillernden und witzigen, als Politiker jedoch unbedeutenden Franz Stephan. Er war mit ihr von Kindesbeinen an verlobt, wurde am Wiener Hof erzogen, mußte jedoch je nach Stand der politischen Dinge immer wieder in der Versenkung verschwinden, um schlußendlich doch an die Seite der Erzherzogin und durch sie zum Titel des römisch-deutschen Kaisers zu gelangen.

Besonders treu, so steht es in den Annalen, war dieser Franz Stephan wohl nicht. Maria Theresia wußte die Stabilität dieser Kindheitsbeziehung jedoch trotzdem zu pflegen, und sei es nur bei jener Trinkschokolade, die als allmorgendliches Ritual in den historischen Berichten auftaucht. Wobei es offensichtlich nicht bei jenem überzuckerten Getränk blieb.

16 Kinder gebar Maria Theresia. In der Zeit des grassierenden Kindbettfiebers rettete ihr Pragmatismus ihr vielleicht sogar das Leben. Sie stellte nämlich bereits im ersten Kindbett energisch die Unsitte ab, die hochwohlgeborene Wöchnerin 50 Tage lang in einem ungelüfteten Zimmer ans Bett zu fesseln, und bestand zum Entsetzen der Hofärzte darauf, daß regelmäßig ein Fenster geöffnet wurde.

Das schnelle Ende

Sobald Ihnen dämmert, daß Sie „Ihren Stier“ wieder loswerden möchten, sind schnelle Entschlüsse gefragt. „Lieber heute, als morgen“, heißt die Devise. Je länger Sie warten, desto beharrlicher bleibt der Stier an Ihrer Seite.

In der Anfangsphase können Sie es mit den üblichen Methoden versuchen. Irritieren Sie Ihren Stier ordentlich. Ändern Sie dreimal stündlich Ihre Meinung und dreimal täglich Ihre Pläne. Verreisen Sie kurzfristig, ohne Ihren Partner vorzuwarnen. Gehen Sie jeden Abend weg, ziehen Sie sich schlampig an, beginnen Sie, ihn im Bett herumzukommandieren, oder stacheln Sie seine Leidenschaft an, um dann achselzuckend zu einer Verabredung zu verschwinden.

So viel Mühe Sie sich mit diesen Spielchen auch geben, es kann durchaus sein, daß Ihnen kein Erfolg beschieden ist. Hat sich der Stier nämlich bereits zu stark an Sie gewöhnt, wird er trotz aller Ärgernisse in der Beziehung ausharren.

Dann werden Ihre Strategien zum Bumerang. Statt zu gehen, zieht sich ein frustrierter Stier in sich selbst zurück. Dann können Sie ihn nur noch für gelegentliche Zornausbrüche zum Vorschein locken.

Es gibt allerdings ein hundertprozentig wirksames Mittel, einen Stier loszuwerden. Nur sollte es wirklich die letzte Wahl sein, denn es kann eine ganz gefährliche Eigendynamik entwickeln. Machen Sie „Ihren Stier" eifersüchtig. Wenn Sie noch eins draufsetzen wollen, dann geben Sie mit einem anderen das Geld Ihres ungeliebten Partners aus. Sie sollten sich allerdings in Sicherheit bringen, wenn Sie zu solchen Mitteln greifen. Ein wutentbrannter Stier schreckt auch vor körperlicher Gewalt nicht zurück. Und glauben Sie nicht, Sie könnten sich mit ihm kurze Zeit später wieder versöhnen, weil er Ihnen aus der Ferne wieder attraktiv erscheint. Ein gehörnter Stier ist unversöhnlich.

Der Stier und seine Partner

Stier und Widder

Sicherlich haben diese beiden Tierkreiszeichen nicht viel gemeinsam. Aber daraus den Schluß zu ziehen, sie könnten nichts miteinander anfangen, ist ebenso sicher falsch. Tatsächlich lieben wir an unseren Partnern oft genau jene Dinge, die wir an uns selbst vermissen. Genau aus diesem Grund haben kühle, zielorientierte Frauen oft sensible, liebevolle Männer, und unstete, flüchtige Zeitgenossen suchen sich beständige, zuverlässige Partnerinnen.

Genau in diesen Kombinationen liegt auch das Potential einer Verbindung von Widder und Stier. In ihr stoßen Veränderung und Sicherheit, Großzügigkeit und Sparsamkeit, Beweglichkeit und Beharrlichkeit aufeinander. Am anfälligsten für Krisen sind diese Beziehungen sicherlich in der Phase, in der die erste leidenschaftliche Liebe verraucht ist und der Alltag seine Rechte fordert. Dann besteht die Gefahr, daß der Widder just zu dem Zeitpunkt unruhig wird und nach neuen Ufern Ausschau hält, wenn der Stier gerade beginnt, Zutrauen zu fassen. Die Situation eskaliert, wenn beide ins Streiten geraten. Denn an dem spielerischen Umgang des Widders mit Konflikten kann ein Stier nicht so recht Gefallen finden. Für ihn geht es gleich um Leben und Tod.

Diese Klippen lassen sich in der Regel in der Kombination Widder-Frau und Stier-Mann leichter umschiffen als im umgekehrten Fall. Dann mildert das tatsächliche Geschlecht der Partner die Qualitäten von Mars (Widder) und Venus (Stier).

Stier und Stier

Stiere sind Herdentiere. Sie brauchen ihre Artgenossen, allerdings nur in einem gewissen Abstand. Sie sind selbst in der Gruppe Eigenbrötler, die keine Spielgefährten brauchen, sondern nur die Sicherheit ihresgleichen suchen. Kämpfe unter Stieren sind viel ernster als beispielsweise unter Widdern. Dafür kommen sie aber auch viel seltener vor.

Bei Menschen, die im Zeichen des Stiers geboren wurden, läßt sich Ähnliches beobachten. Treffen sie erstmals aufeinander, erkennen sie im anderen sofort die eigene Spezies und fühlen sich entsprechend wohl. Damit die Beziehung zwischen zwei Stieren jedoch auf Dauer Bestand hat, muß die Weide groß genug sein. Da sich beide stark über materielle Werte definieren, kommen sie mit einem knappen Haushaltsbudget unweigerlich ins Streiten.

Außerdem sind Stiere Genießer, die sich selbst gerne etwas gönnen, bei anderen jedoch bis zum Exzeß sparen können. Auch diesbezüglich sind Konflikte vorprogrammiert. Doch solange keine „Überweidung" droht, werden die beiden Artgenossen in Freundschaft verbunden ein recht friedliches Leben zusammen führen.

Stier und Zwillinge

Auf den ersten Blick scheinen Stier und Zwillinge überhaupt nicht zusammenzupassen. Eifersucht trifft auf die Liebe zum Flirt, Besitzanspruch auf übermäßigen Freiheitsdrang, Stetigkeit auf zwanghafte Veränderung und die Angst vor Langeweile. Doch wie so oft, ist auch hier nicht alles ganz so, wie es zunächst ausschaut.

Beide Sternzeichen sind gerne unter Menschen, lieben gepflegte Kommunikation und wissen ein gutes Glas Wein sowie andere sinnliche Freuden zu genießen. Im materiellen Glanz eines erfolgreichen Stiers fühlen sich auch die Zwillinge recht wohl. Zudem vermag seine beharrliche Liebe in den unruhigen Jüngern des Merkur so manche tiefe innere Wunde zu heilen. Damit eine solche Chance jedoch genutzt werden kann, muß der Stier zunächst seinen Hang zu übermäßiger Sparsamkeit und Eifersucht ablegen; und die Zwillinge müssen so viel Distanz zu sich selbst gewinnen, daß sie erkennen, wie der Stier an ihrer Seite ihre Stimmungen stabilisiert.

Im Bett werden die beiden Tierkreiszeichen recht gut miteinander klar kommen, wenngleich das Bedürfnis des Stiers, verwöhnt zu werden, bei dem Luftikus leicht zu kurz kommt. Andererseits wird der Stier nur ungern den Drang der Zwillinge nach Neuheiten unterstützen. Kurz gesagt: Wenn diese Beziehung über den Status einer kurzen, heftigen Affäre hinauskommen soll, dann ist viel Arbeit an der eigenen Persönlichkeit gefragt.

Stier und Krebs

Stier und Krebs – Erde und Wasser. Wasser macht die Erde fruchtbar, zuviel davon trägt sie allerdings auch weg und zerstört alles Leben, daß sie zuvor genährt hat. Ähnlich läßt sich das Verhältnis von Stier und Krebs sehen. Sind die beiden keine ausgesprochen extremen Spezies ihrer Gattung, kann man schon fast von einer idealen Kombination sprechen. Die Beziehung wird langsam, aber sicher ihren Anfang nehmen.

Stier und Krebs sind sich recht ähnlich, jedoch nicht ähnlich genug, um sich beim anderen im Spiegel zu sehen. Daher verstärken sie ihre Schwächen nicht, wie dies oft Paare tun, die das Sternzeichen miteinander teilen. Ihre positiven Seiten ergänzen sich dagegen ideal. Der Stier ist stark, achtsam und beständig – und genau das braucht der Krebs. Der wiederum ist sparsam, häuslich und sensibel – und das gefällt dem Stier. So sind vor allem die Ehen zwischen Stier-Männern und Krebs-Frauen haltbarer als der statistische Durchschnitt nahe legt (Gunter Sachs: Die Akte Astrologie, München 1997).

Stier und Löwe

Stier und Löwe scheinen nicht so recht zusammenzupassen. Es drängt sich das Bild von Büffeln auf, die sich instinktiv zum Schutz vor einem Löwen zum Kreis zusammenfinden und versuchen, den Angreifer mit mächtigen Huftritten zu verjagen. Auch bei den menschlichen Vertretern findet der Stier genug Gründe, um angesichts eines Löwen instinktiv in Verteidigungsstellung zu gehen: Der Löwe ist für seinen Geschmack frivol verschwenderisch, unvernünftig in seiner Spielsucht und viel zu egozentrisch. Er neigt dazu, auf den Gefühlen des Stiers herumzutrampeln, was diesen wild macht.

Trotzdem haben diese beiden Zeitgenossen wichtige gemeinsame Berührungspunkte, die eine Beziehung zumindest möglich erscheinen lassen. So häuft der materiell orientierte Stier in seinem Leben Besitz an. Besitz bedeutet Macht und Macht wiederum gefällt dem Löwen. Der Stier schätzt die Stärke seines Löwe-Partners und wird ihm diese mit Bewunderung und Fürsorge vergelten. Hält der Löwe seine Paschaallüren nur halbwegs im Zaum, werden die beiden zum kongenialen Gespann. Zumal beide mit einem beachtlichen Hang zur Romantik und ihrer Vorliebe für gradlinigen, wenig experimentierfreudigen Sex sich auch auf dieser Ebene wunderbar verstehen.

Stier und Jungfrau

Wenn ein Stier auf eine Jungfrau trifft, dann begegnet er einem Wesen, mit dem er sein Element, die Erde, teilt. Nach astrologischen Grundregeln ist dies die tragfähige Basis einer idealen Partnerschaft. Und tatsächlich, in vielen Dingen sind sich diese beiden Wesen gar nicht so fremd. Praktisch, tüchtig, sicherheitsliebend und mit einem Hang zu den materiellen Dingen dieser Welt, teilen sie die wichtigsten Werte.

Allerdings tun sie dies aus sehr unterschiedlichen Motiven, was ihnen zunächst die Perspektive auf ihre Gemeinsamkeiten verstellt. Der Stier sucht anheimelnde Nähe und Wärme, die Jungfrau muß zunächst die Distanz gewahrt wissen und erscheint deshalb kühl. Oft zu kühl, so daß der Stier nach den ersten Annäherungsversuchen resigniert seiner Wege zieht. Am besten läuft es, wenn sich die beiden zunächst auf rein verbaler Ebene begegnen. Beide schätzen ein gutes Gespräch und sind ebensogute Zuhörer wie Redner. Sind sie sich dann endlich nahe genug gekommen, steht einer erfüllten Beziehung dieser bodenständigen Wesen nichts mehr im Weg – auch im Bett.

Stier und Waage

Stier und Waage, Erde und Luft: Eigentlich hätten sich diese beiden Zeichen nicht viel zu bieten, wäre da nicht die Venus, die sie beherrscht. So werden Sinnlichkeit und der Drang zur Vereinigung, Romantik und Harmonie zu den tragenden Elementen dieser Partnerschaft. Probleme werden die beiden – wenn überhaupt – im Bett lösen. Und vermutlich werden sie weder sich noch die Welt verändern. Dazu fehlt ihrer Beziehung der Tiefgang.

Dafür haben sie jedoch die Chance, eine stabile Verbindung aufzubauen, in der die Erotik eine höchst befriedigende Rolle spielt. Denn sowohl der Stier als auch die Waage sind aufmerksame und einfühlsame Liebhaber, die das Geben und das Nehmen genießen können.

Jenseits der Bettkante bietet der Stier der Waage jene Beständigkeit, die sie von ihrer Suche nach einem noch idealeren Partner abzubringen vermag. Es macht ihm nichts aus, sie im Mittelpunkt des Interesses stehen zu sehen, solange sie ihre Lust am Flirt nicht überstrapaziert. Außerdem sorgt er dafür, daß die Kasse stimmt, was der Waage ebenfalls eine nicht zu unterschätzende Lebensqualität vermittelt.

Da beide gerne reden und auch sonst viel miteinander unternehmen, sind die Perspektiven dieser Beziehung recht günstig.

Stier und Skorpion

Einer Verbindung zwischen Stier und Skorpion werden vielfach nur geringe Aussichten zugebilligt. Dabei handelt es sich in Wahrheit um eine recht erfolgversprechende Angelegenheit. Beides sind Wesen mit einer ausgeprägten Sexualität, allerdings mit unterschiedlichen Schwerpunkten. Der Stier steht für die erdverbunde Sinnlichkeit, der Skorpion für die metaphysische Erotik. So fügen sie sich im Bett zu einem harmonischen Ganzen zusammen.

Diese Harmonie kann eigentlich nur durch allzu extreme Ausprägungen der jeweiligen Charaktere gestört werden. Der Stier ist dem Skorpion oftmals zu träge, der Skorpion dem Stier in Ausnahmefällen zu herrschsüchtig. Doch in der Regel versteht es der Stier recht gut, seinem stacheligen Partner die notwendige Auftrittsfläche einzuräumen. Schließlich besitzt er ausreichend viel Phlegma, um die Ausritte des Skorpions ertragen zu können. Außerdem versteht es der Stier, mit kleinen Geschenken und anderen Aufmerksamkeiten jene Atmosphäre von Liebe und Wärme entstehen zu lassen, in der auch der widerspenstigste und ruppigste Skorpion streichelweich wird.

Das ist auch gut so. Denn zu einem Machtkampf sollte es besser nicht kommen. Dann fliegen sogar Teller und Tassen durch die Luft.

Stier und Schütze

Mit Stier und Schützen finden zwei notorische Sammler des Tierkreises zueinander. Doch während der Stier seine Sammelleidenschaft vor allem auf materielle Dinge lenkt, bevorzugt der Schütze ideelle. Würden die beiden ihre Besitztümer vereinen, brächten sie vermutlich eine wahre

Jahrhundertausstellung zusammen. Doch leider, meist verweigern sie ein Zusammengehen, da ihnen die dazu notwendige innere Reife fehlt.

Der Stier möchte herrschen, das liegt in seiner Natur. Doch dummerweise ist der Zentaur kein Haustier, und so stößt der Stier recht bald an die Toleranzgrenzen seines Partners. Da er zudem sehr häuslich und beständig ist, schleicht sich aus der Sicht des Schützen bald Langeweile in die Beziehung ein, und er macht sich auf den Weg zu neuen Horizonten.

Diese Schwierigkeiten sind schade, aber leider meist unüberwindbar. Denn eigentlich könnte der zu Engstirnigkeit neigende Stier durch den Schützen völlig neue Perspektiven erschließen und sich vertrauensvoll der geistigen Führung seines Partners anvertrauen. Doch genau das Gegenteil passiert in der Praxis. Der Stier zerstört aus reiner Angst vor dem Verlust seines Partners die Visionen des Schützen und vernichtet ihn dadurch gleich mit.

Stier und Steinbock

Hier trifft sich das Bodenständige des Elementes Erde gleich in zwei mächtigen, kraftvollen Vertretern des Tierkreises. Rational betrachtet, geht es den beiden sehr gut miteinander. Beide streben nach materiellen Besitztümern und Macht, beide haben ein ausgeprägtes Sicherheitsbedürfnis. Der Stier genießt für den Geschmack des Steinbockes vielleicht zu gern, doch echte Probleme werden im materiellen Bereich kaum auftauchen. Zumal die Geduld des Stieres und der Ehrgeiz des Steinbockes sie auch beruflich zu einem kongenialen Team zusammenschweißen.

Doch das wäre es auch schon an Gemeinsamkeiten. Kommen Liebe und Erotik ins Spiel, neigen beide dazu, stocksteif und ratlos im Eck zu stehen. Sie wirken wie festgewachsen, und tatsächlich sind sie das auch oft. Um der Liebe willen umziehen? Den Job wechseln? Um so weit zu gehen, muß es bei beiden weit kommen.

Doch zum Glück ist der Stier ausdauernd und geduldig, so daß die anfängliche Unbeweglichkeit oft überwunden werden kann. Dann taucht allerdings gleich das nächste Problem auf. Denn der umworbene und schlußendlich eroberte Steinbock erwartet vom Stier, auch fürderhin umsorgt zu werden. Doch da ist er in der Regel an den Falschen geraten. Denn auch der Stier möchte von seinem Partner bedient werden. Versuchen sie dann auch noch, gegenseitig aneinander herumzuerziehen, ist das Ende in Sicht, obwohl es sich bei den beiden um treue, ausdauernde Partner handelt. Lernen sie dagegen gegenseitigen Respekt, und läßt der Stier dem Steinbock ein wenig persönlichen Freiraum, dann bilden sie ein gutes Team, das kraftvoll das gemeinsame Leben meistert.

Stier und Wassermann

Im Grunde findet der Stier den Wassermann interessant. Und eigentlich glaubt er auch, sich diesen luftigen Gesellen ganz gut zurechtbiegen zu können. Aber damit übernimmt sich der erdgebundene Stier dann doch etwas. Er kann den Höhenflügen des Wassermanns nicht folgen. Aber genau das wäre notwendig, um dieses komplexe Wesen einzufangen.

So reden die beiden – sofern sie es doch probieren – beharrlich aneinander vorbei, ohne es überhaupt zu bemerken. Würden sie einander zuhören, könnten sie allerdings eine Menge lernen. Der Stier würde beispielsweise bemerken, daß er seinen Partner nicht unbedingt so festhalten muß, wie er es gewohnt ist. Denn der Wassermann braucht zwar seine Freiheit, nutzt sie jedoch kaum für Seitensprünge oder andere Loyalitätsbrüche. Außerdem würde ihm ein kleiner spiritueller Anstoß durchaus nicht schaden, zumal er intellektuell durchaus in der Lage ist, den geistigen Kapriolen des Wassermanns zu folgen.

Doch so weit kommt es nur in Ausnahmefällen, etwa dann, wenn Stier und Wassermann durch ein gemeinsames Feuerkind verbunden sind.

Stier und Fische

Auch ein Stier beginnt verzückt zu tänzeln, wenn er an die Liebesnächte denkt, die er mit den Fischen verbracht hat. In ihnen fand er ein dankbares Publikum für seine sinnlichen Begabungen, ja mehr noch, dieses Wesen fühlt sich nicht degradiert, wenn man es zum Objekt der eigenen Lust macht.

Nach solch grandiosen Nächten geht es auch im Alltag bei den beiden recht harmonisch zu. Der Stier stellt den Fischen gern seine Schulter als Stütze zur Verfügung, zeigen sie doch deutlich, daß sie Sicherheit und ein gemütliches Heim genau wie er zu schätzen wissen. Zum Dank stellen sich die Fische auf den Stier ein – mit einer Ausnahme allerdings. Mit seiner Sparsamkeit wissen die Fische nichts rechtes anzufangen. Zwar beschenkt er sie durchaus großzügig. Doch wollen sie selbst Geld ausgeben, wird er in ihren Augen krankhaft geizig. Nun, um des lieben Friedens willen werden die Fische lernen, auch damit umzugehen.

Die Liebe im Zeichen der Zwillinge

Die Zwillinge – 21. Mai bis 21. Juni

Optimistisch, fröhlich, lebensbejahend und kontaktfreudig – so präsentieren sich die Zwillinge quer durch die gängige Astro-Literatur. Ein „Hans Dampf in allen Gassen“, etwas launisch und nicht ganz ernst zu nehmen, aber unwiderstehlich sympathisch. Das liest sich vor allem für die Betroffenen gut, entspricht jedoch leider nicht den Tatsachen.

Ein Zwillinge-Geborener besteht, wie es der Name bereits nahelegt, aus zwei selbständigen Hälften, die sich in der Regel diametral gegenüber stehen. Zerrissen verbringt er sein Leben als Reisender zwischen seinen beiden Polen und dieses ewige Hin und Her spielt sich nicht nur in seinem Inneren, sondern auch in der Außenwelt ab.

Normalerweise präsentieren Zwillinge in neuer Gesellschaft ihren geistreichen, lebhaften und amüsanten Teil. Charmant plaudern sie sich von der Quantenphysik durch die Zinspolitik der Bundesbank bis zur neuen Modediät, streifen dabei jeden nur denkbaren Standpunkt und lassen keine geistreiche Formulierung aus. Sie zeigen sich von ihrer luftigen, leichten, fast schon oberflächlich anmutenden Seite. Fanatische Teilnehmer an derartigen Gesprächsrunden werden von ihnen gern in ein Eck gestellt – zur Not, indem sie deren Standpunkt übernehmen und ins Lächerliche steigern.

Wer einen Zwillinge-Geborenen von dieser Seite kennenlernt, muß ihn für einen Glückspilz des Lebens halten, der jeden und jedes haben kann. Doch Vorsicht, verwechseln Sie dieses zur Schau gestellte Selbstbewußtsein der Zwillinge nicht mit Selbstliebe. Denn daran mangelt es ihnen gewaltig. Sein ganzes Leben hindurch muß dieser Zerrissene erleben, wie die Ansprüche eines Teiles in ihm vom anderen Teil zunichte gemacht werden. Sein brillanter Verstand mag die kreativsten Ideen hervorbringen, geht es an die Umsetzung, hat ihn seine Handlungsschwäche bereits weitergetragen. Schauen Zwillinge zurück, befällt Sie oft ein Gefühl des Versagens.

Der tiefste Graben reißt im Zwillinge-Geborenen jedoch auf, wenn sein überaus scharf entwickelter Intellekt und seine feine Intuition für die irrationalen Ebenen dieser Welt aufeinanderstoßen. Dann wird der Luftikus von seinen beiden Polen nahezu in der Luft zerrissen. Aus diesem Dilemma kommt er nur heraus, wenn er lernt, bewußt zu erkennen, welcher Zwilling gerade bei ihm die Oberhand hat und ebenso bewußt entscheidet, ob er ihn läßt oder ob er besser den anderen hervorholt. Gelingt ihm das, dann wird er zu jenem amüsanten, lebensbejahenden und charmanten Wesen, daß uns aus den Astro-Büchern bekannt ist.

Beruf und Berufung

Für einen Beruf ist der Zwillinge-Geborene eigentlich ungeeignet. Wenn es sich schon nicht vermeiden läßt, konsequent und regelmäßig für das eigene Leben aufzukommen, dann sollten es mindestens zwei bis drei Berufe sein – und zwar alle drei bis vier Jahre andere. Zwillinge haben nicht nur tausende Interessen, sie tun sich oft auch erstaunlich schwer, die eigene Berufung zu erkennen.

Ein Blick in die Statistik zeigt, daß nichts wirklich „ihr Ding“ ist. Die wahre Profession der Zwillinge besteht darin, die Verbindung zwischen Bereichen und Standpunkten herauszufinden. Und da sie sehr wortgewandt sind, siedelt man sie üblicherweise im Mediengeschäft, als Journalisten, Schriftsteller, PR-Berater und Werbetexter, an.

Die reinen Zahlen geben dem landläufigen Bild vom Kommunikator im Zeichen der Zwillinge allerdings nicht recht. Es gibt einen leichten Hinweis auf die Vorliebe zu Lehrberufen, Medizin, Psychologie und Journalismus, mehr aber auch nicht. Statt dessen scheinen Zwillinge ausgesprochen genau zu wissen, was sie nicht sind: Bauern, Maurer, Mechaniker, Maler und Polizisten. Überhaupt können sie sich nur schlecht in ein Arbeiter- oder kleines Angestelltenverhältnis fügen.

Der wache, wendige Geist der Zwillinge, der aus reiner Gewohnheit sich alles auch vom Gegenstandpunkt anschaut, ist für Führungsfunktionen im anbrechenden Informationszeitalter wie geschaffen. Standen ihnen früher ihre Sprunghaftigkeit und die mangelnde Konsequenz auf der Karriereleiter im Wege, so haben sie in der Zukunft mit den gleichen Eigenheiten deutlich bessere Karten. Denn der Chef von morgen wird im Datenchaos leben. Er wird dazu gezwungen sein, Kontrollfunktionen abzugeben und trotzdem den Überblick zu behalten. Neue Techniken, Ideen und Lösungen werden zu seinem täglichen Brot gehören und genauso selbstverständlich wird er tagtäglich Altbewährtes ad acta legen müssen.

Was für andere wie ein Alptraum klingt, ist für die Zwillinge ein Klima, in dem sie richtig aufblühen. Es ist ein berufliches Umfeld, das nur im Team funktioniert und den sprunghaften Zwillingen die Möglichkeit schafft, sich für die Umsetzung ihrer Ideen Mitspieler zu suchen. Da sie für die herkömmlichen Hierarchien mit ihrer Hackordnung sowieso nichts übrig haben, wird ihnen dies auch gelingen.

Doch bevor sie diese Zukunftsperspektiven tatsächlich für sich und ihren beruflichen Aufstieg nutzen können, muß der kindliche Zwilling reifen. Er muß sich abgewöhnen, jeden Mißerfolg als persönliche Katastrophe zu empfinden und sofort die Flucht zu ergreifen. Und er muß etwas Positives an sich entdecken, um mit dem notwendigen, echten

Vertrauen in die eigenen Fähigkeiten und nicht mit aufgesetztem Selbstbewußtsein in die Führungsfunktionen der Zukunft zu gehen.

Bis es soweit ist, werden Sie im Zwillinge-Geborenen vermutlich einem Menschen begegnen, dessen Kontostand genauso bewegt ist wie sein Leben. Zeitweise wird er hervorragend verdienen, um dann fast zwanghaft unter großen finanziellen Opfern Arbeitgeber und Profession zu wechseln. Und da beide Zwillinge in ihm für ihr Leben gerne einkaufen, wird er chronisch knapp bei Kasse sein.

Der hoffnungsvolle Anfang

Zwillingen begegnet man dort, wo das Wort regiert. Lesesäle, Bibliotheken, Buchhandlungen, Universitäten, Verlage, unter Umständen auch Museen und Postämter sind Orte, wo sich diese wortgewandten Wesen besonders wohl fühlen. Auf Partys drängen sie sich in die Gesprächsrunden und vernachlässigen Tanzfläche und Buffet. Und im Büro scharen sich meist eine Reihe Kollegen um sie.

Wollen Sie ihre Aufmerksamkeit erregen, müssen Sie mit ihnen reden. Zwillinge reagieren auf verbale Reize deutlich besser als auf optische. In der Öffentlichkeit kann das jedoch zu einem schwierigen Unterfangen werden. Sollten Sie durch die Schar der Bewunderer nicht zu dem Objekt Ihrer Begierde durchdringen, dann rufen Sie es doch einfach an. Von Zwillingen werden Sie kaum zu hören bekommen, dies sei kein Thema fürs Telefon. Im Gegenteil, mit dem Hörer am Ohr und der räumlichen Distanz kann man sich ihnen emotional sehr viel besser nähern als auf jede andere Weise.

Zwillinge tauchen grundsätzlich als Doppelwesen auf. Nur zu Beginn Ihrer Beziehung werden Sie es ausnahmsweise mit einem Zwilling zu tun bekommen. Verwirrt werden Sie feststellen, wie gekonnt und gezielt Sie dieses Wesen verzaubert.

Doch Vorsicht, dieser Zwilling betört aus reiner Gewohnheit und verspricht deshalb oft, was er keinesfalls zu halten gedenkt. Er schließt leicht Freundschaft, erfaßt blitzschnell Ihre Wünsche und Bedürfnisse und unterhält Sie einen wunderbaren Abend lang. An einer längeren Beziehung scheint er jedoch wenig Interesse zu haben.

Doch hier ist nochmals Vorsicht vor falschen Schlüssen angesagt. An diesem Punkt kommt nämlich der andere Zwilling ins Spiel, der mit seinen dunkleren, ungeduldigeren Aspekten und seiner mangelnden Selbstliebe das alter ego weitertreibt. In solchen Fällen hilft nur eines: Machen Sie „Ihre Zwillinge" neugierig. Präsentieren Sie sich rätselhaft, deuten Sie verborgene Tiefen an, lassen Sie sie im Ungewissen, was Ihre Gefühle angeht, und erzählen Sie ihnen nie vorher von Ihren Plänen für den Abend.

Suchen Sie für Ihre ersten Begegnungen phantasieanregende Orte aus. Gehen Sie mit „Ihren Zwillingen" auf eine Rätselrallye, einen Maskenball, oder besuchen Sie gemeinsam ein Erlebnislokal. Oder noch besser, machen Sie alles drei nacheinander. Dabei muß es weder das teuerste Restaurant sein noch der aktuellste In-Treff. Zwillinge fühlen sich auch in abgelegenen, unbekannten Kneipen wohl – vorausgesetzt, sie sind originell. Wenn möglich, wählen Sie den Mittwoch für Ihr erstes Rendezvous. Es ist der Tag der Zwillinge.

Doch egal, wann Sie mit ihnen wohin gehen und was Sie unternehmen: Es sollte immer die Gelegenheit für ungestörte Gespräche geben. Zwillinge sind bezaubernde Plauderer, aber ebenso gute Zuhörer. Klatsch und kunstvolle Spitzfindigkeiten lieben sie über alles. Mitunter geht mit ihnen jedoch der Wortwitz durch. Lassen Sie sich nicht irritieren, wenn Sie sich plötzlich im Zentrum der Ironie Ihres Gegenübers befinden. Es ist fast nie so gemeint, wie es klingen mag. Viele Zwillinge leben nach der Maxime „Lieber einen Freund verlieren, als auf eine geschliffene Antwort verzichten".

Derbe Zweideutigkeiten oder fanatische Standpunkte sollten Sie in Ihren Gesprächen mit Zwillingen dagegen meiden. Es könnte sein, daß sich Ihr Gegenüber angewidert abwendet – nicht ohne Ihnen vorher noch eine ordentliche verbale Ohrfeige verpaßt zu haben.

Denken Sie jedenfalls ständig daran, daß Sie es mit zwei Wesen zu tun haben. Wer sie entflammen will, sollte sie deshalb auch von zwei Seiten anzünden. Setzen Sie „Ihre Zwillinge" auf eine Kinderschaukel, um mit ihnen über Schopenhauer zu diskutieren. Und bauen Sie in ein geistreiches Gespräch zur Lage der Nation Ihr erstes erotisches Vorgeplänkel ein. Auf romantisches Beiwerk können Sie dann getrost verzichten. Kunstvolle Kerzen- oder Kissenarrangements würden von den Jüngern des Merkur ohnehin nur achtlos beiseite geschoben.

Der Eros der Zwillinge

Im Grunde ihres Wesens sind Zwillinge asexuelle Wesen. Das heißt jedoch beileibe nicht, daß ihnen Sex kein Spaß machen würde oder daß sie ihn nicht bräuchten. Ganz im Gegenteil – viele Zwillinge erscheinen ihrer Umwelt erotisch nimmersatt.

Früh nehmen sie die ersten sexuellen Kontakte auf, und zahlreich sind die Namen auf der Liste ihrer Eroberungen. Doch werden sie nicht von Leidenschaft und Wollust getrieben, sondern von Neugierde und dem Drang nach Selbstbestätigung.

Was sich bei anderen im Bauch oder noch ein Stückchen tiefer abspielt, findet bei Zwillingen im Hirn statt. Sie schaffen sich ein Bild vom Objekt ihres Begehrens und kreieren dazu ein passendes Verlangen. Was dann stattfindet, kann man als Orgasmus im Kopf umschreiben – daß er seine Entsprechung im Bett findet, ist sozusagen ein Nebenprodukt. Laden Sie „Ihre Zwillinge“ zu Cybersex ein, und Sie werden nicht nur die angeborene Neugierde dieser Wesen befriedigen, sondern so perfekt wie eben möglich auf ihre ganz besondere sexuelle Ausprägung eingehen.

Unbefangen wie ein Kind vor der Pubertät neigen Zwillinge dazu, ihr Verlangen in Worte zu kleiden, ohne daß dabei groß von Emotionen die Rede wäre. Spricht ein Partner ähnlich unbefangen über seine Gefühle, können Zwillinge ungemein irritiert reagieren, obwohl sie sich dadurch auch sehr angezogen fühlen.

Die Zwillinge-Frau ist nichts für Männer, die sich leicht verschrecken lassen. Gerne ergreift sie die Initiative und sagt geradeheraus, wonach ihr zumute ist. Plump wird sie dabei jedoch nie. Entweder verpackt sie derartig eindeutige Botschaften in ein spitzfindiges Wortspiel oder sie wartet einen passenden Augenblick ab, in dem sie völlig ernst, offen und unbefangen fragt, ob „es“ denn nun möglich sei.

Sie liebt es, für ihr Liebesspiel in Rollen zu schlüpfen. Je nach Stimmung, Szenerie und Gegenüber mimt sie Dirne, Vamp oder Unschuld vom Lande. Und zwar völlig ungeniert, denn sie kennt keinerlei Scham. Das macht sie zweifellos zu einer ebenso interessanten Liebes- wie Gesprächspartnerin, auch wenn sie durch ihre Schauspielkunst auf Außenstehende manchmal herzlos wirkt.

Eine Warnung sei diesbezüglich tatsächlich angebracht: Bei allem Verlangen wahrt die Zwillinge-Frau innerlich Distanz. Und da ihr Sex letztlich nicht wirklich wichtig ist, verfügt sie über ein gut ausgestattetes erotisches Waffenarsenal. Mit dem verschafft sie sich dann auch bedenkenlos, was sie sich gerade in den Kopf gesetzt hat.

Von ihrem Liebhaber erwartet die Zwillinge-Frau nicht nur Zeit und Einfühlungsvermögen, sondern auch geistige Übereinstimmung. Von ihr könnte der Satz stammen: „Sex ist die Fortsetzung eines guten Gespräches mit anderen Mitteln.“ Daher muß man ihr auch keine Aussichten auf eine dauerhafte Beziehung versprechen, um in ihr Bett gelassen zu werden.

Der Zwillinge-Mann ist ein ruheloser Wanderer von Bett zu Bett, obwohl auch ihn die pure Leidenschaft selten ins Schwitzen bringt. Er bleibt beim Liebesspiel gelassen, will etwas sehen, beobachtet sich selbst und weiß, was er tut. Licht an, lautet seine Devise. Und wenn Sie ihm einen Spiegel über das Bett hängen, dann kann es sein, daß doch so etwas wie Wollust in ihm aufblitzt. Seinem angeborenen Voyeurismus können Sie auch mit Pornofilmen entgegenkommen. Rechnen Sie damit, daß er nicht auf dessen Ende wartet, um selbst aktiv zu werden. Als doppeltes Wesen ist er sehr gut in der Lage, Sie zu lieben und gleichzeitig fernzuschauen.

Das vermutlich Höchste der Gefühle ist für einen typischen Zwillinge-Mann jedoch, mit zwei Frauen gleichzeitig ins Bett zu gehen. Während er die eine befriedigt, kann er sich einen Teil der eigenen Lust verschaffen, indem er der anderen bei der Selbstbefriedigung zusieht. Was will ein Mann in doppelter Ausführung mehr?

Aus all diesen Gründen brauchen Zwilllinge-Männer Frauen, die imstande sind, für sich selbst zu sorgen und emotional auf sich aufzupassen. Nicht, daß sie unsensibel wären oder nicht genau wüßten, wie man einer Frau Gutes tut. Doch beim Liebesspiel nehmen sie ihre eigene Neugierde deutlich wichtiger als die Bedürfnisse und Gefühle seiner Partnerin.

Unter Umständen müssen Sie ihn gelegentlich mit sanftem Nachdruck an Ihre Existenz erinnern. Doch keine Sorge. Was für andere Sternzeichen bereits eine unerträgliche Bevormundung bedeutet, stachelt beim Zwilling die notorische Neugierde auf das, was folgt, an. Dann ist er allerdings nahezu provokant in der Lage, Ihnen alles weitere zu überlassen.

Arme, Schultern, Rücken und Brust sind die erogenen Zonen der Zwillinge. Begnügen Sie sich jedoch nach Möglichkeit nie mit einer einzigen Stimulans, Zwillinge vertragen deutlich mehr. Da sie auch eine Vorliebe für erotisches Spielzeug haben, sollte es Ihnen nicht schwer fallen, sich ständig etwas Neues einfallen zu lassen. Außerdem bekommen Sie von Ihrem Bettgenossen jede erdenkliche Unterstützung. Nie wird er sich allein auf Ihr kreatives Potential verlassen. Und wenn ihm eine Idee kommt, dann lassen Sie in befriedigender Gewißheit seine Originalität gewähren.

Die Zwillinge als Partner

So einfach es ist, einen Zwilling zu entflammen, so schwierig wird es dann, die anfängliche Begeisterung in eine beständige Partnerschaft umzuwandeln. Die Pflege Ihrer Beziehung wird daher ganz sicherlich Ihre Sache sein.

Verurteilen Sie Ihren Gefährten jedoch nicht allzuschnell für seine Unbeständigkeit. In schwarzen Stunden leidet er nämlich mindestens genauso darunter wie Sie. Dann wirft er sich vor, eine Beziehung nicht halten zu können und ist sich sicher, nicht liebenswert zu sein. Und das verschärft das Problem. Denn auf der verzweifelten Suche nach Anerkennung sucht er das nächste Abenteuer, die nächste Freundschaft, die nächste Beziehung.

Die beiden Zwillings-Aspekte sind merkwürdige Wesen. Der eine haßt Langeweile und Pflichterfüllung und geht Anstrengung, wo er nur kann, aus dem Weg. Es ist jener Pol, der den Zwillinge-Geborenen zu einem unzuverlässigen, verantwortungslosen Zeitgenossen macht. Der diametrale Aspekt verfolgt dagegen eherne Ideale. Sehr viele Zwillinge überwinden daher ihre Abneigung gegen Mühe und Pflicht und werden zu extrem ehrenhaften Menschen – bis zu jenem fatalen Augenblick, wo sie feststellen, daß sie ihre eigenen Ideale ohnehin nicht erreichen. Dann kommt Merkur, ihr wendiger Planetenpate, zum Vorschein. Der Götterbote, dessen Karriere im Olymp als Gott der Diebe und Lügner begann, sucht flugs nach einem Ausweg und scheut dabei auch nicht vor Halbwahrheiten, Intrigen oder Ausflüchten zurück. Das kommt sogar in der Kriminalstatistik zum Ausdruck. Zwilllinge fallen häufiger als andere Sternzeichen durch Betrugsdelikte und Urkundenfälschung unangenehm auf (Gunter Sachs, Die Akte Astrologie, München 1997).

Dem einen Zwilling ist dies alles bewußt, und er haßt sich dafür; doch der andere Zwilling kann ganz einfach nicht anders. So kippt der Mensch, der beide in sich vereint, leicht ins Neurotische, und sein Hang, nicht nur anderen, sondern auch sich selbst etwas vorzugaukeln, verleiht ihm oft etwas Paranoides.

Derartige Fluchttendenzen stellen Zwillinge-Partner vor eine schwierige, jedoch keinesfalls unlösbare Aufgabe. Wird der wendige, wanderlustige Geist der Zwillinge ausreichend beschäftigt, verwandelt sich der Luftikus häufig in einen besonders angenehmen Partner. Dann kommen nämlich Eigenschaften wie seine Anpassungsfähigkeit, seine

Diplomatie und seine Vermittlungsfähigkeit zum Vorschein. Das Bemühen, den Zwillinge-Geborenen in einer Beziehung zu halten, wird jedoch immer eine Gratwanderung sein. Kontrolle kann er absolut nicht vertragen. Er läßt sich noch nicht einmal an eine „lange Leine" legen. Doch wenn ihm sein Partner keinen festen Halt zu bieten vermag, wendet sich der Jünger Merkurs genauso ab. Schließlich muß er tagtäglich den Spagat zwischen seinen beiden Polen vollbringen. Da erwartet er einfach von seinem Gefährten, daß der ihn unterstützt.

Am besten wird die Partnerschaft mit „Ihren Zwillingen" funktionieren, wenn Sie in der Lage sind, Ihrem Partner vorbehaltlos und aus tiefstem Herzen zu vertrauen. Erleichtert wird er sich dann Ihrer Führung anvertrauen. Denn er traut sich oft selbst nicht über den Weg.

Der Zwillinge-Mann

Anpassungsfähig und diplomatisch, mit großer Vorstellungskraft und ebenso großem Realitätsbezug sowie ungewöhnlich konzentrationsfähig: Die Beschreibung eines typischen Zwillinge-Mannes, der seine positiven Seiten lebt, klingt wie eine Stellenbeschreibung für allerhöchste Staatsämter. Wen wundert es also, daß der erste katholische Präsident der Vereinigten Staaten von Amerika im Zeichen der Zwillinge geboren wurde?

John F. Kennedy war in vielen Dingen ein typischer Vertreter seiner Spezies. Inmitten einer Schar von fünf Schwestern und drei weiteren Brüdern fiel der junge John Fitzgerald schon früh als Meister der Kommunikation auf. Reihenweise brachte der Heranwachsende die Mädchen nach Hause, um sie dann seinem älteren Bruder Joseph überlassen zu müssen. Es scheint dem späteren Präsidenten allerdings nicht besonders viel ausgemacht zu haben. Seine Bewunderung für den Älteren blieb ungetrübt. Noch in seinem späteren Leben als Präsident gab er die eine oder andere Freundin an seine Brüder weiter. So soll sein jüngerer Bruder Robert mehr oder minder direkt nach dem Präsidenten in das Bett von Marilyn Monroe geschlüpft sein.

J. F. K. hatte nicht nur bei seinen Freundinnen, sondern auch bei der Wahl seiner Ehefrau eine glückliche Hand. Mit der den Zwillingen eigenen Stilsicherheit suchte er sich genau die richtige Ehefrau, Jacqueline. Erst durch sie wurde der erste Katholik an der Staatsspitze für das konservative Amerika der 60er Jahre halbwegs erträglich. Mit ihrer gewinnenden Art trug Löwe-Frau Jackie viel zur Popularität ihres Mannes bei und verstand es auf eine deutlich weniger polarisierende Art und Weise als beispielsweise Hillary Clinton, ihren Einfluß im Weißen Haus geltend zu machen.

Trotz seiner gelungenen Ehe blieb John F. Kennedy ein unersättlicher, fast schon zwanghafter „Sexmanic“. Was von seinen Liebesaffairen in die Öffentlichkeit durchsickerte, wirkte kurz, aber heftig. Danach kehrte er jedesmal ohne große Schuldgefühle in den Schoß seiner Familie zurück.

Die einzige Frau, die für ihn sein ganzes Leben lang von keiner zweiten angefochten auf einem Podest stand, war seine Mutter Rose. Auch das ist für einen Zwillinge-Mann äußerst typisch.

Die Zwillinge-Frau

Wenden wir uns weniger sonnigen Zwillingen zu: Hunderttausende Fernsehzuschauer waren Zeugen, als eine sichtlich betrunkene Marilyn Monroe bei der Feier zu John F. Kennedys 45. Geburtstag „Happy Birthday, Mr. President“ ins Mikrophon schluchzte. Ihr Anblick sollte eigentlich gründlich mit dem Vorurteil aufräumen, Zwillinge hüpften bedenkenlos von Bett zu Bett und seien unter keinen Umständen für eine unglückliche Liebe geschaffen.

Das Leben der Norma Jean Mortenson (Baker) zeigt deutlich, was aus den angeblichen Glückspilzen im Tierkreis wird, wenn ihre dunklen, depressiven und selbstzerstörerischen Aspekte die Oberhand gewinnen. Weich und anschmiegsam, aber auch neugierig und ziellos – M. M. präsentierte sich wie eine perfekte Zwillinge-Frau: ein Wesen, das müde Männer munter macht. Wie keine zweite verstand sie es, ihren Sexappeal ins rechte Licht zu rücken. Mit Gesten, Blicken und kleinen runden Bewegungen signalisierte sie ihr Verlangen.

Doch Marilyn war durch und durch Schauspielerin, ihre erotischen Reize nichts weiter als eine immerwährende Rolle auch abseits des Sets. Schaut man etwas näher hin, kann man erahnen, daß diese Sexgöttin einer ganzen Generation in ihrem tiefen Inneren ein kindlich asexuelles Wesen war. Zunächst dienten Liebe und Ehe dem blutjungen Mädchen zur Flucht aus einem bedrückend engen Elternhaus. Jede weitere Ehe, jeder Liebhaber, jedes Abenteuer sollte ihr den eigenen Wert beweisen.

Dritten erschien sie im Umgang mit ihren Männern herzlos. Doch in Wahrheit war sie nur auf der Suche nach „der großen Liebe“. Und so eilte sie von Liebhaber zu Liebhaber, getrieben von dem Glauben an „den einen“, „den richtigen“. Fatalerweise gesellte sich bei Marilyn Monroe zum geringen Selbstwertgefühl noch eine weitere typische Neigung der Zwillinge-Frauen: Sie versteifen sich besonders häufig auf verheiratete oder aus anderen Gründen unerreichbare Männer.

Zwillinge-Frauen werden nicht alt, sie brennen aus. Die Monroe hat erst gar nicht so lange gewartet. Mit 36 Jahren schied sie durch eine Überdosis Tabletten aus dem Leben – ob nun vorsätzlich, versehentlich oder durch mörderische Einflüsse, sei dahingestellt. Den Beweis für die Unfähigkeit der Zwillinge, zu altern, hat sie leider trotzdem angetreten.

Das schnelle Ende

Zwillinge werden Sie relativ leicht wieder los. Sie müssen Ihren Gefährten nur ordentlich auf die Nerven gehen. Und da gibt es gleich eine ganze Palette von Möglichkeiten: Langweilen Sie „Ihre Zwillinge". Erzählen Sie langatmige, umständliche Geschichten, ohne auf die deutlichen Körpersignale der Ungeduld einzugehen. Wenn Sie es auf die Spitze treiben wollen, dann halten Sie Ihren unwilligen Partner fest und zwingen ihn, Sie anzuschauen. Auf Zwillinge wirkt dies wie Folter dritten Grades.

Reiten Sie fanatisch auf einem Standpunkt herum, wiederholen Sie ein und das gleiche Argument hunderte Male und kommen Sie über Tage und Wochen immer wieder darauf zurück. Zwingen Sie Ihren Zwillinge-Partner zur Hausarbeit und schreiben Sie ihm ein Haushaltsbuch vor. Sollte dies nicht möglich sein, weil Sie den heimischen Herd für sich beanspruchen, erzählen Sie ihm stundenlang, wie es derzeit um den Stoffwechsel des Babys bestellt ist. Schicken Sie ihn bei Elternsprechtagen zu den konservativen Blaustrümpfen, und schwärmen Sie ihm hinterher von Ihrem Besuch bei den musisch-kreativen Kollegen vor.

Kritisieren Sie seine Verschwendungssucht. Nach dem kaum zu vermeidenden Streit laden Sie ihn zur Versöhnung in die längste Wagner-Oper ein, die im Umkreis von 500 Kilometern gespielt wird.

Ziehen Sie seine neuesten Ideen ins Lächerliche oder zählen Sie ihm auf, welche seiner Pläne in der Vergangenheit gescheitert sind. Und wenn das alles nichts hilft, dann machen Sie einfach sein Lieblingsspielzeug kaputt. Dann geht er sicher – und holt sich Trost bei Mama oder Papa.

Die Zwillinge und ihre Partner

Zwillinge und Widder

Zwillingen, die an einen Widder geraten sind, kann man nur gratulieren. Die angeborene Neugierde und das notorische Interesse der beiden Sternzeichen drängt in alle Bereiche des Lebens. Da kommt so schnell keine Langeweile auf, der Wandertrieb von beiden wird gar nicht erst wirksam. Ihre Verbindung beginnt oft ganz bewußt als amüsante und erregende Liaison, um zur Überraschung aller Beteiligten in einer Langzeitbeziehung mit vier Kindern zu enden.

Mit einem Widder bekommen die Zwillinge einen Partner, der ungeheuer viel Tatkraft und Zielstrebigkeit in die Beziehung einbringt. Sofern Zwillinge überhaupt die Chance haben, ihr Ziel im Auge zu behalten, dann mit ihm an ihrer Seite.

Zwillinge lassen sich auch von der drängenden, besitzergreifenden Sexualität des Widders nicht beirren. Sollte es ihnen zuviel werden, flüchten sie kurzfristig in die Rolle des Dulders und schieben mit ungeheurem Genuß und dem fast schon obligaten Augenzwinkern die eigene Grenze noch einmal heraus. Selbst mit der Streitbarkeit des Widders kommen die Jünger und Jüngerinnen Merkurs vergleichsweise gut zurecht. Fanatische Standpunkte werden sie bei ihrem Partner zwar nicht akzeptieren, doch zur Not greifen sie eben zu einer List, um sich gegen den stärkeren Widder durchzusetzen.

Zwillinge und Stier

Zwillinge, die ihre charmante, lebenslustige und optimistische Seite aktivieren, können jedes Lebewesen bezaubern. Man soll also nicht sagen, Stier und Zwillinge gingen achtlos aneinander vorbei. Eigentlich ist das sogar so gut wie ausgeschlossen, denn der Stier hat für gepflegte Kommunikation und geselliges Zusammensein sehr viel übrig und wird sich den sprühenden Zwillingen gerne als aufmerksamer Zuhörer zur Verfügung stellen.

Die Ergebenheit eines verliebten Stiers kann in einem Zwillinge-Geborenen tiefe Sehnsüchte nach Beständigkeit auslösen. Denn obwohl der Luftikus scheinbar genießt, von Idee zu Idee, Situation zu Situation, Partner zu Partner unterwegs zu sein, so leidet er doch phasenweise unter seinen unbeständigen Eskapaden. Dann kommen Selbstzweifel, die ein Stier mit seiner Liebe zu heilen vermag. Zuviel Dankbarkeit sollte er jedoch nicht erwarten. Sind die Zwillinge aus ihrer Depression aufgetaucht, kann alles schon wieder ganz anders sein – bis zum nächsten Mal.

Obgleich die Kombination Stier-Mann mit Zwillinge-Frau erfolgversprechender aussieht als umgekehrt, gehen die Jüngerinnen des Merkur dieser Konstellation instinktiv aus dem Weg. Das sagt zumindest die Statistik (Gunter Sachs: Die Akte Astrologie, München 1997). Vielleicht, weil in dieser Beziehung das Neue dann doch zu kurz kommt.

Zwillinge und Zwillinge

Wenn Zwillinge und Zwillinge aufeinandertreffen, bekommt die Umgebung was zu hören. Vermutlich reden die beiden gleichzeitig, um Zeit zu sparen. Wer deshalb jedoch glaubt, die Verbindung sei zum Scheitern verurteilt, irrt. Da sie ebenso gute Zuhörer sein können, nehmen die beiden – oder besser die vier – einander durchaus wahr.

Zwillinge scheinen einander wie Magnete anzuziehen. Plötzlich haben sie einen Menschen vor sich, der wie sie zu ewiger Wanderschaft verurteilt ist, der ambivalente Gefühle in eindeutigen Situationen kennt, der Verständnis für plötzlich auftretende Wechselbäder der Gefühle aufbringt.

Ihre Beziehungen bleiben bis ins hohe Alter jung, frisch und interessant. Da sollte man annehmen, daß sich bei solch einem regen Paar auch im Bett viel tut. Doch das ist nicht der Fall. Zwillinge sind in ihrem tiefen Inneren asexuelle Wesen, die die Stimulanz ihres Partners brauchen. So kann es durchaus vorkommen, daß ein Zwillingspaar wie Brüderlein und Schwesterlein durch die Welt zieht – und sich dabei hervorragend amüsiert.

Die Statistik beweist jedenfalls, daß Zwillinge nicht schlecht miteinander fahren. Sie wählen weit überdurchschnittlich das eigene Sternzeichen zum Partner, fallen in der Scheidungsstatistik dagegen nicht weiter auf (Gunter Sachs, Die Akte Astrologie, München 1997).

Zwillinge und Krebs

Zwillinge und Krebse verbindet ihre Liebe zum Wort. Beide sind charmante, geistreiche und spitzfindige Plauderer, die in der Lage sind, ihr ganzes Leben in einem einzigen, immerwährenden, anregenden Gespräch miteinander zu verbringen. Ob man den beiden zu ihrer Beziehung gratulieren will, ist allerdings Geschmacksache.

Auch diese Kombination steht unter dem asexuellen Vorzeichen von Brüderchen und Schwesterchen – oder wenn der Krebs eher seine mütterliche als seine kindliche Seite entwickelt, unter jenem von Mutter und Kind. Zwillinge kommen ohne erotische Impulse von außen viel zu selten auf die Idee, daß da ja noch was wäre. Doch da die Fähigkeit des Krebses, mit wenigen Handgriffen eine romantische Atmosphäre zu schaffen, bei Zwillingen glatt verschwendet ist, wird seine Initiative im Keim erstickt. Das heißt allerdings nicht, daß sich die beiden miteinander langweilen. Sie verzichten nur mehr oder weniger bewußt auf den großen erotischen Kitzel.

Allerdings fehlt ihnen damit auch ein beliebter Weg aus schwelenden Beziehungskrisen, den andere Bewohner des Tierkreises ganz selbstverständlich gehen. Zwillinge und Krebs können sich nicht so einfach in einer leidenschaftlichen Nacht versöhnen, sie müssen Streitigkeiten bis zum bitteren Ende ausdiskutieren. Den Zwillingen fiele dies auch gar nicht so schwer, wäre da nicht der beleidigte Rückzug seines Partners, der Konflikte viel lieber schwelen läßt. Hat ein Paar jedoch Mittel und Wege gefunden, Streitpunkte zu identifizieren und aufzulösen, dann steht der Kombination Zwillinge und Krebs nichts Wesentliches im Wege.

Zwillinge und Löwe

Eine Verbindung von Zwillingen und Löwe entspricht vermutlich auf´s Haar dem Bild unserer Mütter von einer guten Ehe: Der Mann, so hieß es vor noch nicht allzu langer Zeit, ist der Kopf einer Beziehung, die Frau dagegen der Hals. Der Kopf sagt, wo es lang geht; aber der Hals dreht ihn in die richtige Richtung. Genauso funktioniert es mit den Zwillingen und dem Löwen. Die Zwillingen überlassen dem Partner gerne die Rolle des Kopfes, und der sonst mitunter eigensinnige Löwe läßt sich bereitwillig manipulieren.

Sieht man von der Eifersucht des Löwen ab, die von der Flatterhaftigkeit der Zwillinge genährt wird, haben die beiden ihre Schwierigkeiten mehr mit den gleichen Dingen als mit einander. Allerdings aus ganz unterschiedlichen Ursachen. Und da beide deutlich verschiedene Lösungsstrategien benutzen, können sie tatsächlich viel von einander lernen.

Zwillinge und Löwe gehen schlecht mit Geld um – die Zwillinge, weil sie es nicht so recht ernst nehmen; der Löwe, weil er sich allzu gern mit Luxus umgibt. Beide haben Probleme, ihre Ziele im Auge zu behalten – die Zwillinge treiben ihre Ideen weiter, den Löwen seine Ungeduld. Beide stehen gerne im Mittelpunkt und können Aufmerksamkeit nur schwer teilen. Und auch im Bett kommen sie oft nicht zur Sache. Doch trotz allem: Die Chemie stimmt zwischen den beiden.

Zwillinge und Jungfrau

Diese beiden ach so unterschiedlichen Jünger des Merkur besitzen nur eine einzige Chance, sich zu begegnen: auf intellektueller Ebene. Dort haben sie sich tatsächlich etwas zu sagen und können sich daher auch zunächst Achtung entgegen bringen. Doch vermutlich wird sich die Jungfrau schon bald enttäuscht abwenden. Denn sie muß leider erkennen, daß ihr vielversprechender Gesprächspartner nur an der Oberfläche der Dinge kratzt, während es sie selbst drängt, ungleich tiefer in die Materie einzudringen.

Doch das ist nur ein verhältnismäßig kleiner Teil des Problems: Jungfrauen fühlen sich in ihrer Existenz bedroht, sobald ihr Zwillinge-Partner beginnt, das ihm eigene Chaos zu verbreiten. Dieser wiederum empfindet die Strategien der Jungfrau, seinen Wirbel zu ordnen, unerträglich. Ihr bedächtiges Beobachten erstickt die Zwillinge in ihrem Drang, vorwärts zu kommen, und ihre moralischen Vorstellungen sind für die Zwillinge die reine Heuchelei. Zudem dreht sich die Jungfrau angewidert weg, wenn die Zwillinge aus Herzenslust zu klatschen beginnen, und reagiert mit Zornausbrüchen, wenn sie zu phantastischen Höhenflügen abheben.

Alles in allem kann man kaum von einer erfolgversprechenden Beziehung sprechen. Allerdings wird es auch nur in Ausnahmefällen dazu kommen. Meist beschränken sich diese beiden Tierkreiszeichen auf berufliche Kontakte, im Idealfall übrigens auf sehr befruchtende. Denn gemeinsam besitzen sie genau die richtige Mischung aus dem Drang nach Vorne und Tiefgang.

Zwillinge und Waage

Die Beziehung zwischen Zwillingen und einer Waage ist wahrlich eine luftige Angelegenheit. Beide Vertreter – oder vielleicht korrekter alle vier Vertreter des Tierkreises – sind phantasievolle Wesen, die mit- und gegeneinander oft schon ins Phantastische abgleiten. Wenn sie es schaffen, die beiden Zwillingspole sowie die beiden Waagschalen zusammenzuspannen, dann sind sie in Sachen Kreativität und Kommunikation nicht so bald zu schlagen.

Die Ideale dieser vier sind heroisch und ihre Ideen originell bis zur Verschrobenheit. Nur leider wird kaum etwas, was dieses schillernde Gespann in seinen Köpfen ausbrütet, jemals das Licht der Welt erblicken. Denn in der Kombination von Zwillingen und Waage fehlen Tatkraft und Beständigkeit. Das kann soweit gehen, daß dieses Paar völlig orientierungslos durchs Leben treibt. Die Zwillinge mögen das noch ganz gut verkraften, die Waage fühlt sich jedoch hin- und hergerissen. Mit seiner Sorglosigkeit, was mögliche Konsequenzen angeht, bringt sie ihr flüchtiger Genosse dann gänzlich aus dem Gleichgewicht.

Auch auf erotischer Ebene ist diese Beziehung im besten Fall luftig und locker. Wahrscheinlich reden sie von der Liebe und meiden die leidenschaftliche Umsetzung. Man braucht allerdings nicht zu glauben, daß sie dies stören würde. Tiefe Gefühle sind sowieso nicht ihre Sache, und alles andere läßt sich im Kopf genauso gut abhandeln.

Zwillinge und Skorpion

Vom undurchschaubaren Skorpion muß sich ein Zwillinge-Geborener fast zwangsläufig angezogen fühlen. Auf den ersten Blick wirkt dieser rätselhafte Zeitgenosse unwiderstehlich auf die Jünger des Merkur. Er ist genauso neugierig wie sie und scheint sich ebenso auf einer ständigen Suche zu befinden.

Aber mit den ersten Gesprächen kommen schon bald die ersten Irritationen. Zunächst sind es die eindeutigen, massiven erotischen Signale des Skorpions, die die Zwillinge verwirren. Aber sie wären nicht sie selbst, wenn sie nicht augenblicklich in die gewünschte Rolle schlüpfen könnten. Die erste Hürde wäre damit zumeist recht gut genommen.

Doch was danach kommt, kann nur noch schlechter gehen. Fast scheint es, als würde der Skorpion als Regisseur detaillierte Anweisungen geben, die „seine Zwillinge" willig nickend zur Kenntnis nehmen, um dann doch das zu tun, wonach ihnen der Sinn steht. Kommt dann noch ihre Flatterhaftigkeit ins Spiel, die vom Skorpion als Oberflächlichkeit verachtet wird, ist die Krise perfekt. Da brauchen die Zwillinge erst gar nicht untreu zu werden, um den perfekten Krach zu haben.

Die beiden bemerken in der Regel früh genug, daß es sich bei aller Anziehung höchstens um eine Liaison, doch nie um eine dauerhafte Bindung handeln kann. Vor allem die

Kombination Zwillinge-Frau und Skorpion-Mann findet nur äußerst selten den Weg aufs Standesamt (Gunter Sachs: Die Akte Astrologie, München 1997). Und um die Fatalität dieser Verbindung vollends zu beweisen, tauchen sie auch noch überdurchschnittlich oft in der Scheidungsstatistik wieder auf.

Zwillinge und Schütze

In dieser Verbindung treffen zwei – oder besser gesagt vier – Gaukler aufeinander. Denn der Schütze, halb Pferd, halb Mensch, kann den Zwillingen leicht das Wasser reichen, wenn es um Verwandlungskunst und Schauspiel geht. Deshalb finden alle Beteiligten diese Verbidung zunächst auch super.

Die Zwillinge bringen die Inspiration, die der Schütze in eine griffige Vision umbaut. Dann starten beide äußerst schwungvoll; doch leider ist die rechte Ausdauer weder den Zwillingen noch den Schützen beschieden. Das ambitionierte Projekt versandet binnen kürzester Zeit. Was bleibt, ist ein gerütteltes Maß Frustration. Die Zwillinge reagieren verärgert, der Schütze gelangweilt. Schließlich kann man sich das gut bekannte Gefühl des Scheiterns auch ganz allein bescheren. Die Verbindung driftet langsam, aber sicher auseinander.

Zwillinge und Schützen sind sich im Geist jedoch meist so nah, daß sie selbst nach dem Scheitern ihrer Partnerschaft gute Freunde bleiben. Und das entspricht auch viel stärker ihrer wahren Natur. Denn bei beiden spielen Sex und Erotik keine zwingende Hauptrolle im Leben. Ihre Liebe leben sie im Kopf. Warum also den ganzen Zauber mit der Partnerschaft, wenn es freundschaftlich mindestens genauso gut geht?

Zwillinge und Steinbock

Wahrscheinlich ist es der pure Übermut, wenn Zwillinge versuchen, in das Leben eines Steinbocks einzudringen. Die uneinnehmbare Verteidigungsstellung reizt die erfolgverwöhnten Zwillinge, ihn zu bezwingen. So nehmen sie diesen unheilbaren Individualisten zunächst ganz in Beschlag. Daß dies nicht lange gut gehen kann, liegt auf der Hand. Der Steinbock mag zwar am Anfang der Beziehung von der Aussicht auf Abenteuer fasziniert sein, doch auf Dauer fühlt er sich überfordert und schaltet auf Abwehr, was wiederum die Zwillinge in Depressionen stürzt.

Auch im Bett ergeben die beiden ein problematisches Paar. Zunächst erscheint der Steinbock den Zwillingen viel zu reserviert. Bereitwillig schlüpfen sie in die Rolle des nimmersatten Verführers. Doch im Grunde ihres Wesens sind Zwillinge sexuell unerfahren wie Kinder. Die mitunter skrupellose Sexualität des Steinbockes mit seinen Vorlieben für grenzgängerische Spielchen überfordert sie daher oft bis an die Schwelle des seelischen Zerbrechens.

Es müssen schon sehr gnädige Aszendenten im Spiel sein oder starke Feuerkinder in diese Beziehung geboren werden, um Zwillingen und Steinbock die lohnende Chance zu eröffnen, voneinander zu lernen. Ansonsten werden sie sich nach einer qualvollen Beziehungszeit mit großen Wunden voneinander verabschieden.

Zwillinge und Wassermann

Die Verbindung zwischen Zwillingen und Wassermann scheint unter einem glücklichen Stern zu stehen. Inspirierend und abwechslungsreich, leicht und luftig, so präsentieren sich die beiden – oder besser gesagt, die drei –

dem staunenden Publikum. Gastgeber reißen sich um das lebenslustige Gespann, Freiberufler in kreativen Bereichen suchen ihre Nähe, um neuerlich inspiriert zu werden.

Doch hinter den Kulissen sieht es weitaus weniger rosig aus, auch wenn das all jene nicht wahrhaben wollen, die für Verbindungen des gleichen Elements grundsätzlich positive Prognosen stellen. Doch gerade im Falle der Luftzeichen gehen diese günstigen Zukunftsaussichten meilenweit an der Wirklichkeit vorbei. Ohne Korrektiv durch ein anderes Element neigen die Vertreter der Luft, zu entschweben.

In der Verbindung zwischen Zwillingen und Wassermann haben allenfalls die Zwillinge eine kleine Chance, vom Partner zu profitieren. Die Saturnaspekte des Wassermanns geben ihnen etwas Halt, doch in der Regel reicht das nicht aus, um Struktur und Körper in diese Partnerschaft einzubringen. So hüpfen sie von Luftschloß zu Luftschloß, driften oft sogar unaufhaltsam in die Anarchie. In einem solchen Haushalt hat auch die beste Haushälterin keine Chancen.

Meist klappt es nach kurzer anfänglicher Begeisterung auch im Bett nicht so richtig. Der Wassermann findet die Rollenspiele der Zwillinge bestenfalls irritierend, und er verletzt mit seiner Ehrlichkeit den auf Applaus wartenden Partner. Eine kleine Chance entsteht, wenn die Zwillinge dem Wassermann im Bett die Führung überlassen und er darüber hinaus bereit ist, sie zu übernehmen. Dann kommen so spannende erotische Impulse, daß die Zwillinge vergessen, daß ihnen eine Freundschaft eigentlich viel lieber wäre.

Zwillinge und Fische

Das Zusammentreffen von Zwillingen und Fischen verspricht ersteren Spaß. Schließlich begegnen sie den gleichen leidenschaftlichen Schauspielern in doppelter Ausführung, die sie auch in sich selbst spüren. Außerdem halten die Fische neue, spannende Ausblicke für die Zwillinge bereit. Sie werfen alle bislang geltenden Werte über den Haufen, begeistern sie für spirituelle oder philosophische Fragen und führen sie in gänzliche neue Welten ein. Die Zwillinge reagieren total betört, zumal die freundliche Aufmerksamkeit der Fische in ihnen schnell das Mißverständnis von Liebe aufkommen läßt.

Doch auf die Dauer schaufeln die Zwillinge das Grab dieser Beziehung. Sie plappern, wo sich die Fische Ruhe wünschen, brechen ihre Bemühungen um Führung und Unterstützung ab, wo die Fische sie am dringendsten bräuchten. Treten dann auch noch die erotischen Unterschiede zutage, ist der Ofen gänzlich aus. Denn für die Zwillinge hat die Sexualität einen gänzlich anderen Stellenwert als für die Fische. Sie sehen sie als Fortsetzung eines guten Gespräches, während die Fische die tiefgehendste (und spitrituellste) Vereinigung zwischen zwei Menschen suchen. Dementsprechen unterschiedlich ist ihr Umgang mit Sex und Erotik, dementsprechend verletzend fallen dann auch die Mißverständnisse aus.

Die Liebe im Zeichen des Krebses

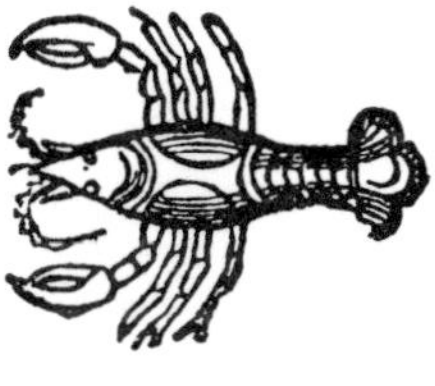

Der Krebs – 22. Juni bis 22. Juli

Haben Sie schon einmal einen Krebs beobachtet? Dieses geheimnisvolle Wesen, das scheinbar planlos hin- und herirrt, um sich in Wahrheit in einem Bogen seinem Ziel zu nähern? Blitzschnell zieht es sich in seinen Panzer zurück, wenn ihm Gefahr droht und läßt sich ohne weitere Gegenwehr hin- und herstoßen. Doch ebenso schnell fahren plötzlich die Scheren heraus, und es zwickt sich so fest, daß man es nur mit schweren Verletzungen los wird.

Bei kaum einem anderen Zeichen des Tierkreises lohnt es sich derart, zunächst die Spezies, die dem Zeichen seinen Namen gab, anzuschauen. Es sind ängstliche, leicht zu verschreckende Wesen. Sie haben sich an der Grenze zwischen Wasser und Land angesiedelt, sind in beiden Elementen Zuhause – allerdings in keinem vollkommen.

Dieses Leben als Grenzgänger kann man auch am menschlichen Krebs beobachten. Einerseits ist die Welt des Wassers sein Zuhause. Es ist – in menschlichen Dimensionen ausgedrückt – eine Welt der Gefühle, der unterschwelligen Strömungen und Empfindungen, der nicht-rationalen Gewißheit, der Entscheidungen „aus dem Bauch".

Auf den ersten Blick scheint der Krebs hier ganz in seinem Element. Mit superfeinen Antennen empfängt er unbewußte Energieströme und Umwelteinflüsse, seine Intuition grenzt an mediale Begabung. Doch ein zweiter Blick auf seinen tierischen Vertreter zeigt: selbst im Wasser bleibt er ein höchst verletzliches Wesen, das sich ohne seinen Panzer oder ohne ein schützendes Schneckenhaus schutzsuchend im Sand vergräbt oder unter Steinen verbirgt.

Ähnlich verhält sich der menschliche Krebs. Eigentlich sollte man meinen, daß ein derart intuitives Wesen mit seinen Gefühlen ganz gut umzugehen vermag. Doch leider ist dies nicht der Fall. Dieser Meister des Hineinspürens hat offensichtlich Probleme bei der Einordnung des Erspürten und leidet unter permanenten Wechselbädern der Gefühle. Er sucht sich oft die falsche Schulter für sein Anlehnungsbedürfnis und wird daher immer wieder ausgenutzt und enttäuscht. Eine Katastrophe für einen Krebs-Geborenen, denn wie kein zweiter fürchtet er Einsamkeit und Isolation. Das macht ihn auch so anfällig für ein fremdbestimmtes Leben.

Der Mond ist der zweite wesentliche Bestimmungsfaktor im Leben eines Krebses. Zeigt die Venus die Weiblichkeit im Außen, so repräsentiert der Mond die Weiblichkeit im Innen. Er steht für alles Nährende, Empfangende, Unbewußte, für die Hingabe und die Geburt. Genau diese Eigenschaften begegnen Ihnen in einem Krebs, dem es gut geht. Er ist ruhig, hilfsbereit, großzügig und rührend besorgt um das Wohl seiner Lieben. Phantasievoll und sensibel, schwärmerisch und verträumt, wird er zu einem höchst kreativen Wesen, das mit den Widrigkeiten des Lebens allerdings nicht allzu gut zurecht kommt. Rechnungen und Reparaturen, Konflikte und andere Belastungen des praktischen Alltags vermögen einen Krebs völlig zu überfordern. Er neigt dazu, an allen Ecken und Enden Schwierigkeiten zu sehen, und die Furcht macht ihn handlungsunfähig. Derart gelähmt, kommen im Krebs auch die dunklen Aspekte des Mondes zum Vorschein: Triebhaftigkeit, Instabilität, Tod und Ende.

Als Wesen des Wassers und des Mondes darf man sich nicht wundern, daß der Krebs starken Rhythmen unterliegt. Eine Ausprägung ist sein periodischer Wandertrieb, der ganz im Gegensatz zum verbreiteten Bild des häuslichen Krebses steht. Doch ist seine Reise nie ein Aufbruch zu neuen Ufern, er kehrt immer wieder nach Hause zurück.

Das Leben und Lieben mit einem Krebs fällt um einiges leichter, wenn Sie seine individuellen Stimmungs- und

Wanderzyklen durchschauen. Kaufen Sie sich doch einen Mondkalender und beobachten Sie mit seiner Hilfe „Ihren Krebs“. Vermutlich sind Sie seinen persönlichen Gezeiten damit dicht auf der Ferse.

Beruf und Berufung

Ein gutes Gedächtnis, praktische Intelligenz und bildhaftes Vorstellungsvermögen gehören zu den wichtigsten Arbeitsgrundlagen des Krebses. Durch seine rasche Auffassungsgabe fällt er Vorgesetzten an einem neuen Arbeitsplatz schnell auf, er interessiert sich allerdings mehr für Vergangenes als für die Zukunft.

Bei den Kollegen ist ein Krebs meist beliebt, solange er seine Launen unter Kontrolle hält. Hilfsbereit teilt er sein Wissen mit anderen, gibt Tips und wird so oft unfreiwillig zum Steigbügelhalter rücksichtsloser Zeitgenossen, die ihn auszunutzen verstehen. Ärgern Sie sich nicht, wenn er ein Rendezvous platzen läßt, weil er für einen Kollegen zum wiederholten Mal einen Abend- oder Wochenenddienst übernommen hat. Das liegt in seiner Natur und hat nichts mit Ihrer Wertigkeit in seinem Leben zu tun.

Krebse gehören zu den klassischen Spätzündern. Erfolg ist vielen von ihnen erst in der zweiten Lebenshälfte beschieden. Sie sind durchaus nicht unfähig, Geld zu verdienen, es ist ihnen nur nicht so wichtig. Damit ein Krebs zu voller Größe aufläuft, braucht er einen starken Halt. Im Idealfall weiß er einen Partner an seiner Seite, bei dem er alle beruflichen Sorgen abladen kann. Und das sind nicht so wenige. Denn ein Krebs strebt in allem den Superlativ an, will der Beste, der Schnellste, der Effizienteste sein und als solcher von Kollegen und Chef wahrgenommen werden. Bleibt diese Anerkennung aus, verzieht er sich verunsichert in seinen Panzer. Manchmal neigen Krebse zu Phantastereien und ihr Mangel an Ausdauer und Konzentration kann ihnen im Wege stehen. Dann brauchen sie auch am Arbeitsplatz einen festen Halt durch einen Mitarbeiter oder Kollegen, der sie „verwaltet" und ihnen genug Freiraum zur Entfaltung ihrer Kreativität schafft. Das scheint übrigens häufig zu klappen, denn auffallend viele Krebse finden sich in der Statistik (Gunter Sachs: Die Akte Astrologie, München 1997) in der Position leitender Angestellter, während sie in den kleinen Angestelltenverhältnissen unterrepräsentiert sind.

Erstaunlicherweise trifft man die angeblich so häuslichen Krebse oft als Handelsreisende und Vertreter. Durch ihren Formensinn sind Krebse hervorragende Innenarchitekten, ihr Einfühlungsvermögen macht sie zu guten Sozialarbeitern. Als Ärzte und medizinische Fachkräfte interessieren sie sich vor allem für das Mysterium der Geburt. Auffallend ist, daß sich viele Krebse ihre Nischen in der Alternativ- und Gesamtheitsmedizin suchen. Lebensberater, Heilpraktiker und Reinkarnationstherapeuten sind Professionen, die wie für Krebse geschaffen scheinen.

Der hoffnungsvolle Anfang

Wenn Sie sich mit einem Krebs zum ersten Mal verabreden, sollten Sie tunlichst einen Treffpunkt vereinbaren, der vor Wind und Wetter geschützt ist. Es ist weder Desinteresse noch Ignoranz, aber das Objekt Ihrer Begierde wird sich vermutlich kräftig verspäten. Seien Sie ihm also nicht böse. Das beste wird sein, Sie betrachten diese notorischen Verspätungen liebevoll als Marotte, die der Unfähigkeit des Krebses entspringt, mit den Pflichten des Alltags zurechtzukommen. Ärgern Sie sich nicht, laden Sie sich lieber gleich zum Krebs nach Hause ein. Das hat mehrere Vorteile: Das Heim eines

Krebses ist in der Regel besonders anheimelnd, der Krebs ist ein ebenso guter Gastgeber wie Koch, und letztlich fühlt er sich in den eigenen vier Wänden auch deutlich wohler – das wird seinen Wagemut steigern, wenn Sie sich ihm nähern.

Das richtige Entree können Sie sich bei diesem Jünger des Mondes bereits mit Kleinigkeiten verschaffen: Bringen Sie ihm einen Strauß Veilchen oder Mohnblumen mit oder zaubern Sie eine gute Flasche Weißwein aus Ihrer Manteltasche.

Sollten Sie wild entschlossen sein, den Krebs noch am gleichen Abend aus seinem Panzer zu locken und zu verführen, dann schenken Sie ihm eine Duftlampe mit dem passenden Duft. Patchouli und Jasmin sind Gerüche, denen sich so bald kein Krebs zu entziehen vermag, und vor allem Patchouli verfehlt bei kaum jemandem seine erotisierende Wirkung.

Direkter sollten Sie den Krebs allerdings nicht bedrängen. Er liebt den Zickzack-Gang: zwei Schritte vorwärts, einer zurück. Und genauso will er sich der Liebe nähern. Jede direkte Aufforderung ist für ihn ein Affront. Pflegen Sie lieber das Gespräch. Der Krebs ist ein charmanter Plauderer und ein hinreißender Zuhörer. Mit seinem Gefühl für Schwingungen und für Verborgenes wird er Perspektiven aus Ihren Erzählungen hervorzaubern, die Ihnen bislang selbst noch nicht aufgefallen sind. Fragen Sie ihn ruhig um Rat – das liebt er. Und loben Sie seine Vorschläge; dieses Sternzeichen ist von Lob und Anerkennung besonders abhängig. Erwarten Sie dagegen nicht, daß er Ihnen an einem der ersten Abende zuviel von den eigenen Angelegenheiten und Gefühlen erzählt. Dafür muß er zunächst Vertrauen fassen. Und vermeiden Sie jedenfalls, von Ihren alten Liebschaften zu erzählen.

Beobachten Sie den Krebs sorgfältig. Irgendwann werden Sie vermutlich feststellen, daß ihn sein periodischer Wandertrieb erfaßt. Nehmen Sie das ruhig wörtlich. Gehen Sie mit Ihrem Krebs wandern; übrigens möglichst an einem Montag. Suchen Sie sich ein Ziel, wo es einen Fluß, einen See oder die Meeresküste zu bewundern gibt. Pflücken Sie mit „Ihrem Krebs" Gänseblümchen und schlagen Sie danach einen Besuch seines Elternhauses vor. All das sind Aktivitäten, bei denen sich der Krebs von Ihnen richtig wahrgenommen fühlt. Bedenken Sie bei dem Besuch der Eltern jedoch, daß sie dem Krebs über alles gehen. Vor allem über die Mutter darf Ihnen kein spitzes Wort über die Lippen kommen.

Wenn das alles nichts bringt und Sie noch immer nicht in den Armen des begehrten Krebses liegen, dann hilft nur noch eines: Werden Sie krank und lassen Sie sich von dem Krebs pflegen. Danach sollte der Anfang geschafft sein.

Der Eros des Krebses

Zwei vor, eins zurück: Es klingt wie eine Anweisung zum Tanz und in gewisser Weise ist die erotische „Gebrauchsanweisung" für den Krebs auch eine. Wer mit diesem Jünger des Mondes die Gipfel höchster Lust erklimmen will, sollte ihm ausreichend Gelegenheit bieten, den Augenblick der Erfüllung doch noch einmal herauszuzögern. Nichts bringt den Krebs mehr in Fahrt. Fassen Sie sich daher in Geduld. Sie werden sehen, es lohnt sich allemal. Und vielleicht finden ja auch Sie Gefallen an der Spannung, die sich dadurch zwischen Ihnen aufbaut.

Dem Ambiente kommt beim Liebesspiel mit einem Krebs eine ungeheure Bedeutung zu. Es muß romantisch und sollte bequem sein, kurz, einer wahren Liebe würdig. Krebse sind zwar nicht ausschließlich aufs Bett fixiert, und mit dem notwendigen Vertrauen werden sie sich auch an die eine oder andere Neuerung heranführen lassen. Ja, Krebs-Männer finden sogar ausgesprochen oft Gefallen daran, das Vorspiel auf dem Teppich, dem Sofa oder dem Couchtisch stattfinden zu lassen. Letztendlich zieht es sie dann aber doch ins Bett.

Doch bevor es überhaupt soweit ist, sollten Sie alle Register romantischer Verführungskünste ziehen: sanfte Musik, Rosen, Kerzenlicht, Champagner, zärtliche Worte. Bedenken Sie, daß Sie ein Wesen vor sich haben, das über Worte besonders gut erreichbar ist. Tragen Sie ein selbstverfaßtes Liebesgedicht vor, und der Krebs wird zu Wachs in Ihren Händen.

Wenn Sie dieses Wachs dann „kneten", konzentrieren Sie sich am besten auf Bauch, Brustkorb und Brüste. In diesem Bereich sind Krebse weich und empfindsam – und zwar Krebse beiderlei Geschlechtes. Wenn Sie schon immer einmal an den Brustwarzen eines Mannes saugen wollten, bitte sehr, hier haben Sie genau den richtigen für so ein Begehren. Mit etwas Feingefühl und Ausdauer werden „seine" Brüste nicht anders reagieren als „ihre".

Krebs-Frauen besitzen ein besonderes Fingerspitzengefühl – und zwar im wahrsten Sinne des Wortes. Wenn Sie zu den Glücklichen gehören, die in diesen Genuß kommen, sollten Sie etwas beherzigen: Alles, was sie gibt, will sie auch bekommen – ohne diesen Wunsch jemals auszusprechen. Wenn Sie dies beachten, werden Sie ihre Wünsche bereits erfüllen, noch bevor sie ihr so recht ins Bewußtsein gekommen sind. Ihre Achtung vor Ihren Qualitäten als Liebhaber steigt dann ins Unermeßliche.

Krebse sind Geschöpfe der Phantasie, auch in der Liebe. Große Abwechslungen braucht eine Krebs-Frau zwar nicht, und für besonders extravagante Spielarten ist sie nur schwer zu haben. Dafür spielen sich in Ihrer Vorstellung die wildesten Dinge ab: tantrische Liebesgenüsse mit zwei Männern,

Schmerzerotik und ähnliches gehören in dieser Welt unbedingt dazu, auch wenn diese Vorstellungen nur in den seltensten Fällen das Licht der Welt erblicken.

Ist die Krebs-Frau in ihre Phantasien eingetaucht, dann läßt sie sich manchmal zuschauen, wie sie ihre Fingerfertigkeit an sich selbst auskostet. Sie sollten sich allerdings dezent im Hintergrund halten, damit sie nicht zu exhibitionistisch agieren muß. Geben Sie ihr nach ihrem Alleingang viel körperliche Nähe. In solchen Augenblicken braucht sie Nestwärme besonders.

Krebs-Männer sind eine bemerkenswerte Mischung aus Geduld und Draufgängertum. Ohne Aufmunterung von Ihrer Seite wird das Ganze jedoch nicht ins Rollen kommen. Vermeiden Sie dabei alles Vulgäre oder Direkte. Derbheiten wirken auf einen Krebs-Mann wie die berühmte Nadelspitze auf einen prallen Luftballon: Plötzlich ist die Luft draußen und die ganze Pracht dahin.

Auch männliche Krebse lieben ein intensives Vorspiel und kommen dabei mitunter auch auf recht ausgefallene Ideen. Sie brauchen nicht gar so viel Sicherheit wie ihre weiblichen Pendants, doch das eine oder andere anerkennende Wort wird auch bei einem Krebs-Mann nicht seine Wirkung verfehlen. Rechnen Sie damit, daß er auf äußerst spannende und phantasievolle Art und Weise immer wieder abbiegen wird, wo andere längst zur Sache gekommen wären. Bieten Sie ihm Ihre Brüste an – Sie werden staunen, welch kreatives Potential allein der Anblick in ihm auslösen wird.

Krebs-Männer lieben es, wenn die Frau beim Liebesspiel auf ihnen sitzt. Dabei geben sie ihren männlichen Führungsanspruch keineswegs auf; sie setzen ihn nur viel subtiler durch als etwa ein Widder, der durch seine drängenden Bewegungen den Takt zwingend vorgibt. Ein Krebs-Mann wird statt dessen zu Worten greifen, Sie in ein phantasievolles Geschehen hüllen, um Sie dann sanft, aber bestimmt zum Gipfelsturm zu führen.

Der Krebs als Partner

Leicht wird Ihr Leben mit einem Krebs-Partner an Ihrer Seite nicht verlaufen. Das empfindsame Wesen kann nämlich selbst recht grob werden, wenn es von seinen Launen geschüttelt wird. Aber sei es drum, bedenken Sie immer: Letztlich entscheiden nur Sie, worüber Sie sich ärgern. Versuchen Sie jedenfalls nicht, „Ihren Krebs" umzuerziehen. Es könnte leicht passieren, daß Sie sich plötzlich von seinen harten Scheren in den Griff genommen fühlen.

Um sich selbst das Leben zu erleichtern, sollten Sie sich mit einigen Dingen von vornherein abfinden: Planen Sie Urlaubsfahrten grundsätzlich nur noch per Auto. Bahn oder Flugzeug würden Sie doch verpassen. Zahlen Sie Ihre Rechnungen selbst ein, der Krebs würde es doch vergessen. Und gewöhnen Sie sich daran, immer wieder die unmöglichsten Typen in Ihrer Wohnung anzutreffen. Schließlich hat der Krebs an Ihrer Seite den merkwürdigen Drang, den absonderlichsten Gestalten helfen zu wollen.

Wenn Sie zu solchen kleinen Kompromissen bereit sind, locken wahre Belohnungen. Krebs-Partner sind mütterliche, nährende und milde Menschen, die Ihnen ein behagliches Heim schaffen werden. Krebs-Männer haben kaum Macho-Allüren, Krebs-Frauen erwarten nicht, in Pelze gehüllt und mit Diamanten behängt zu werden. Einen Haken haben diese Frauen allerdings: Sie möchten geheiratet werden, auch wenn sie es nicht so direkt sagen.

Denken Sie jedenfalls beständig daran, daß Sie es mit einem (über)sensiblen und leicht beleidigten Zeitgenossen zu tun haben. Vor allem die weiblichen Krebse scheinen ständig nach einem Beweis mangelnder Liebe zu suchen. Hat sie vermeintlich einen gefunden, zieht sie sich schmollend in ihren Panzer zurück, aus dem sie Wochen und Monate nicht hervorzulocken ist.

In die größte kritische Phase tritt eine Beziehung mit einer Krebs-Frau ein, wenn sie Mutter wird. Sie neigt dazu, alle und alles – inklusive ihres Mannes – beiseite zu schieben und nur noch für ihr Kind zu leben. Dann muß man ihr recht nachdrücklich klar machen, daß sie damit letztlich auch ihrem Nachwuchs keinen Gefallen tut.

Auch Krebs-Männer heiraten ganz gerne – vor allem in Jugendjahren. Doch Vorsicht! Bei aller Treue und allem Sicherheitsbestreben geraten Krebs-Männer leicht in einen zweiten Frühling. Und dann erwacht ihr Wandertrieb.

Ein letzter gravierender Schatten dieses liebevollen Sternzeichens trifft auf beide Geschlechter mehr oder minder stark zu. Es ist ihre Neigung, ihre Lieben zu manipulieren. Oft kommt es bei anderen als emotionale Erpressung an, wenn Krebse ungefragt unendlich viel Liebe und Zuwendung geben, um sie postwendend vom anderen einzufordern. Dabei handelt es sich weniger um Strategie als um einen instinktiven Reflex. Krebse scheuen Einsamkeit und Ablehnung. Daher unternehmen sie alles, um dem vorzubeugen.

Der Krebs-Mann

Bei all ihrer Launenhaftigkeit sind Krebse zutiefst loyale Menschen. Haben sie erst einmal Zuneigung und Vertrauen gefaßt, lassen sie für den Geliebten oder die Geliebte sogar ein Königreich fahren. Sie glauben das nicht? Dann schauen Sie sich das Leben des englischen Königs Eduard VIII. an. Vielleicht war der spätere Herzog von Windsor tatsächlich homosexuell, wie einige Quellen behaupten. Es ist möglich, aber nicht wichtig. Denn als echter Krebs-Mann brauchte er kein Erlösungsmotiv, nachdem er Wallis Warfield Simpson kennen und lieben gelernt hatte. Für einen Krebs-Mann steht ohnehin fest: Der Geliebten legt er ein Königreich zu Füßen. Im Falle Eduards VIII.wäre dies sogar buchstäblich möglich gewesen. Allein, das britische Parlament hatte etwas dagegen, eine geschiedene Amerikanerin an der Seite des jungen Königs zu sehen. Dem Veto der Volksvertreter konnte und wollte sich der Monarch jedoch nicht beugen.

Aus einer Abdankungsrede blitzt noch eine zweite typische Eigenheit des Krebses: „Doch Sie müssen mir glauben", sagte er am Abend des 11. 12. 1936 nach 325 Tagen auf dem Britischen Thron, „daß ich die Last der Verantwortung nicht tragen und meine Pflicht als König nicht so erfüllen kann, wie ich das möchte, ohne die Hilfe der Frau, die ich liebe." Dieses Eingeständnis, nur mit der Stütze eines geliebten Menschen stark und erfolgreich zu sein, kostete Eduard nicht nur den Thron, sondern auch die Heimat. Er mußte England verlassen. Am 3. 6. 1937 heiratete der Herzog von Windsor seine angebetete Wallis in Frankreich.

Die Krebs-Frau

Das Liebesleben einer Krebs-Frau bleibt meist im Dunkeln. Dazu redet dieses empfindsame Geschöpf viel zu ungern von ihren Gefühlen und ihrem Verlangen. Oder wissen Sie vielleicht etwa über Liebesfreud' und Liebesleid einer Käthe Kollwitz? Einer Ricarda Huch? Und was Sie über das Liebesleben der Diana Spencer, ehemals Prinzessin von Wales, wissen, entspringt viel eher der aufgeregt zuklappenden Schere einer in die Enge getriebenen Krebs-Frau als einem freimütigen Bekenntnis. Bei all ihren Affairen hatte man bei Lady Di stets das Gefühl, einer Gehetzten gegenüberzustehen, die von den Umständen in die Arme der Männer getrieben wurde und die nichts weiter als Schutz und Wärme suchte.

Berühmtheit in Liebesdingen und Heiratssachen erlangen Krebs-Frauen als hilfsbereite, warmherzige Menschen und im Zusammenhang mit ihrer Rolle als Mutter - wie Diana, die trotz ihrer teils recht fragwürdigen Rolle von ihren Untertanen stets als vorbildliche Mutter gefeiert wurde. Oder es geht um die Rolle als verhinderte Mutter – wie im Fall der Frau des persischen Schahs Reza Pachlevi. Soraya mußte das Ende ihrer Ehe hinnehmen und den Geliebten und Mann an eine andere Frau abtreten, weil sie keine Kinder bekommen konnte. Etwas schlimmeres kann einer Krebs-Frau schwerlich passieren.

Soraya trug ihr Schicksal wie ein Krebs: mit unterdrücktem Zorn. Offiziell bekannte sie sich zu den Sachzwängen, die ihr Schicksal besiegelt hatten. Niemand brauchte besonders viel Feingefühl, um den beleidigten Unterton in ihren Auftritten zu registrieren. Aber wer wollte ihr das verdenken?

Das schnelle Ende

Es ist nicht besonders schwierig, einen Krebs zu beleidigen. Schließlich handelt es sich um eines der (über)empfindlichsten Geschöpfe, die der Herr schuf. Aber das heißt noch lange nicht, daß man den Krebs damit auch los wird. Im Gegenteil, fühlt er sich ernsthaft attackiert und fürchtet er um den sicheren Bestand der Beziehung, dann fahren urplötzlich die Scheren aus – und schnapp, sind Sie ernsthaft verletzt und wissen gleichzeitig weniger als je zuvor, wie Sie diesen Zeitgenossen wieder loswerden sollen.

Am ehesten haben Sie eine Chance, „Ihren Krebs" abzuschütteln, wenn Sie sich kalt und zurückweisend bis an den Rand der Grausamkeit gebärden. Schleifen Sie den Krebs jeden Abend außer Haus und geben Sie ihn dann im Kreise vieler Menschen der Lächerlichkeit Preis. Es könnte sein, daß er in solch einem Fall sogar auf sein ansonsten obligatorisches Klammern gegen Ende einer Beziehung verzichtet.

Verstärken Sie seine Lebensängste, geben Sie ihm zusätzlich zu seinen tausend Sorgen Anlaß, sich zu fürchten. Vermutlich wird Ihr Krebs-Partner auf eine derartige Strategie mit Krankheit reagieren. Machen Sie sich nichts daraus; schließlich leben Krebse bekanntlich eine intensive psychosomatische Seite aus. Der eine oder andere stirbt sogar daran. Das stört Sie? Warum? Sie wollten ihn doch los werden, oder?

Das ist Ihnen zu drastisch? Weniger harte Methoden sind allerdings weniger erfolgversprechend. Probieren können Sie es natürlich trotzdem. Versagen Sie dem Krebs an Ihrer Seite jegliche Bestätigung. Zwingen Sie ihn, vier mal pro Jahr umzuziehen. Kritisieren Sie seine Liebestechnik und schwärmen Sie ihm von den Hauptdarstellern des jüngst genossenen Billigpornos vor – ein fast schon platter Vorschlag, denn wer schätzt dies schon?

Reiten Sie auf der Unpünktlichkeit des Krebses herum. Buchen Sie einen Urlaubsflug und reisen Sie allein, weil Sie es dem Krebs überlassen, pünktlich am Flughafen zu erscheinen. Verlangen Sie von „Ihrem Krebs", alle Rechnungen zu bezahlen und das Zeitungsabonnement abzubestellen oder – noch schlimmer – Versicherungen zu kündigen. Da erwischen Sie ihn gleich an zwei empfindlichen Punkten. Zu guter Letzt können Sie noch versuchen, seine Mutter zu kritisieren – am besten in ihrem Beisein. Dann hilft sie dem Krebs vielleicht, Sie zu verlassen.

Der Krebs und seine Partner

Krebs und Widder

Das Wasser löscht das Feuer. Doch wer achtsam mit beidem umgeht, kann das Wasser auch dazu verwenden, das Feuer zu begrenzen. Mit diesem Bild vor Augen könnten Krebs und Widder diese herausfordernde Partnerschaft wagen, auch wenn auf den ersten Blick alles darauf ausgerichtet scheint, das Feuer des Widders zu löschen.

Der Widder haßt die Seitwärtsbewegungen des Krebses, wird bei dem fortwährend ausgesprochenen Wunsch nach Ruhe und Beschaulichkeit rasend und ist irritiert, wenn sich der Partner angesichts seines Tatendrangs beleidigt zurückzieht. Interessanterweise probieren sie es trotzdem immer wieder miteinander, vermutlich, weil sie im ersten Augenblick eine starke erotische Anziehungskraft aufeinander ausüben. Doch ist bei den ersten leidenschaftlichen Begegnungen Vorsicht angebracht. Die fordernde Direktheit des Widders macht dem Krebs Angst. Andererseits glaubt der Widder an ein böses Spiel, wenn der Krebs mit zierlichen Seitenschritten die Spannung erhöhen will.

Haben beide ihre unterschiedlichen Perspektiven erst einmal begriffen, kann sich eine harmonische Beziehung entwickeln. Widder-Frauen und Krebs-Männern fällt das übrigens etwas leichter als der umgekehrten Kombination.

Krebs und Stier

Krebs und Stier sind eine unspektakuläre, stille Kombination, die viel Erfolg verspricht. Der Krebs kann sich bedenkenlos an seinen Partner anlehnen, ohne befürchten zu müssen, daß dieser umfällt oder im nächsten Moment wegläuft

Der Stier hilft dem Krebs bei der Bewältigung der praktischen Dinge im Leben und weiß seinen Hang zur Romantik zu schätzen.

Beide sind gern in Gesellschaft, lieben Bequemlichkeit und hassen Hektik. Sie sind sich so ähnlich, daß sie sich mit ihren Bedürfnissen nur ab und zu in die Quere kommen, jedoch unterschiedlich genug, um sich nicht ständig gegenseitig einen Spiegel vorzuhalten. Vermutlich ist das auch das Erfolgsrezept ihrer Beziehung. In der Kombination Krebs-Frau und Stier-Mann läßt sich dies auch statistisch beweisen (Gunter Sachs: Die Akte Astrologie, München 1997).

Krebs und Zwillinge

Die Verbindung zwischen Krebs und Zwillingen ist eine Angelegenheit zwischen Kumpeln. Der Krebs will vor allem kuscheln und schmusen; den Zwillingen fehlen beim Krebs die erotischen Impulse von außen. Wortgewandt wie beide sind, werden ihnen die Abende jedoch nicht langweilig.

Doch in der gemeinsamen Liebe zum Gespräch liegt auch die größte Gefahr für diese Beziehung. „Lieber einen Freund verlieren als auf einen guten Witz verzichten" mag die Devise vieler Zwillinge lauten. Für den Krebs ist das zu starker Tobak. Er kann nicht erkennen, daß die spitzfindige Ironie seines Partners nicht ihm persönlich gilt. Ist der Schaden erst einmal angerichtet, erkennen die Zwillinge zwar ihren Fehler. Trotzdem werden sie ungeduldig, wenn der Krebs für Tage, Wochen und Monate in seinem Schmollwinkel verschwindet.

Haben die beiden jedoch gelernt, mit Verletzlichkeit und Ironie wechselweise umzugehen, liegt eine große Chance in dieser Kombination. In ihr verbinden sich Kopf und Bauch, Ideale und Gefühle, Theorien und Werte.

Krebs und Krebs

Stoßen zwei Krebse aufeinander, kommt es stark darauf an, wie sie mit ihrem Spiegelbild zurechtkommen. Das kann gutgehen, muß aber nicht. Grundsätzlich verstehen sich die sensiblen, einfühlsamen und vorsichtigen Wesen sehr gut. Auch im Bett klappt es hervorragend, weil jeder die Grenzen des anderen kennt und weiß, welche „Knöpfe" er drücken muß. Allerdings wird es dauern, bis es soweit ist, da der Krebs-Mann zunächst vergeblich auf ein Zeichen von ihrer Seite wartet. Vermutlich geht das Paar den reizvollen Umweg kuscheliger Abende – in aller Freundschaft, versteht sich.

Doch wehe, diese empfindsamen und empfindlichen Seelen schnappen ein. Dann enden Gespräche schnell im Fiasko und beide ziehen sich beleidigt auf unabsehbare Zeit in ihre Panzer zurück. Wollen sie gemeinsam alt werden, bleibt ihnen daher nichts anderes übrig, als sich in Konfliktbewältigung und Streitkultur zu üben.

Trotz dieses Konfliktpotentials bleibt die Verbindung zwischen zwei Krebsen ideal für alle vom Leben gezeichneten Vertreter dieser Spezies. Auch wenn ihnen nicht das große Glück in den Armen ihres Spiegelbildes beschieden ist, vor dem Trauma des unfreiwilligen Abschieds sind sie bei ihm ziemlich sicher. Und das ist für sie letztlich das Wichtigste.

Krebs und Löwe

Was Krebs und Löwen wohl am stärksten voneinander trennt, ist ihre gegensätzliche Konfliktkultur – oder sollte man bereits von Unkultur sprechen? Der Krebs zieht sich vor dem brüllenden Löwen verschreckt zurück, während der Löwe mit dem beleidigten Krebs Höllenqualen aussteht.

Dabei könnten sich die zwei so hervorragend ergänzen: Der feinsinnige, ruhige Krebs und der impulsive, herrschende Löwe decken als Paar eine stattliche Palette unterschiedlichster menschlicher Facetten ab. Doch wie gesagt: Da ist leider diese unüberwindbare Kluft, sobald eine Meinungsverschiedenheit auftaucht.

Würden die beiden in solchen Augenblicken nur einmal kurz überlegen, kämen sie recht schnell darauf, daß ihr Gegenüber eigentlich dem eigenen Archetypus des idealen Partners entspricht. Vor allem die Krebs-Frau kann für einen Löwe-Mann zur erträumten, sensiblen Prinzessin werden, die seine ritterliche Minne voll und ganz verdient. Umgekehrt findet sie an der Schulter ihres Löwen jenen Schutz, den sie sich ersehnt, um sich dem rauhen Leben stellen zu können.

Da beide einen ausgeprägten Hang zur Romantik haben, verschreckt die Leidenschaft des Löwen den Krebs auch kaum. Im Gegenteil, in den Armen dieser direkten, etwas konservativen Geliebten kann sich der Krebs gut hingeben. Einen Versuch ist es wirklich wert. Vielleicht lernen die beiden das Streiten ja noch.

Krebs und Jungfrau

„Tausendmal berührt, tausendmal ist nichts passiert,...". Ein Zusammentreffen von Krebs und Jungfrau läßt sich vermutlich nicht besser beschreiben als in diesem Liedertext. Da treffen zwei zurückhaltende Ästheten aufeinander, zwei Wesen, die zunächst einmal beobachtend abwarten. In der Regel wird dann der Krebs den ersten Schritt machen, doch ganz nach seiner Art: zwei vor, eins zurück. Die Jungfrau erhält auf diese Weise genug Zeit, sich zunächst einmal ein genaues Bild ihres Gegenübers zu machen. Sie wird daher deutlich weniger zurückhaltend und kühl reagieren als bei der Annäherung eines direkteren Partners.

„... tausendundeine Nacht, da hat es bumm gemacht!" Und auch nach dieser ersten heftigen Reaktion kann es mit diesen beiden introvertierten Wesen harmonisch weitergehen. Beide lieben die Sicherheit, hassen unnötiges Risiko oder Chaos. Beide sind zurückhaltend und gehen vorsichtig miteinander um.

In vielen Belangen ergänzen sie sich sogar genial. Die Phantasie des Krebses macht aus dem Verstand der Jungfrau einen fruchtbaren Grund, so wie das Wasser die Erde befruchtet. Und sein feinsinniges, intuitives Gefühl erwärmen den jungfräulichen Intellekt. Wenn dann der Krebs es auch noch schafft, der Jungfrau etwas herzlichere Umgangsformen zu vermitteln, steht einer guten Beziehung nichts im Weg.

Krebs und Waage

Krebs und Waage gehören zu den wenigen Kombinationen, die sich auch bei allem guten Willen weder unterstützen noch gegenseitig entwickeln können. Sie haben kaum etwas aneinander zu lernen und dienen sich mit ihren Licht- und Schattenseiten noch nicht einmal als Spiegel. Kurz: Die Berührungspunkte zwischen diesen beiden Vertretern des Tierkreises sind so gering, daß es nur in allergrößten Ausnahmefällen überhaupt zu dem Versuch einer Partnerschaft kommt.

Dem Krebs ist die Waage zu oberflächlich, die Waage wiederum findet den Krebs kompliziert. Beide reden zwar gerne, doch genauso gerne geben sie sich Ratschläge. So verkommt jedes Gespräch binnen kürzester Zeit zu einer gegenseitigen Belehrung, die beiden auf die Nerven geht.

Interesse kann aufflackern, wenn der Krebs seine Begabung, treffsichere Komplimente zu machen, ins Spiel bringt. Geschmeichelt wird die Waage abwägen, ob sie sich nicht doch auf eine Begegnung mit diesem scheinbar unlenkbaren und undurchschaubaren Wesen einläßt. Hoffentlich läßt sie sich nicht zu lange Zeit mit ihrer Entscheidung. Im Bett kann es zwischen den beiden nämlich zu ausgesprochen befriedigenden Begegnungen kommen. Schließlich sind beide zärtliche und gefühlvolle Liebhaber.

Krebs und Skorpion

Die Verbindung zwischen Krebs und Skorpion wirkt auf den ersten Blick äußerst erfolgversprechend. Diese beiden Wasserzeichen verstehen es nämlich nahezu ideal, Tun und Lassen zwischen sich aufzuteilen. Der Krebs übernimmt dabei den passiven Teil, der Skorpion den aktiven. Da es sich um Bewohner des Reiches der Gefühle handelt, bereitet auch ihrer beider Unvermögen, ihre Wünsche zu äußern, keine weiteren Probleme. Sowohl Krebs wie auch Skorpion sind sensibel genug, sich auch ohne große Worte zu verstehen.

Der Krebs ist mit seiner Nachgiebigkeit zunächst wie geschaffen für den Skorpion. Der stachelige Geselle verliebt sich derart, daß er zum streichelweichen Charmeur wird. Und genau das genießt wiederum der Krebs, dem es gefällt, dieses für andere so gefährlich wirkende Wesen gezähmt zu haben.

Doch dann kommt der Beziehungsalltag und mit ihm der Beginn der Probleme. Auf eine ständige Bewährungsprobe gestellt, erweist sich der Krebs als viel zu nachgiebig. Das reizt den Skorpion ungemein, tagtäglich die Grenzen noch ein wenig auszudehnen und zu probieren, wie weit er gehen muß, um auf Widerstände zu stoßen. Doch bevor der Krebs in einen Kampf einsteigt, den er verlieren muß, zieht er sich sicherheitshalber in seinen Panzer zurück. Für den Skorpion wirkt dies wie Liebesentzug, und beleidigt bezieht auch er den Schmollwinkel, allerdings nicht, ohne gleichzeitig nach Rache zu sinnen.

Ist es erst einmal soweit gekommen, ist Hilfe von Außen notwendig, um die beiden aus ihren Ecken zu holen. Und selbst dann kann man sich kaum sicher sein, ob die Beziehung dieses ansonsten so feinfühligen Paares noch zu kitten ist.

Krebs und Schütze

Die Wasser-Welt des Krebses und die Feuer-Welt des Schützen passen extrem schlecht zusammen. Der Krebs fühlt sich in seinem Sicherheitsbedürfnis von diesem flüchtigsten aller Feuerzeichen permanent bedroht. Der Gedanke, den Schützen teilen zu müssen – und sei es nur mit einer Idee – ist für ihn unerträglich. Daher klammert er sich an den Pferdeleib des Zentauren, übersieht großzügig das Animalische und versucht, sich ein Haustier heranzuerziehen. Doch ist der Schütze kaum zu zähmen – und schon gar nicht so.

Kommt es dann zu den unvermeidlichen Konflikten, ist die Beziehungskatastrophe perfekt. Der Schütze verschießt in seiner Not vernichtende Wortpfeile und ist sofort danach zur Versöhnung bereit. Bei seinem Krebs-Partner ist er da allerdings an der falschen Adresse. Der zieht sich für Tage, Wochen oder Monate in seinen Schmollwinkel zurük, um den Schützen das Ausmaß seiner Verletzung spüren zu lassen. Doch dazu ist wiederum der Schütze nicht in der Lage. So schaukeln sie sich in ihrer Verärgerung gegenseitig auf.

Finden die beiden dagegen eine gemeinsame, verträgliche Ebene des persönlichen und ideellen Freiraums, dann birgt diese Beziehung eine enorme Entwicklungschance. Mit dem Freigeist an seiner Seite vermag der Krebs sein neurotisches Klammerbedürfnis abzubauen. Er lernt, mit wechselnden, neuen Horizonten zu leben und beschleunigt seinen Zickzack-Kurs durch Tatendrang.

Doch alles in allem wären auch diese beiden Vertreter des Tierkreises weitaus bessere Freunde als Liebespartner.

Krebs und Steinbock

Auch wenn das Wasser die Erde sonst befruchtet, hier kommt es eher zur Überschwemmung. Vielleicht liegt es daran, daß die beiden auf den ersten Blick allzu gut zusammen passen. Der Krebs ist häuslich, konservativ und zurückhaltend – genau wie der Steinbock.

Doch darf man die Kraft der gehörnten Bergziege nicht übersehen, die in der Regel für einen Krebs viel zu gefährlich ist. In seiner Angst, verletzt oder hinweggerissen zu werden, beginnt er zu klammern. Dann flieht der Steinbock. Denn was nützt ihm das gemütlichste Heim, wenn ihm die Luft zum Atmen genommen wird?

Dabei könnten die beiden recht zukunftsträchtig und konstruktiv zusammenleben. Ist nämlich die erste Zeit des Klammerns erst einmal überstanden, besteht die reelle Möglichkeit, daß der Krebs durch die Kraft des Steinbocks an seiner Seite Sicherheit gewinnt und seinen Griff etwas lockert. Kommt ihm der Steinbock dann auch noch in Sachen Zärtlichkeit und Romantik eine Spur entgegen, können die beiden ein sehr behagliches Leben führen. Ihre Weltanschauung paßt recht gut zusammen. Die Intuition und das Einfühlungsvermögen des Krebses mildern den Starrsinn und die Egozentrik des Steinbockes. Und so wird aus zwei für die Umgebung manchmal recht schwierigen Zeitgenossen schlußendlich dann doch noch ein umgängliches Paar.

Krebs und Wassermann

Zunächst glaubt der Krebs, im Wassermann einen idealen Weggefährten gefunden zu haben. Die geistigen Übereinstimmungen sind greifbar, und so fühlt sich der Krebs von den Utopien seines Partners angenehm stimuliert. Doch bald muß er voller Entsetzen erkennen, daß für den Wassermann diese Utopien keinesfalls in weiter Ferne liegen. Ja, er begnügt sich noch nicht einmal damit, sie anzusteuern – er lebt, als wären sie der Rahmen seines täglichen Lebens.

Solch eine gefährliche Realitätsverweigerung treibt den vorsichtigen Krebs mit ziemlicher Sicherheit in seinen Panzer. Nicht, daß er nicht bereit wäre, seinem Partner zu folgen. Doch zunächst will er sich die ganze Angelegenheit einmal aus der sicheren Perspektive ansehen. Für den Wassermann ist das, gelinde gesagt, irritierend. Er fordert von seinen Partnern ständige Loyalität und Verfügbarkeit, und diese verletzt der Krebs in solchen Augenblicken eklatant. Und so wartet der Krebs vergeblich auf jene Gefühlsregung, die ihn aus seinem Panzer zu neuen Ufern locken könnte.

Auch im Bett sieht es anfangs besser aus, als es dann tatsächlich ist. Zunächst inspirieren sich die beiden gegenseitig. Doch auf Dauer legt der Krebs für den Geschmack des Wassermannes viel zuviel Wert auf romantische Erotik. Wenn, dann will der Wassermann es ausgefallen, was wiederum den Krebs in Alarmbereitschaft versetzt.

Trotzdem, ganz unmöglich ist diese Kombination nicht. Die Schwächen der beiden sind nämlich einander diametral entgegengesetzt, doch ist die Sympathie so groß, daß sie verhältnismäßig leicht voneinander lernen. Auch wenn Luft und Wasser in der Regel ihre Probleme haben, in diesem Fall profitieren sie voneinander.

Krebs und Fische

Mit den Fischen an seiner Seite läuft der Krebs zunächst einmal zu voller Größe auf. Endlich kann er die Rolle des Stärkeren, des Lebenstüchtigeren übernehmen. Wohlig sinken die Fische in seine Arme, genießen Häuslichkeit und Fürsorge, Sicherheit und Verständnis.

Es sind beides Wesen des Wassers, die Welt der Gefühle ist ihr Zuhause. Entsprechend liebevoll ist zunächst auch ihr Umgang im Bett miteinander; bis zu jenem Augenblick, in dem die Fische beginnen, ihre Extravaganzen zu leben. Das verunsichert den Krebs, zumal sein Parnter auch noch eine fatale Neigung zeigt, mangelnde Befriedigung in demonstrative Flirts umzusetzen.

Beim Krebs schrillen alle Alarmglocken, und so beginnt er, die Fische mehr und mehr an sich zu binden. Bindung ist jedoch etwas, dem die Fische unweigerlich ausweichen. Sie sind nicht imstande, Grenzen zu akzeptieren, weder die ihres Körpers, noch solche des Geistes. Und schon gar keine, die der Partner vor ihrer Nase aufbaut. Sie reißen diese Barrieren zwar nicht sofort ein; sie tauchen nur früher oder später ab, um das Hindernis zu umgehen. Dann kommen sie plötzlich mit einem Beruf im Außendienst, mit notwendigen Reisen oder anderen Formen der permanten Abwesenheit. Für den Krebs endet der Traum vom gemeinsamen, gefühlvollen Glück im Alptraum. Doch meist wird er das noch nicht einmal sich selbst eingestehen.

Die Liebe im Zeichen des Löwen

Der Löwe – 23. Juli bis 23. August

In einem Löwen begegnet Ihnen das männliche Urprinzip in Reinkultur: stolz, stark und tapfer; aber auch herrschsüchtig, aufgeblasen und besserwisserisch. Egal, ob Mann oder Frau – an einem Löwe-Geborenen können Sie wie an keinem zweiten Licht und Schatten des „starken Geschlechts" studieren.

Ein Löwe, dem es gut geht, ist eine imposante Erscheinung. Schon auf den ersten Blick ist zu erkennen, daß man es hier mit einem energiegeladenen Wesen zu tun hat, einem Wesen, daß seelisch und körperlich voller Kraft ist. Selbstsicher bewegt es sich durch seine Welt, signalisiert schon mit der kleinsten Geste Macht, Stärke und Hoheit. Er kommt nicht einfach wie andere zur Tür herein, nein, er betritt den Raum wie eine Bühne.

In und durch den Löwen leuchtet die Sonne, die Beherrscherin unserer Welt. Wer es versteht, rechtzeitig die Augen zu senken, wird von dieser Löwensonne gewärmt und genährt. Doch wehe, der Löwe trifft auf einen Menschen, der ihn von seinem Thron stoßen will, der seine geheimsten Schwächen ans Tageslicht zerrt oder seine Ideale lächerlich macht. Oder noch schlimmer: Der Löwe wuchs unter Verhältnissen auf, in denen ihm sein herrschaftlicher Anspruch verwehrt wurde – entweder, weil er die Aufmerksamkeit der Eltern mit zu vielen oder deutlich älteren Geschwistern teilen mußte; weil das Geld knapp war; oder weil körperliche Schwächen das glanzvolle Selbstbild zunichte machten.

Dann enthüllt dieses würdevolle Wesen seine despotischen, selbstgerechten und egozentrischen Seiten. Löwen wollen herrschen – wenn es aus eigener Kraft nicht geht, dann schwingen sie sich eben aufs hohe Roß. Sie scheuchen Schuhverkäuferinnen durch den Laden, um sich gleichzeitig gut hörbar über die schlechte Bedienung aufzuregen, treiben hilfsbereite Kellner mit ihrem lautstarken Genörgel in die Verzweiflung und fahren beim leisesten Anflug einer Kritik Freunden und Angehörigen über den Mund. Aus dem romantischen Robin Hood, der für seine Ideale rittert, wird ein eiskalt berechnender Sheriff von Nottingham, der egoistisch den kleinen Leuten das Geld aus der Tasche zieht.

So machtvoll die Pracht des Löwen ist, so machtvoll sind eben auch seine Schatten. Um sie auszuhalten, sollten Sie sich etwas immer vor Augen halten: Die Pracht und Kraft des Löwen ist selten eine Beschreibung seines aktuellen Charakters, sondern vielmehr eine Verlockung, was aus ihm werden kann. Er muß die Herausforderung seiner Geburt nur erkennen und annehmen – und an sich arbeiten.

Beruf und Berufung

Junge Löwen haben es schwer: Sie kommen auf die Welt, um zu herrschen. So dominieren sie wenn möglich die Familie, absolvieren Schule und Berufsausbildung als Rädelsführer ihrer Clique oder zumindest als dominanter Teil eines Freundespaares. Und dann treten sie ihren ersten Job an und fallen aus allen Wolken. Denn erstmals im Leben sind sie nicht die Nummer Eins. Der Boß gedenkt keinesfalls, denn Chefsessel zu räumen, nur weil sie kommen, und auch alle anderen Mitarbeiter pochen auf das Recht der Älteren im Betrieb.

Oft kommt es bereits in der allerersten Woche zum Eklat, wenn der frisch gebackene Herr Diplomingenieur oder die blutjunge Frau Doktor bei der altgedienten Sekretärin den Chef herauskehren. Je nachdem, an wen sie geraten, lernen die jungen Löwen dann erstmals echte Intrigen kennen. In ihrer Korrespondenz finden sich Aussagen, die sie nie diktiert haben, dem Chef werden Halbwahrheiten zugetragen, und die Kollegen versuchen auch sonst, ihm bei jeder sich bietenden Gelegenheit ein Bein zu stellen. Ist es erst einmal soweit gekommen, folgt die Katastrophe fast zwangsläufig.

Der Löwe ist kaum in der Lage, zu erkennen, daß er mit Selbstüberschätzung und Hochmut seinen Teil zu dieser Situation beigetragen hat. Andererseits ist kaum jemand Intrigen, Lügen und Halbwahrheiten so hilflos ausgeliefert wie dieses starke Wesen. Löwen sind ausgesprochen wahrheitsliebende, loyale und geradlinige Geschöpfe. Ihre direkte Art geht so weit, daß ihnen oftmals sogar jeder Ansatz von Diplomatie verwehrt bleibt.

Manche Löwen suchen sich daher mehr oder minder bewußt ein privates Ventil für ihren Herrschaftsanspruch. Sie werden Vereinspräsidenten, Mannschaftskapitäne oder übernehmen die Regie in einem Laientheater. Anderen gelingt es, sich am Arbeitsplatz wenigstens eine Führungsposition im kleinen zu schaffen, wenn ihnen der Chefsessel verwehrt bleibt. Und die ganz Glücklichen treffen auf Kollegen, die sie augenzwinkernd gewähren lassen.

Welche Strategie im einzelnen auch vorliegen mag – ein Löwe, der sich in seinem beruflichen Umfeld akzeptiert fühlt, wird zu einem wunderbaren Mitarbeiter und Kollegen. Teamorientiert, zielstrebig und verantwortungsbewußt, bringt er alle notwendigen Eigenschaften für eine erfolgreiche Karriere mit sich. Überdurchschnittlich oft werden Löwen selbständig oder bekleiden leitende Angestelltenpositionen (Gunter Sachs: Die Akte Astrologie, München 1997). Sie gehen in den kaufmännischen Bereich, den Öffentlichen Dienst, vor allem zu Feuerwehr, Rettungsdiensten und Polizei und eignen sich hervorragend für modeschaffende Berufe im weitesten Sinne. Oft erscheint es Außen-stehenden so, als erreichten Löwen die Höhen des

Lebens leichter als andere Menschen. Doch Vorsicht, so leicht der Gipfelsturm einem Löwe-Geborenen auch fallen mag, so leicht fällt er auch wieder herunter. Denn ist er auf der Karriereleiter erst einmal hoch genug geklettert, wird irgendwann einer auftauchen, der – tatsächlich oder scheinbar – an dieser Leiter zu sägen beginnt. Und dann kommen die Schatten des Löwen zum Tragen: cholerisch, despotisch, willkürlich und mit einem leichten Hang zur Paranoia wird er sich so lange zur Wehr setzen, bis ihn die eigene Erregung von der obersten Sprosse herunter geweht hat.

Erwarten Sie daher lieber nicht, daß der Löwe Ihrer Wahl Ihnen Ihr restliches Leben mit einem dicken Finanzpolster verschönt, selbst wenn er derzeit in einer gut bezahlten Spitzenposition sitzt. Das kann sich schnell ändern. Außerdem haben Löwen eine fatale Neigung zu Glücksspielen und bringen ihr Geld auch sonst oft recht leichtsinnig unter die Menschen. Aber auch das läßt sich ja durchaus gemeinsam genießen.

Der hoffnungsvolle Anfang

Um auf „Löwen-Jagd“ zu gehen, sollten Sie sich ein prächtiges Revier aussuchen. In gammeligen Kneipen, auf zugigen Kirchen-Flohmärkten oder in drittklassigen Hotels suchen Sie diese edlen Geschöpfe vergeblich. Im Vier-Hauben-Lokal, in Ballsälen und bei exklusiven Vernissagen sind Ihre Chancen dagegen ungleich größer, auf den König der Tiere zu stoßen.

Der Löwe braucht eine ihm würdige Kulisse für seinen Auftritt. Er inszeniert sein Erscheinen, präsentiert sich selbstbewußt dem staunenden Publikum. Doch Vorsicht! Glauben Sie bloß nicht, Sie haben es mit einem derart extrovertierten Wesen zu tun, wie es der erste Schein nahelegt.

Sie werden staunen, in Wahrheit sind Löwen oft ausgesprochen scheue Wesen, die nur von ihrer Sucht nach Beachtung auf die Bühne des Lebens getrieben werden.

Setzen Sie „Ihren Löwen" anfangs also lieber nicht übermäßig der Öffentlichkeit aus. Erfolgversprechender ist, Sie bringen ihn in eine luxuriöse Umgebung, in der er sich wohl fühlt, und stellen sich ihm mit Haut und Haaren als anbetendes Publikum zur Verfügung. Schmeicheln Sie ihm, loben Sie sein Äußeres, seine Art, seine Intelligenz. Übertreiben Sie ruhig. Der Löwe wird Ihnen in jedem Punkt recht geben – ja, unter Umständen sieht er sich selbst noch sehr viel besser, als Sie das je zu formulieren imstande wären.

Löwen fallen auch in der mondänsten Gesellschaft auf. Die Frauen sind extravagant gekleidet, oft umrahmt eine wahre Löwenmähne ihren Kopf. Männer repräsentieren das, was man früher nicht umsonst einen Salonlöwen nannte. Gerät Ihnen ein solches Exemplar ins Visier, sollten Sie lieber Erkundigungen einziehen, ob er verheiratet ist. Eigentlich sind Treue und Loyalität Ideale, die zum festen Weltbild eines Löwen gehören. Doch leider, auf der ewigen Jagd nach der Märchenprinzessin kann es vor allem dem Löwe-Mann ab und zu passieren, daß er sein gefreites Exemplar zu Hause vergißt, weil eine vermeintlich noch Würdigere seinen Weg kreuzt.

Ansonsten ist es nicht sonderlich schwierig, einen Löwen zu umgarnen. Es ist leicht erregbar, oft lodert glühende Leidenschaft unter einer dünnen Schicht kultivierter Eleganz. Präsentieren Sie sich als Prinzessin: jung, schön, reich. Wobei der Löwe am ehesten auf das letzte Attribut zu verzichten gewillt ist. Allerdings müssen Sie ihm nachdrücklich demonstrieren, daß Sie Ihren Geldmangel mit Würde tragen. Nichts schreckt einen Löwen mehr ab als unwürdiges Gejammer.

Eine Löwe-Frau laden Sie am besten in das teuerste Restaurant der Stadt ein, um den Abend schließlich in einem Zimmer des besten Hotels am Platz zu beschließen. Auch sie ist auf der Suche nach einem Märchenprinzen. Zeigen Sie sich von Ihrer jugendlichen, dynamischen Seite. Löwinnen haben für athletische Jünglinge viel übrig.

Rosen, Sonnenblumen oder Granatäpfel sind ein geeignetes Einstandsgeschenk. Wenn es etwas teurer sein darf, versuchen Sie es mit einem goldenen Kaviarlöffel, einem riesigen Bergkristall oder echtem Bernstein. Wenn Sie zu Schmuck greifen, hüten Sie sich jedenfalls vor Modeschmuck. Dem können Löwinnen rein gar nichts abgewinnen. Am besten wird es sein, Sie nehmen „Ihren Löwen" gleich auf eine ausgiebige Einkaufstour mit und lassen ihn selbst wählen.

Scheuen Sie solch extravagante Ausgaben, dann können Sie „Ihren Löwen" auch mit der Prachtentfaltung anderer locken. Machen Sie eine Schlössertour, besuchen Sie Regierungsgebäude und organisieren Sie eine Sonderführung, oder besorgen Sie Karten für die nächste Premiere einschließlich einer Einladung zur Premierenfeier. Solche Aufmerksamkeiten machen den wilden Löwen zu einem dankbar schnurrenden Kätzchen.

Der Eros des Löwen

So, wie der Löwe das Potential eines Lebenskünstlers in sich trägt, so besitzt er auch das eines Liebeskünstlers. Doch wie überall im Leben des Löwen liegen übermäßiges Licht und übergroßer Schatten dicht beieinander. So kann es durchaus passieren, daß Sie bei diesen grundsätzlich liebesfrohen Geschöpfen auf einen Vertreter stoßen, der Eros und Sexualität weit von sich weist. Geben Sie in solch einem Fall nicht sofort auf. Dieser Löwe ist keinesfalls von Natur aus frigide. Vermutlich mußte er nur irgendwann die für ihn traumatische Erfahrung machen, nicht wahrgenommen oder mit Liebesentzug bestraft worden zu sein. Kombiniert mit seiner Angst vor Mittelmäßigkeit kann dies den Löwen zu einem zunächst etwas schwierigen Bettgenossen machen. Doch es gibt auch in diesem Fall ein einfaches Mittel, einen solchen Löwen aufzutauen: Stellen Sie ihn in den Mittelpunkt allen Geschehens, bieten Sie ihm eine Auftrittsfläche, bewundern Sie ihn, loben Sie ihn, schmeicheln Sie ihm.

Löwen sehen sich als Schöpfer, und als solche wird für sie die Liebe zum Schöpfungsakt. Geben Sie ihnen Gelegenheit dazu. Inszenieren Sie Ihre Liebesnächte dramatisch, suchen Sie sich ein Ambiente, das einer Majestät würdig ist und denken Sie schließlich auch an die stimmungsfördernde Bequemlichkeit. Dann wird der Löwe im Bett zu einem herrlich unkomplizierten Geschöpf.

Ein langes Vorspiel können Sie sich bei Löwe-Mann und Löwe-Frau getrost sparen. Sie sind leicht zu erregen, allerdings fallen die Flammen der Leidenschaft schnell in einem Strohfeuer in sich zusammen, wenn die notwendige Bewunderung ausbleibt. Gehen Sie mit „Ihrem Löwen“ in die Sauna und streicheln Sie seinen Rücken sanft mit Ihren Fingernägeln oder einem Massagehandschuh. Das wirkt tausendmal besser als stundenlanges Fummeln.

Die Löwe-Frau ist lasziv und träge, manchmal sogar allzu träge. Gibt sie sich einem Mann hin, so tut sie das im Austausch für seine Bewunderung. Sie ist genau die Frau, die die halbwüchsigen Söhne ihrer Freundinnen in die Geheimnisse der Liebe einführt, weil ihr die jugendliche Anbetung unendlich gut tut.

Kommt ihre Leidenschaft zum Ausbruch, geschieht dies geradeheraus, ohne große Schnörkel, Umwege oder

Experimente. Löwe-Frauen lieben es, sich dem Geliebten zu präsentieren. Mit Lob kann man sie zu hinreißenden Strip-Szenen hinreißen. Einmal in Fahrt, werden sie dafür sorgen, daß er sie gut sehen kann. Licht an, lautet die Devise bei dieser Frau, sonst verpassen Sie entscheidende Genüsse.

Löwe-Männer sind stürmische Liebhaber. Als Vorspiel reicht es ihnen völlig, die Gelegenheit zu bekommen, sich zu Beginn des Abends als Charmeur zu präsentieren. Was dann folgt, dreht sich völlig um die Befriedigung ihrer eigenen Gefühle, auch wenn die Frau dabei kaum zu kurz kommt. Hingabe in jeder Hinsicht, so hat es der Löwe gerne. Er bevorzugt Stellungen, bei denen sich seine Partnerin völlig ausliefert. Darf er sie fesseln, erregt ihn das bis zum Äußersten – wobei sich von selbst versteht, daß er für einen Rollentausch kaum zu haben ist.

Ein Löwe nimmt seine Geliebte mit einer einzigen bestimmten Geste, seine Bewegungen sind fordernd. Schließt sie die Augen, kann es gut sein, daß sie ein herrisches „Schau hin" zu hören bekommt Er scheint eine schier endlose Ausdauer zu besitzen, die vom lustvollen Stöhnen seiner Partnerin noch angestachelt wird. Doch dann will er seine Ruhe haben; so, wie er generell den Zeitpunkt bestimmt. Dabei kommt dem Löwe-Mann erst gar nicht in den Sinn, daß sie anders darüber denken könnte. Wer sich über ein solches Verhalten ärgert, sollte lieber gleich die Finger vom Löwe-Mann lassen. Ummodeln kann man ihn nicht, schon gar nicht im Bett.

Der Löwe als Partner

Ein Löwe in seiner entwickelten Form ist geradezu ideal als Partner: Er macht großzügige Geschenke, hüllt seine Partnerin in jeden nur erdenklichen Luxus und läßt seinen

Nachwuchs mit einer Langmut Unfug anrichten, die Außenstehende erstaunt. „Wie ein Löwe" kämpft er für die Seinen und für seine Ideale

Allerdings kann solch ein Partner mit der Zeit auch etwas anstrengend werden. Löwen neigen dazu, sich ein idealisiertes Bild ihrer Umwelt zu machen mit sich als anachronistischem Mittelpunkt. Vor allem männliche Löwen mögen partout nicht zur Kenntnis nehmen, daß die Tage des Patriarchats endgültig vorüber sind. Fühlen sie sich von einem Familienmitglied in Frage gestellt, werden sie häufig zu Haustyrannen.

Gewußt wie, läßt sich aber selbst mit dieser Löwen-Eigenheit gut leben. Bedenken Sie: Beim König der Tiere fallen alle Gefühle ungewöhnlich groß aus. Frei nach dem Motto: „Gut gebrüllt, Löwe" artikuliert er seine Emotionen heftig, streitet heftig – und versöhnt sich schließlich ebenso heftig. Wenn Sie also wieder einmal das Gefühl haben, „Ihr Löwe" macht aus einer Mücke einen Elefanten, dann stellen Sie sich dem Konflikt. Mit Löwen kann man streiten, ohne gleichzeitig Ängste vor dem endgültigen Aus haben zu müssen. Die anschließende Versöhnung wird um so schöner ausfallen.

Ein Schatten, mit dem sich in einer Partnerschaft dagegen schwer leben läßt, ist die Untreue des Löwen. Sein Selbstbild ist das eines durch und durch treuen und loyalen Menschen. Doch leider erliegt er ab und zu den Verlockungen neuer schillernder Prinzessinnen oder Prinzen, die seiner würdig scheinen. Dann kann er nicht anders, als sich in einen Minnesänger zu verwandeln und das Objekt seines Begehrens zu umwerben.

Wie bei seinem Vorbild, der Höfischen Liebe, muß es dabei nicht zwangsläufig zu einem sexuellen Kontakt kommen. Vielmehr lebt die Leidenschaft von dem idealisierten

Bild des Gegenübers. Und das verträgt kein zu dichtes Kennenlernen. Doch was hilft diese vage Möglichkeit dem Daheimgebliebenen, der zudem immer wieder unter der oft grundlosen heftigen Eifersucht des Löwen zu leiden hat. Selbst auf Abwegen, kann dieser Jäger nämlich nicht einmal auch nur die Andeutung eines Konkurrenten in seinem Revier ertragen.

Geben Sie „Ihrem Löwen" Zeit, wenn Sie mit seinen Schattenseiten in Kontakt kommen. Geben Sie ihm Raum, Weite, Auftrittsfläche. Oft sind Hochmut, Selbstüberschätzung und despotischer Egoismus die Marotten eines jungen und/oder unreifen Löwen. Sie wachsen sich mit steigender Lebenserfahrung und einer liebevollen Behandlung von selbst aus. Zur Not schenken Sie ihm einen Hund, an dem er zur allseitigen Zufriedenheit seine herrischen Züge abreagieren kann.

Sie werden sehen, hinter den Schatten kommt dann ein wahrer Lebenskünstler, ein Sonnenmensch zum Vorschein, an dessen Seite Sie von seiner Stärke, seiner Kraft und seiner Herzenswärme profitieren.

Der Löwe-Mann

Der Löwe-Mann ist bis zum heutigen Tage ein mittelalterlicher Ritter geblieben. Als Meister der Minne inszeniert er sich als Mythos, der für die Frau nicht leicht zu durchschauen ist. Mit heißen Liebesschwüren umwirbt er seine Angebete, ohne tatsächlich damit zu rechnen, von ihr erhört zu werden. Da er jedoch unwiderstehlich sein kann, kommt das häufiger vor, als ihm lieb sein mag.

Der Löwe-Mann löst diesen Konflikt in seinem tiefen Inneren ganz einfach damit, daß er wie zur Zeit der Höfischen Liebe klar zwischen Liebes- und Eheschwüren unterscheidet. So kann man ihn von der eigenen Treue schwärmen hören, während er gleichzeitig gerade im Begriff ist, sich ein neues Objekt seiner Minne zu küren und die alte Geliebte zu verlassen. Außenstehenden mag das zynisch erscheinen – und es hat Romanciers zu diversen tragischen Opfergeschichten von Frauen in den Klauen egoistischer Löwen inspiriert. Von den Tätern war es eigentlich nie so gemeint.

Der Löwe sieht sich als Herrscher, als König der Tiere, der ständig auf der Suche nach einer ebenbürtigen Partnerin ist. Schließlich gilt es, Würde und Bestand des Herrschergeschlechtes zu sichern, und dafür können nur die Besten in Frage kommen. Doch wie soll man von vornherein entscheiden, ob die Auserwählte tatsächlich diese Beste ist? Napoleon Bonaparte, der kleine Mann auf dem großen französischen Kaiserthron, ist ein Prototyp dieses ewig Suchenden.

Was mochte ihn wohl an Eugenie Désirée Clary gestört haben? War es die Herkunft? Der mangelnde Adel, der den späteren Kaiser aus armer korsischer Familie an der Seidenhändlerstochter aus Marseilles mißfiel? Oder hatte es sich vielleicht mehr um einen Liebes- als um einen Eheschwur gehandelt, den der Löwe Bonaparte seiner Angebeteten zu Füßen gelegt hatte?

Das abrupte Ende der Beziehung und Napoleons nachfolgende Ehen mögen für die blutjunge Frau so schmerzlich und demütigend gewesen sein, wie es von Romanen, Film und Fernsehen nachgezeichnet worden ist. Zu ihrem Nachteil gereichte es ihr letztlich nicht. Sie heiratete Jean-Baptiste Jules Bernadotte, der 1806 von Napoleon zum Fürsten von Pontecorvo erhoben, 1810 von den Schwedischen Ständen zum Kronprinzen gewählt und 1818 zum König von Norwegen und Schweden gekrönt wurde.

Als das nächste berühmte Opfer des Löwen-Mannes Napoleon ging Joséphine Marie Rose, die Witwe des Grafen Alexandre de Beauharnais, in die Annalen und die Romane ein. Bei ihr ist greifbarer als bei Eugenie, warum der Herrscher zur Nächsten weiterzog. Joséphine blieb kinderlos, obwohl sie ihrem ersten Mann zwei Kinder geboren hatte.

Die österreichische Erzherzogin Marie Louise wurde schließlich die letzte, „echteste" Prinzessin an Napoleons Seite. Und bei ihr bekam der sonst so selbstherrliche Löwe selbst zu spüren, wie gefühlskalt sich die Würde eines zum Herrschen geborenen Menschen anfühlen kann.

Die Löwe-Frau

Betrachten wir die Eigenschaften des Löwe-Geborenen auch auf der weiblichen Seite rund um den französischen Thron. Die Löwe-Frau ist, genau wie ihr männliches Pendant, zum Herrschen geborenen. Macht und Pracht sind wahre Lebenselexiere für sie. Wen wundert´s, wenn dieser Charakter ein Freudenmädchen zur politisch mächtigsten Person ihrer Zeit werden ließ.

Marie Jeanne Bécu wurde am 19. 8. 1743 in Vaucouleurs geboren. Das aus ärmlichen Verhältnissen stammende Mädchen zeigte – typisch für eine Löwe-Geborene – ein auffälliges Geschick in Fragen der Mode. Sie wurde Modistin, mußte jedoch – ebenso typisch – auf die Profession einer käuflichen Geliebten zurückgreifen, um ihren luxuriösen Lebensstil finanzieren zu können.

Für andere Sternzeichen mag ein solches Schicksal furchterregend sein. Eine Löwin kann es sich dagegen recht erträglich gestalten. Bei ihr ist die Sexualität nie Ausdruck einer sentimentalen Liebe und nur selten eine auf einen bestimmten Mann bezogene Leidenschaft. Vielmehr ist es ihre

Gegengabe für Anerkennung und Bewunderung. In einem billigen Bordell wird man eine Löwin nicht antreffen; wohl aber als extravagante Mätresse eines wohlhabenden und einflußreichen Mannes.

Eben diesen Weg wählte Marie Jeanne Bécu. Als Geliebte König Ludwigs XV. ging sie in die französische Geschichte ein. Ihr Geliebter verheiratete sie mit dem Grafen Dubarry, der jedoch nie mehr als eine Marionette vor der Schlafzimmertür des Königs darstellte. Die Dubarry gewann schnell einen derartigen politischen Einfluß, daß so mancher Höfling wehmütig an ihre ebenfalls recht unbeliebte Vorgängerin Madame Pompadour dachte.

Bereits knapp ein Jahr nach der Einführung der Dubarry bei Hof sorgte sie für den Sturz des Ministers Choiseul. Ihre Macht- und Geldgier wurde jedoch so groß, daß sie jedes Maß verlor. Nach nur fünfjähriger „Karriere“ wurde sie vom Hof verbannt. Trotzdem blieb der Haß auf die Dubarry so groß, daß Robespierre sie noch fast zwanzig Jahre später als „Volksschmarotzer“ hinrichten ließ.

Das schnelle Ende

Wenn Sie Ihren Löwen wieder loswerden wollen, gibt es ein hundertprozentig wirksames Rezept: Nehmen Sie ihm auf allen Ebenen des Lebens den Raum. Ziehen Sie aus Ihrer 200 Quadratmeter-Villa in eine winzige Mansarde um, tauschen Sie sein Mercedes Cabriolet gegen einen Mini, versetzen Sie seinen Schmuck und kaufen Sie zum Trost protzigen Modeschmuck. Rütteln Sie an seinem Thron, indem Sie seine Entscheidungen ignorieren, ihn in wichtigen Fragen vor vollendete Tatsachen stellen oder sich mit Halbwahrheiten um Auseinandersetzungen herumschlängeln. Lassen Sie Konflikte bewußt schwelen, verweigern Sie ihm den reinigenden Streit – und vor allem die befreiende Versöhnung.

Streichen Sie das Frühstück, stellen Sie die gemeinsamen Mahlzeiten auf streng vegetarische Kost um, kommentieren Sie jeden Bissen Fleisch, den er zu sich nehmen will, mit Horrorszenarien aus Schlachthöfen und Tiertransportern. Laden Sie ihn in das neueste makrobiotische Lokal ein und reden Sie dort nur von sich, während er verzweifelt an seiner Rohkost mümmelt.

Legen Sie seine Geschenke achtlos beiseite, vergessen Sie seinen Geburtstag. Gehen Sie mit ihm in einen billigen Pornostreifen und schwärmen Sie hinterher von den erotischen Qualitäten des Hauptdarstellers. Schubsen Sie ihn, während er schläft aus Ihrem Bett. Halten Sie ihm seinen verschwenderischen Lebensstil vor und malen Sie ihm die schwärzeste Perspektive seiner künftigen Einkommenssituation aus. Und sollte das alles nichts helfen, dann ziehen Sie vor Freunden seine Eitelkeit ins Lächerliche. Sie werden sehen, das erträgt kein Löwe.

Der Löwe und seine Partner

Löwe und Widder

Streit ist in der Beziehung zwischen Widder und Löwe geradezu vorprogrammiert. Dazu widerstrebt es beiden viel zu sehr, die Zügel aus der Hand zu geben. Doch es ist ein fairer Kampf, der fast zwangsläufig in einer heftigen Versöhnung endet. Eskalieren diese Streitereien allerdings, beginnt vor allem der Löwe, der für seine Selbstinszenierungen eine harmonische Umgebung braucht, zu leiden. Das schlägt ihm fatalerweise auf die Libido, was der Widder kaum zu akzeptieren imstande ist. Solange eine solche Situation vermieden wird, haben beide jedoch gleich viel Lust und Spaß im Bett.

Widder und Löwe reagieren geradlinig und ohne unnötiges Zaudern, was den anderen doch nur aggressiv machen würde. Vor allem in der Kombination Widder-Frau und Löwe-Mann passen auch ihre sexuellen Vorlieben hervorragend zusammen. Das beweist auch ein Blick in die Astro-Statistik (Gunter Sachs: Die Akte Astrologie, München 1997): Löwe-Männer heiraten überdurchschnittlich oft Widder-Frauen; in der Scheidungsstatistik tauchen diese Verbindungen jedoch nicht auffallend oft auf. Löwe-Frauen suchen sich dagegen nur durchschnittlich oft einen Widder-Partner. Offensichtlich wissen sie, was sie tun; diese Ehen halten nämlich auch nur mäßig.

Löwe und Stier

Löwen fühlen sich von Erdzeichen erstaunlicherweise oft angezogen, obwohl zwischen ihnen aus astrologischer Sicht wenig Beziehung besteht. Vielleicht erwarten sie als Feuerzeichen, von ihnen getragen und genährt zu werden. Bei einem Stier liegt der Löwe mit einer solchen Erwartung auch gar nicht so falsch. Bietet der Löwe seinem Partner nur eine ausreichend starke Schulter, so wird er mit ausgesprochen großer Fürsorglichkeit belohnt.

Außerdem findet ein Löwe beim Stier das, was er am meisten schätzt: Macht in Form materieller Besitztümer. Der Löwe sollte allerdings vorsichtig sein und die Sparsamkeit seines Partners nicht unterschätzen. Ein Stier wird rasend, wenn seine Kreditkartenabrechnung alle Rekorde bricht oder sich Dinge im Haus stapeln, deren Sinn und Zweck er nicht einsehen kann. Doch in vernünftigen Maßen kann ein Löwe seinen Hang zum Luxus dem Stier durchaus als eigenes Vergnügen schmackhaft machen. Schließlich ist ein Stier sparsam, nicht krankhaft geizig und genießt letztlich selbst viel zu gern.

Mit etwas Distanz zur eigenen Person wird der Löwe schnell erkennen, wo die großen Stärken dieser Verbindung liegen. Seine eigene Kraft wird durch den Realitätssinn und die Lebensweisheit des Stiers ergänzt und seine Ungeduld durch die Beständigkeit gedämpft. Sofern er es vermeidet, den Stier und seine Bedürfnisse komplett zu ignorieren, hat er einen geduldigen Partner an seiner Seite, mit dem es auch im Bett schöne Stunden zu genießen gibt. Romantik, Harmonie und sexuelle Kraft kommen in dieser Beziehung jedenfalls nicht zu kurz.

Löwe und Zwillinge

Vielleicht muß sich ein Löwe bewußt dafür entscheiden, mit einem Zwillinge-Geborenen zurechtkommen zu wollen. Vielleicht ist es aber auch genau umgekehrt. Auf den ersten Blick finden die beiden nicht so recht zusammen. Was Zwillinge die reine Diplomatie nennen, ist für einen Löwen bereits Halbwahrheit und Intrige. Was für den Zwilling die reine Neugierde ist, gibt dem Löwen bereits Grund zur rasenden Eifersucht.

Doch offensichtlich stimmt die Chemie zwischen den beiden. Es könnte daran liegen, daß sie sehr ähnliche Probleme im Leben haben. Beide werden in der Astrologie als Lebenskünstler und unverbesserliche Optimisten gehandelt, obwohl sie mit riesigen Schattenbereichen kämpfen. Beiden ist die Achterbahn von Erfolg und Mißerfolg bestens bekannt. Beide sind immer wieder knapp bei Kasse. Und beide verlieren allzu leicht ihre Ziele aus den Augen. Solche Nöte vereinen, auch wenn sie sehr unterschiedliche

Lösungsstrategien verfolgen. Doch gerade darin liegt ja die Chance, die sie in einander sehen.

Im Bett haben die beiden ihren Spaß miteinander. Manchmal entwickelt sich zwischen ihnen ein leidenschaftliches Rollenspiel, bei dem der Löwe eindeutig Regie führt. Mit großem Erfolg, denn Zwillinge sind nur asexuell, nicht lustfeindlich. Und der Löwe kennt genau die richtige Rolle für sie, zumal sie ihm dann den ihm gebührenden Applaus zollen.

Löwe und Krebs

Genau genommen besitzt ein Krebs viel von dem, was sich ein Löwe von seinem Gefährten wünscht: Er ist ein wenig hilflos, schutzbedürftig, anschmiegsam und sensibel. Er erlaubt dem Löwen, sich als rettender Held in Szene zu setzen und applaudiert mit seinem Feingefühl an den richtigen Stellen. Doch wie das Leben so spielt: Der Löwe registriert nur das beleidigte Gesicht seines Gegenübers, weil er wieder einmal viel zu lautstark seine Meinung kundgetan hat.

Löwe und Krebs müssen zuallererst lernen, miteinander zu streiten. Der Löwe ist gefordert, nicht aus jeder Mücke einen Elefanten zu machen. Und der Krebs muß verstehen, daß schwelende Konflikte bei einem temperamentvollen Partner wie dem Löwen leicht zu einem unkontrollierbaren Flächenbrand werden.

Wenn die beiden dies bewältigen, dann ergänzen sie einander nahezu perfekt. Der impulsive Löwe bekommt einen feinsinnigen Partner an seine Seite, der Zwischentöne zu hören vermag. Auch im Bett geht es bei den beiden harmonisch zu. Die romantische Ader des Löwen eröffnet dem sensiblen Krebs genau die Perspektiven, die er braucht. Und ein enthemmter Krebs trägt jene Leidenschaft ins Bett, die den Löwen entfacht. Akzeptiert der Löwe dann auch noch, daß er den Krebs nicht ummodeln kann, dann heißt es: Betten frei für dieses ungewöhnliche Paar.

Löwe und Löwe

Haben Sie zwei Katzen schon einmal beim Spielen zugesehen? Mit sichtlichem Vergnügen raufen sie, bis es einer zuviel wird und sie sich fauchend zurückzieht. Ähnlich geht es in Partnerschaften zu, in denen zwei Löwen aufeinander treffen. Sie raufen sich – auch in aller Öffentlichkeit. Aber eigentlich raufen sie nur, weil es ihnen so ungeheuer viel Spaß macht. Überschreitet einer die unausgesprochenen Grenzen, dann zieht sich der andere kurzfristig zurück – um kurze Zeit später wieder das gleiche Spiel aufzunehmen oder sich schnurrend an den Partner zu schmiegen.

Geht es diesen beiden Löwen gut, dann sind sie ein geniales Paar. Sie bilden eine hochexplosive, unvergleichlich erotische Verbindung. Doch wehe, einer der beiden kommt zu intensiv mit seinen Schatten in Kontakt. Fast schon zwangsläufig zieht er mit seinen despotischen Anfällen, seiner Willkür und seiner Verbissenheit den anderen in einen unerbittlichen Streit.

Viele vom Kämpfen müde Löwen suchen sich einen sensibleren Partner, der ihre Wunden leckt. Oft geht es jedoch schon nach kurzer Zeit in die nächste Runde mit dem alten Löwe-Partner. Schließlich locken die guten, alten, hochgradig erotischen Zeiten.

Löwe und Jungfrau

Auch die Kombination aus Löwe und Jungfrau gehört zu jenen ganz geheimen Traumkombinationen der Astrologie, die sich erst auf den zweiten Blick enthüllen. Genau betrachtet handelt es sich nämlich wiederum um ein wahres Ritterepos, ganz nach den Wünschen des Löwen. Allerdings ist die angebetete Prinzessin kein scheues, hilfloses Geschöpf, sondern eine Edle aus dem Stamm der Amazonen. Aber Haltung und Stärke dieses adeligen Geschöpfes machen sie für den Löwen zu einer begehrenswerten Partie.

Leicht haben es die zwei allerdings nicht miteinander. Sie leiden unter den gleichen Problemen, allerdings unter diametral entgegengesetzten Ausprägungen. Beide haben Probleme mit ihren Grenzen: der Löwe ignoriert und überschreitet sie permanent, die Jungfrau bleibt dagegen meilenweit darunter. Das muß wechselweise Ungeduld hervorrufen.

Manchmal ziehen Löwe und Jungfrau nicht nur den Partner, sondern auch ihre Umgebung ganz schön in Mitleidenschaft. Sie neigen nämlich beide zu Perfektionismus. Der Löwe ist Perfektionist, weil er nur das Beste verdient; die Jungfrau ist es, weil sie sich sonst wertlos fühlt. Der Löwe verlangt vor allem von allen anderen das Beste; die Jungfrau verlangt es von sich. Sie verstehen sich daher zumindest im Ansatz, auch wenn sie dem Partner meist völlig falsche Motive unterstellen. Manchmal erkennen sie das. Dann haben sie zugleich die Chance, viel über sich selbst zu lernen.

Löwe und Waage

Ein Löwe ist ein so mitreißendes Wesen, daß die Waage sich vergleichsweise schnell für ihn entscheidet. Und falls nicht, dann hilft der König der Tiere eben ein bißchen nach. Funkt es dann zwischen den beiden, sind sie im landläufigen Sinn vielleicht nicht unbedingt ein Traumpaar. Aber sie haben sich so viel Unterstützung zu bieten, daß man ihnen trotz allem nur zu ihrer Wahl gratulieren kann.

Der Löwe trägt Leidenschaft und Tatkraft in die Beziehung, die Waage steuert Phantasie und Ideenreichtum bei. Doch auf dem gemeinsamen Weg zum Ziel konfrontieren sich die beiden auch gründlich mit ihren Schatten. Der Löwe muß lernen, seine Wutausbrüche zu zähmen. Waagen können mit soviel streitbarer Energie rein gar nichts anfangen. Sie lassen sich zwar schlußendlich auf den Kampf ein, doch hassen sie sich und den Löwen hinterher dafür.

Allerdings bringt der Löwe in einer solchen Situation auch Heilung. In seiner Selbstgefälligkeit demonstriert er, daß negative Gefühle kein Grund zu Selbstzweifeln sind. Zugegebenermaßen erfordert es jedoch ein gerütteltes Maß persönlicher Reife, um angesichts seines Egotrips nicht gleich noch einmal wütend zu werden. Das mag auch der Grund dafür sein, daß die Ehen zwischen Löwe-Männern und Waage-Frauen überdurchschnittlich oft geschieden werden (Gunter Sachs: Die Akte Astrologie, München 1997).

Löwe und Skorpion

In der Beziehung von Löwe und Skorpion treffen Feuer und Wasser aufeinander, aber in Wahrheit verhalten sie sich wie Licht und Schatten. Sie sind schlicht nie gleichzeitig an Ort und Stelle, haben kaum eine beziehungsbezogene Lernaufgabe miteinander und können sich auch kaum unterstützen.

Das einzige, was zwischen den beiden funktioniert, ist der Sex. Der allerdings in Reinkultur, ganz ohne Schnörkel und Verzierungen, fast schon brutal leidenschaftlich. Dem Löwen genügt dies jedoch nach zwei bis drei Malen, denn seine romantischen und harmoniebedürftigen Seiten kommen auf diese Art und Weise zu kurz. So zieht er nach vollbrachter Nacht seiner Wege.

Und er tut auch besser daran. Denn mit einem Skorpion kann eine Beziehung schlicht nicht gut gehen. Dazu sind beide zu herrschsüchtig.

Doch während der Löwe auf ein gerütteltes Maß Selbstvertrauen, um nicht zu sagen Egozentrik, zurückgreifen kann, fehlt dem Skorpion die Selbstverständlichkeit. Das macht seinen Kampf verbissen, wo der Löwe noch spielerisch mit der Pranke droht. Da beide stur bis zum Exzeß sein können, scheitert diese Beziehung oft schon, bevor sie richtig angefangen hat. Wenn nicht, stehen eine Reihe – auch handgreiflicher – Auseinandersetzungen bevor, ehe der Löwe geht.

Löwe und Schütze

Im Schützen begegnet dem Löwen ein zweiter Machtmensch. Doch während er für seine Person als Ganzes Respekt einfordert, will der Schütze für seinen Geist, seinen Intellekt und seine Ideen bewundert werden. Das kann gut gehen, muß es aber nicht.

Vermutlich werden sich die beiden jedoch gegenseitig achten. Und obwohl beide zu impulsiven Wutausbrüchen neigen, wird der Haussegen selten für längere Zeit schief hängen; voraussgesetzt, der Löwe lernt von seinem Partner die Fähigkeit zur schnellen Versöhnung.

Im Alltag führt vermutlich das große Freiheitsbedürfnis der beiden schnell zu Reibungen. Der Löwe kann dabei in der Regel mit dem Verständnis und dem Vertrauen seines Partners rechnen. Doch leider hat das Ganze zwei entscheidende Haken: Erstens kann der Löwe ab und zu nicht widerstehen, dieses Vertrauen zu mißbrauchen. Und zweitens ist er nicht um die Welt in der Lage, dem Schützen ähnliche Freiheiten einzuräumen. Doch wie gesagt: Ein lauter Brüller, und die Sache ist in der Regel ausgestanden.

Es sind zwei freimütige Wesen, die ihre gesamte Kraft auch im Bett austoben. Der Löwe bringt eine gute Portion sinnlicher Körperlichkeit ins Spiel, der Schütze die erotischen Ideen. Dabei vermag der Löwe sogar das Unwahrscheinliche zu erreichen: Der Schütze paßt sich seinen Wünschen und Neigungen an. Und da beide zwar Abenteurer sind, erotische Experimente jedoch nicht unbedingt zu ihrem Repertoire gehören, müssen sie nicht viele Worte wechseln, um ihre knisternde Erotik bis ins Letzte auszukosten.

Löwe und Steinbock

Wenn Löwe und Steinbock aufeinandertreffen, sollten alle anderen besser in Deckung gehen. Denn dieses Gespann versteht es wie kaum ein zweites, zielstrebig auf das gemeinsame Ziel zuzusteuern und dabei Menschen und Dinge auf ihrem Weg schlicht zu ignorieren. Es stellt sich nur das Problem, sich auf ein gemeinsames Ziel zu einigen. In jungen Jahren gelingt das selten, da der Löwe dem Steinbock zu extrovertiert erscheint und umgekehrt der Löwe mit dem bockigen Gehabe des Steinbockes nicht klarkommt.

Doch mit der Zeit wird die Chance recht groß, daß der Steinbock den Führungsanspruch des Löwen akzeptiert und der Löwe als Ausgleich beginnt, den Steinbock zu verwöhnen. Das gilt im Bett genauso wie im Alltag. Und da der Löwe beim Steinbock jenen Freiraum findet, den er braucht, werden die beiden recht gut miteinander klar kommen. Viel lernen werden sie dabei allerdings nicht. Dazu sind die Berührungspunkte dann doch zu wenig ausgeprägt.

Löwe und Wassermann

Es ist eine merkwürdige Kombination, zu der diese beiden Vertreter des Tierkreises manchmal zusammenfinden: Unabhängig und selbstbewußt scheinen sie ihrer Wege zu gehen, ohne allzuviel miteinander zu tun zu haben. Manchmal blitzt so etwas wie gegenseitige Unterstützung auf, vor allem, wenn der Löwe von dem Ideenreichtum des Wassermanns profitiert oder ihm seine Stärke vorübergehend zur Verfügung stellt.

Häufiger kommen die beiden allerdings erst gar nicht zusammen. Vielleicht begegnen sie sich kurz auf spiritueller Ebene, doch kaum droht der Körper seine Rechte einzufordern, ergreift der Wassermann die Flucht. Der Löwe ist darüber höchstens vorübergehend traurig. Denn eigentlich fühlt er sich von diesem Partner in seinem Glanz nicht wirklich wahrgenommen.

Löwe und Fische

Über diese Kombination läßt sich nicht besonders viel sagen, außer, daß der Löwe die Fische noch nicht einmal zur Kenntnis nimmt. Sie nähren ihn nicht, weder geistig, noch in Form von Fischgerichten. Ein saftiges Steak ist ihm allemal lieber. Und so scheinen sie ihm fast schon zu gering, die staunende Kulisse für seinen Glanz abzugeben.

Auf diese Idee kämen die Fische allerdings auch gar nicht. Sie halten sich für die Auserwählten des Kosmos, was kann da so ein kleiner Herrscher dieser Welt schon gegen sie ausrichten? Trotzdem fürchten sie seine Wutausbrüche und gehen ihm, wo es nur geht, aus dem Weg. Außer im Bett, dort haben die beiden dann doch ab und zu ihre wärmenden Begegnungen. Doch für eine Beziehung reicht das nicht.

Die Liebe im Zeichen der Jungfrau

Die Jungfrau – 24. August bis 23. September

Es ist schon merkwürdig, welchen Klischees wir bei den einzelnen Sternzeichen nachhängen. Während etwa vom Löwen oder von den Zwillingen meist nur die erlösten Zeitgenossen in den Beschreibungen auftauchen, findet im Fall der Jungfrau vor allem die unerlöste Variante Beachtung. Kühl, mißtrauisch, selbstgerecht, berechnend und pedantisch, frigide im Bett und die ewige Sekretärin im Job: Ein Blick in einschlägige Astro-Literatur und entsprechende Zeitungsspalten zeigt ein recht unsympathisches Wesen im Tierkreis, das sich mit niemandem so recht verträgt.

Eine Jungfrau, die derartige Beschreibungen liest und dann einen Blick auf ihren Beruf, ihre Beziehung, ihr Bankkonto oder ihre Wohnung wirft, muß sich kopfschüttelnd von der Astrologie abwenden. Vielleicht erklärt das, warum sie zu jenen Menschen gehört, die Horoskope grundsätzlich ungeduldig überblättern. An Astro-Büchern geht sie achtlos vorbei, obwohl sie sonst so gut wie jedes Buch in die Hand nimmt. Und im Restaurant wird sie kaum die Verpackung der Zuckerstückchen nach charakterlichen Hinweisen auf ihre Freunde untersuchen.

Selbst der Versuch, die Eigenschaften der Jungfrau in positive Worte zu kleiden, endet merkwürdigerweise fast immer bei ihren Schatten. So kann man zu Pedanterie und Putzwut auch Ordnungsliebe sagen, zu Kritiksucht analytische Fähigkeiten und zu Geiz und Berechnung Streben nach Sicherheit. Doch welche Formulierung man auch wählt, am Kern des Jungfrauen-Charakters gehen sie alle meilenweit vorbei.

Der Schlüssel zum Verständnis einer Jungfrau ist das Wissen um ihre Weltsicht. Für sie ist das Leben ungeheuer kompliziert und vielschichtig. Sie erfaßt soviele Ebenen und

Details, daß sie kaum in der Lage ist, alles zu ordnen und zu einem Bild zusammenzufügen.

Die Jungfrau ist in ihrem tiefen Inneren alles andere als überheblich oder selbstgerecht. Instinktiv spürt sie, daß sie von Chaos überfordert wird. Daher versucht sie, ihm so gut wie möglich auszuweichen. Als Jüngerin des Merkur setzt sie zu diesem Zweck ihren messerscharfen Verstand ein. Sie geht dabei vor wie bei einem Puzzle. Die einzelnen Teile werden genau betrachtet, Form, Farbe und Zweck analysiert, um dann zu einem großen Bild zusammengefügt zu werden.

Das mag in Beobachtern den Eindruck erwecken, die Jungfrau sei distanziert und kühl. In Wahrheit sind ihre Strategien, zu einem Urteil zu kommen, nur etwas zeitintensiver als die anderer Sternzeichen. Und zum Ärger dieser anderen, schnelleren – weil oberflächlicheren – Zeitgenossen, behält sie mit ihren Urteilen auch meist recht.

Diese klare Urteilskraft macht die Jungfrau wirklich nicht zu jener ordnungsliebenden Haushälterin, die unsere Klischees von ihr zeichnen. Im Gegenteil, der Haushalt ist ihr ein Greuel, vor allem, wenn von ihr unnötiger Firlefanz erwartet wird. Es ist schon schlimm genug, wenn eine Arbeit weder den Intellekt fordert noch in einem beständigen Ergebnis endet. Die Familienmitglieder haben ja doch kurz nach der Mahlzeit wieder Hunger, Gläser und Geschirr werden immer wieder schmutzig, und die Betten bleiben auch nicht gemacht.

Am ehesten läßt sich die Jungfrau mit dem Haushalt versöhnen, wenn die Dinge praktisch organisiert sind und funktionieren. Stört ein Familienmitglied ihr System, zieht sie sich überfordert zurück. Die dann folgende Unordnung ist allerdings auch nicht jener häufig beschworene Schatten; so, wie die Ordnungsliebe eben auch keine Stärke darstellt, sondern nur eine Folge ihrer Art ist, das Leben zu erfassen.

Ein weiteres beliebtes Klischee ist der Realitätssinn der Jungfrau. Tatsächlich ist die lichte, in sich ruhende Jungfrau ein sehr realistisches Wesen. Schließlich ist ihr Element ja auch die Erde. Das schließt übrigens jeden Perfektionismus aus. Denn Realisten haben immer die Wirklichkeit als Maß im Auge.

Doch in Jungfrauen-Schatten zeigt sich etwas, was mit Realismus nicht viel zu tun hat. Ihre Selbstzweifel können sich nämlich derart ins Übermächtige steigern, daß diesem sonst so kühlen, analytisch scharfsinnigen Wesen völlig die Sicht auf die Dinge versperrt wird. Dann neigt auch sie, genau wie ihre Merkur-Brüder im Zeichen der Zwillinge, zu irrationalem Verfolgungswahn, und ihr Selbstwertgefühl sackt in unergründliche Tiefen ab. Für die Jungfrau ist das noch schlimmer als für die Zwillinge, da sie sich fast ausschließlich über ihre Fähigkeiten definicrt.

Beruf und Berufung

Jungfrauen sind oft als „Streber" verschrien. Tatsächlich stürzen sie sich gern in die Arbeit. Doch machen sie das nicht aus lauter Ehrgeiz und Berechnung, wie ihnen das so gern unterstellt wird. Sie arbeiten aus Spaß an der Arbeit – und weil sie auf Anerkennung ihrer Leistungen hoffen.

Gibt es im Beruf kein angemessenes Ventil für den Eifer der Jungfrau, sucht sie sich im privaten Umfeld eine Berufung, der all ihr Einsatz gilt. In einem Verein, einer karitativen Organisation, bei den Pfadfindern oder im Kegelklub schafft sie sich schnell ein Wirkungsfeld. Mit ihrem Organisationstalent bewegt sie auf Kirchenflohmärkten tausende von Mark, arrangiert Jugendtreffen mit tausenden Kindern aus -zig Ländern oder initiiert das erste Yogatreffen in einer Tausend-Seelen-Gemeinde in Niederbayern.

Jungfrauen sind ausgesprochen scharfe Denker, mit einem brillanten Intellekt, ausgeprägtem Wissendurst und glänzender Rhetorik. Man sollte meinen, daß solche Wesen die Universitäten füllen. Doch weit gefehlt, Jungfrauen fallen in den Hörerstatistiken weder durch überproportionale Präsenz noch durch besondere Abwesenheit auf (Gunter Sachs: Die Akte Astrologie, München 1997).

Die Studenten unter den Jungfrauen zieht es an die medizinischen Hochschulen, vor allem an die Zahnmedizin. Und man kann ihren späteren Patienten nur gratulieren. Jungfrauen sind geborene Heiler, die auch als Physiotherapeuten und in anderen medizinischen Berufen große Erfolge haben. Vielleicht liegt es an ihrem Bedürfnis, gebraucht zu werden. Vielleicht folgen sie aber auch nur dem Archetypus der Urmutter, wie antike Interpretationen dieses Sternzeichens mit den Ähren in der Hand nahelegen.

In den schlecht greifbaren Randbereichen der Alternativmedizin wird man Jungfrauen allerdings nur selten vorfinden. Sie sind weitaus eher die rationalen Schulmediziner, die im Verlauf ihrer Karriere all jene komplementären Verfahren aufgreifen und in ihr Behandlungsschema integrieren, deren Sinn sie einsehen und deren Wirksamkeit für sie nachgewiesen ist.

Viele Astrologen legen den Jungfrauen den Beruf als Lehrer nahe, angeblich, weil sie so etwas Oberlehrerhaftes an sich haben. Tatsächlich kritisieren Jungfrauen allzu gerne und demonstrieren ihr Wissen und ihre Fähigkeiten in übertriebenem Maße. Wen wundert es? Schließlich glauben sie, dies mache sie aus.

Es geht ihnen jedoch mehr darum, sich zu präsentieren, als Wissen weiterzugeben. Und so sind sie in allen Schulformen und Schulstufen als Lehrer unterrepräsentiert. Eine leichte Neigung zeigen sie für kaufmännische Berufe. Kein Chef sollte auf das Organisationstalent, die Analysefähigkeit und die verbale Treffsicherheit einer Jungfrau verzichten.

Es wäre interessant, zu erfahren, wer die Reden unserer Politiker verfaßt. Hinter besonders scharfzüngigen, eloquenten Argumentationen steckt vermutlich eine brillante Jungfrau, der es völlig genügt, wenn ihre Worte die Welt verändern. Sie muß nicht unbedingt selbst im Rampenlicht stehen. Sie deshalb in die zweite Reihe zu verbannen, ist allerdings höchst unrealistisch. Es handelt sich viel eher um einen Menschen, der so machtvoll agieren kann wie die Sekretäre des vergangenen Jahrhunderts.

Mit einem Jungfrau-Vize kann ein Firmenchef getrost sein Reich dem Junior überlassen, selbst wenn der eigentlich völlig ungeeignet ist. Vorausgesetzt, es existiert in dieser Firma ein Mensch, der die Vorzüge der Jungfrau sehen und ihr immer wieder bestätigen kann. Sonst könnte sie mit ihrem paranoiden Schatten in Berührung kommen und ihrem Ruf als besserwisserische, kritiksüchtige, selbstgerechte Intrigantin gerecht werden – und alles nur aus falsch verstandenem Selbstschutz.

Der hoffnungsvolle Anfang

Glauben Sie ja nicht, die Jungfrau Ihrer Wahl interessiere sich nicht für Sie, nur weil sie Distanz hält. Im Gegenteil, meist ist das sogar ein ausgesprochen gutes Zeichen. Denn je schärfer sie beobachtet, analysiert und abwägt, desto wichtiger ist es ihr. Schlägt sie dagegen über die Stränge und landet mit Ihnen bereits am ersten Abend im Bett, dann können Sie mit an Sicherheit grenzender Wahrscheinlichkeit davon ausgehen, daß ihr Herz nicht mit im Spiel ist und es bei einer einmaligen Episode bleiben wird. Lassen Sie ihr also Zeit. Für Draufgänger hat sie sowieso nichts übrig.

Vielleicht hilft es Ihnen beim Umwerben „Ihrer Jungfrau“, wenn Sie bedenken, daß sich kaum ein zweites Tierkreiszeichen derart selbst im Weg stehen kann wie dieses. Fassen Sie sich also etwas in Geduld. Sie werden sehen, es lohnt sich.

Am besten nähern Sie sich „Ihrer Jungfrau“ auf intellektueller Ebene. Sie ist ein Geschöpf Merkurs, liebt das gute Gespräch, die tiefgehende Analyse, den geistigen Austausch. So reagiert sie auf ein ansprechendes Äußeres oder erotische Anziehung auch deutlich weniger als auf das, was sie unter „geistiger Verwandtschaft“ versteht. Nutzen Sie den Drang der Jungfrau, „gebraucht“ zu werden. Wenn Sie ihr ein stichhaltiges Problem präsentieren, wird sie sich Ihnen mit all ihrer Kraft widmen.

Auf einen großartigen Aufputz oder eine aufwendige Inszenierung Ihres ersten Rendezvous können Sie getrost verzichten. Verschwenden Sie auch besser keine Energie in übertriebene Komplimente. Die Jungfrau läßt sich nicht so schnell täuschen. Wählen Sie für Ihr Treffen am besten einen Mittwoch, es ist der Jungfrauen-Tag. Achten Sie jedoch darauf, daß der oder die Umworbene nicht zu spät ins Bett kommt. Müdigkeit am nächsten Tag kann im Bewußtsein der Jungfrau den gesamten vorangegangenen Abend trüben.

Die Wahl des Ortes überlassen Sie am Geschicktesten Ihrem Gegenüber. Vielleicht lädt sie Sie ja zu sich nach Hause ein – ein absolut positives Zeichen, denn dort fühlt sie sich sicher und geborgen und wird etwas schneller warm als an anderen Orten.

Sollten von Ihnen Vorschläge erwartet werden, könnten Sie mit so außergewöhnlichen Ideen wie einer Fabrikbesichtigung ungeahnte Erfolge für sich verbuchen. Oder Sie gehen auf Nummer Sicher und laden die Jungfrau zu einem Spaziergang durch duftende Weizenfelder ein.

Schenken Sie Ihr als Abschluß einen Kornblumenstrauß – und zwar ganz gleichgültig, ob Sie es mit einer männlichen oder einer weiblichen Jungfrau zu tun haben. Sie werden sehen, die Sache nimmt langsam, aber sicher ihren Lauf.

Der Eros der Jungfrau

Kaum etwas anderes verwischt unsere eigenen körperlichen, geistigen und seelischen Grenzen so stark wie ein leidenschaftlicher Orgasmus. Man kann kaum noch sagen, wo man selbst aufhört, wo der andere beginnt, wo oben und unten ist, rechts und links, innen und außen. Tränen und Lachen, Lust und Schmerz, Freude und Leid liegen in diesem einmaligen Augenblick des Höhepunktes untrennbar dicht beieinander. Oft purzeln all diese Gefühle ineinander und schlagen einem in einem unbeschreiblichen Chaos über dem Kopf zusammen.

Genau das ist der Grund, warum man Jungfrauen nachsagt, auch im Bett kühl und distanziert zu bleiben. In Wahrheit ist sie weder gefühlsarm noch frigide. Sie hat nur furchtbare Angst vor dem Unbekannten, dem Genzauflösenden und dem darauf folgenden inneren Chaos. Das ist doch eigentlich ganz verständlich.

Sollte Ihnen eine Jungfrau mit moralinsauren Vorstellungen aufwarten, können Sie diese Anwandlungen getrost beiseite schieben. Am leichtesten geht das, indem Sie zunächst augenzwinkernd darauf eingehen und dann sehr klar Ihre erotischen und moralischen Vorstellungen präsentieren. Damit geben Sie der Jungfrau die Möglichkeit, direkt zu klären, was auf sie zukommt. Und sobald sie das weiß, ist sie alles andere als distanziert, kühl oder frigide.

Die Art, mit der Jungfrauen dann den Schein der Reinheit und Unberührtheit abzulegen pflegen, grenzt erfreulich stark ans Frivole. Glauben Sie allerdings ja nicht, statt mit Worten durch ungebremste Leidenschaft ihren inneren Widerstand überwinden zu können. Jungfrauen beiderlei Geschlechts lassen sich nicht überrumpeln. Deshalb sollten Sie auch erst gar nicht versuchen, ihr den Gebrauch eines Präservativs auszureden. Schließlich weiß sie um Aids und andere Widrigkeiten der Liebe. Und der Kopf spielt bei ihr eben immer mit.

Jungfrauen schätzen im Bett wie kaum ein anderes Zeichen des Tierkreises festgelegte Rituale: zunächst der ganz bestimmte, französische Rotwein, dann der Weg zum CD-Spieler, zur Duftlampe, ins gemeinsame Schaumbad, ins Schlafzimmer. Manchmal mag es wie ein Tick wirken, wenn die Jungfrau-Frau sich immer wieder das gleiche Negligé anzieht, obwohl es wirklich nicht besonders aufreizend ist und sie es erfahrungsgemäß nur wenige Minuten tragen wird. Lassen Sie sie. Derartige Rituale helfen ihr, sich zu entspannen und der Situation anzuvertrauen.

Fühlt sich die weibliche Jungfrau erst einmal wohl, ist ihr Gefühlsleben im Bett entgegen der landläufigen Meinung unkompliziert und unverkrampft. Sie mag Sex, wenngleich ihr explosionsartige Leidenschaften fremd sind. Tragisch oder verkrampft wird es mit ihr nur dann zugehen, wenn sie sich ein Kind wünscht, die Zeugung jedoch aus irgendwelchen Gründen nicht klappt. In solch einer Situation versteht sie den Sinn und Zweck von Liebe und Erotik nicht mehr. Sex verkommt dann in ihrer zornig-verzweifelten Wahrnehmung zur unnötigen Turnübung.

Ihre erogenste Zone ist ihr Bauch. Vor allem die Region rund um ihren Nabel ist für Liebkosungen besonders empfänglich. Flüstern Sie ihr Zärtlichkeiten zu und beachten Sie ihre hingebungsvolle Wärme ausdrücklich, und diese Frau wird im Bett alles andere als eine kühle Jungfrau sein.

Auch die männliche Jungfrau hat völlig zu Unrecht unter dem Klischee zu leiden, kein aufregender Liebhaber zu sein. Wenn Sie von Ihrem Partner ein Vorspiel erwarten, das bereits im Restaurant mit heißen Griffen in Ihr Dekolleté oder unter Ihren Rock beginnt, dann sind Sie allerdings wirklich an der falschen Adresse. Ein Jungfrau-Mann findet solche Aktivitäten unvorstellbar ordinär. Platte Witze stoßen ihn ab, und obwohl er eine Einladung in Ihr Schlafzimmer abwartet, darf diese nicht zu plump ausfallen.

Ansonsten ist der Jungfrau-Mann ein idealer Liebhaber für alle Frauen, die weder einen Macho noch einen Softie in ihrem Bett dulden mögen. Nie wird er über Sie hinwegbrausen. Und obwohl er als Sternzeichen mit weiblichen Qualitäten über viel Intuition, Sinnlichkeit und Feingefühl verfügt, wird er nie die Zügel gänzlich aus der Hand geben.

Jungfrauen sind über alle Sinne anzusprechen. Duft, Aussehen, Klang – all das erregt sie. Mit Worten kann man sie besser als mit jedem anderen Mittel in die Ekstase führen. Sie sind aber auch für erotische Bilder empfänglich. Bei der männlichen Jungfrau gilt es da allerdings, etwas acht zu geben. Denn sie ist für pornografische Darstellungen so zu haben, daß sie darüber oft die leibhaftige Liebe vergißt.

Ansonsten gilt wie bei den Zwillingen: Akzeptieren Sie, daß die Leidenschaft bei diesen Wesen im Kopf beginnt. Doch bekanntlich sind die wahren Abenteuer ohnehin in unserem Kopf...

Die Jungfrau als Partner

Erstaunlich viele Jungfrauen sind und bleiben Zeit ihres Lebens Singles. Sie heiraten, wenn überhaupt, spät und suchen auch dann immer wieder kurzfristig die Einsamkeit. Das gilt übrigens für männliche Jungfrauen genauso wie für weibliche. Im Idealfall hat die Jungfrau vor einer festen Bindung eine Weile allein gelebt. Sie braucht das für ihre Entwicklung.

Gelingt es Ihnen, „Ihre Jungfrau“ zu jenem Punkt zu führen, an dem sie beginnt, Ihnen zu vertrauen, haben Sie für lange Zeit einen unvergleichlich starken, loyalen und treuen Partner mit sehr großen Verantwortungsgefühl gewonnen. Jungfrauen halten selbst unter schwierigsten Bedingungen ihre Familien zusammen und stehen selbst dann noch fest zu ihrem Partner, wenn alle Anzeichen bereits auf Sturm stehen. Das heißt jedoch nicht, daß eine Jungfrau nicht in der Lage wäre, auch aus eigenem Antrieb eine Beziehung zu lösen. Ist sie erst einmal davon überzeugt, daß sich die Partnerschaft mit ihren Gefühlen überlebt hat, wird sie ohne weiteres Zögern gehen.

Auch wenn Jungfrauen nicht zu den konfliktfähigsten Wesen im Tierkreis gehören, kann man sich fair mit ihnen auseinandersetzen. Die einzige Voraussetzung dafür ist, daß man klar, ruhig und ehrlich mit ihnen redet. Dann sind sie auch in extrem emotionalen Situationen gute Zuhörer. Sollten Sie zu jenen glücklichen Menschen gehören, die es schaffen, Humor und Selbstironie in eine Beziehung einzubringen, dann kann Ihre Beziehung mit einer Jungfrau kaum schiefgehen.

Der Jungfrau-Mann

Manchmal entwerfen Jungfrauen vor lauter Angst vor dem Chaos in sich und in der Welt krause Idealbilder. Dann beginnen sie, mit ungeheurem Fanatismus die Wirklichkeit an ihr Bild anzupassen, wobei sie keinerlei Rücksicht auf die Gefühle und Bedürfnisse ihrer Umgebung nehmen. Sie lassen sich bei ihrem Tun noch nicht einmal dadurch stören, daß ihr eigenes Verhalten ihrem Ideal permanent zuwider läuft. Das erstaunlichste ist, daß außer dem engsten Kreis der Familie niemand mitzubekommen scheint, was diese Jungfrauen treiben. Im Gegenteil, oft gelten sie als arme Opfer eines zänkischen, gefühlskalten oder exzentrischen Partners.

Ein Paradebeispiel ist der russische Schriftsteller Lew Nikolajewitsch Graf Tolstoi. Der junge Graf war kein erotischer Kostverächter, und seine amourösen Eskapaden endeten auch dann nicht, als er mit 34 Jahren die umschwärmte Moskauer Arzttochter Sofia Andrejewna Behrs heiratete. Gleichzeitig führte er Tagebücher, in denen er seinem Frauenhaß und seiner Verachtung für seine Geliebten freien Lauf ließ.

Er verstieg sich sogar soweit, das achtzehnjährige Mädchen knapp vor der Hochzeit diese Aufzeichnungen mit den minutiösen Beschreibungen seiner Abenteuer lesen zu lassen. „Die Lektüre dieser Tagebücher, die er mir aus allzu großer Gewissenhaftigkeit vor der Eheschließung zu lesen gab, erschütterte mich. Hätte er es lieber nicht getan! Ich habe viele Tränen vergossen bei der Enthüllung seiner Vergangenheit“, schrieb die junge Sofia. Die Grundlage für eine gefühlskalte, zerrüttete und im Bett schlicht desaströse Ehe war gelegt.

Studiert man die Tagebücher beider Eheleute, erscheint es sehr zweifelhaft, ob es Gewissenhaftigkeit war, die Tolstoi dazu trieb, der jungen Frau seine alten Ergüsse zuzumuten. Vielmehr scheint es ein Versuch gewesen zu sein, seine eigene sexuelle Ambivalenz der Frau zuzuschieben – als eine Art Rache am ganzen Geschlecht.

Schon in den ersten autobiographisch geprägten Romanen erscheint Tolstois Frauenbild alles andere als positiv. Bis zur Kreuzersonate, seinem Spätwerk, steigert es sich jedoch ins fratzenhaft Groteske. Er begehrt die Frauen bis weit in den für eine Jungfrau unerträglichen Kontrollverlust hinein; und er haßt sie dafür. In seiner Ehe löst Tolstoi das Problem auf seine Weise: Er drängt seine Frau Sofia in die Mutterrolle, zeugt 13 Kinder und zwingt sie, alle selbst zu stillen – ein unerhörtes Verlangen in den europäischen Adelskreisen des ausgehenden 19. Jahrhunderts. Beschwörungen seiner Frau und des Hausarztes, auf empfängnisverhütende Maßnahmen einzugehen, weist er moralisch empört zurück. Schließlich löste er das Problem auf seine Weise: In seinen letzten Schriften propagiert er die sexuelle Enthaltsamkeit.

Die Jungfrau-Frau

Jungfrauen scheinen bedeutend häufiger als andere Sternzeichen in Familien hineingeboren zu werden, in denen ein Elternteil das Leben aller anderen übermäßig dominiert. Männliche Jungfrauen suchen dann oft ihr Leben lang in ihren Partnerinnen die Mutter, weibliche Jungfrauen können sich meist nur schwer von der Dominanz des Vaters befreien. Liebe, so lernen sie, funktioniert nur als Gegenleistung für hervorragende Arbeit. Und da sie gleichzeitig immer wieder zu hören bekommen, wie fehlerhaft sie sind, halten sie sich bald für minderwertig und nicht liebenswert. Das überschattet ihre Arbeit genauso wie ihre Beziehungen.

Um solch eine weibliche Jungfrau handelt es sich bei Clara Wieck-Schumann, jener virtuosen Pianistin und geheimen Komponistin an Robert Schumanns Seite. Der Vater hatte das Mädchen bereits als Kleinkind von der Mutter, von der er getrennt lebte, weggeholt. Es sollte als Wunderkind Furore machen und zu seinem geschäftlichen Erfolg als Klavierhersteller und zu seinem Glanz als Klavierlehrer beitragen.

Aus den Tagebüchern der Clara Wieck, ihrer Stiefschwester Marie und aus Aufzeichnungen des jungen Robert Schumann, der als Klavierschüler im Hause verkehrte, gehen die drakonischen Lehrmethoden des Vaters klar hervor. Mit harten Worten, übermäßiger Kritik und Prügel brachte er Clara soweit, daß sie bereits mit elf Jahren Triumphe in den Konzertsälen Europas feierte. Aber wer glaubt, dies hätte das junge Mädchen in ihrem Glauben an sich bestärkt, irrt. Der Vater sprach Clara jedes Talent ab, verlangte ewige Dankbarkeit und legte so die Basis für ihre Unterwerfung unter die künstlerischen Bedürfnisse ihres Mannes, obwohl vor der Ehe eine gleichberechtigte Künstlerpartnerschaft ausgemachte Sache schien.

Die Verbindung mit Robert Schumann bot ihr einen Ausweg aus der despotischen Herrschaft des Vaters. Doch mußten die beiden zunächst sogar klagen, um per Gerichtsbeschluß die fehlende väterliche Zustimmung zu der Ehe zu erhalten. Zwei Jahre dauerte das Hin und Her, eine Zeit, in der sich das Paar heimlich schrieb.

Ganz Jungfrau, die sie war, schien Clara mit ihrem scharfen Verstand bereits die drohende Gefahr für ihr Künstlerleben zu wittern. Sie wollte sich nach Art ihres Tierkreiszeichens absichern und schrieb an Robert: „Das Eine muß ich Dir doch sagen, daß ich nicht eher die Deine werden kann, eh sich nicht die Verhältnisse ganz anders gestalten. (...) aber will ich ein sorgenfreies Leben führen und ich sehe ein, daß ich unglücklich sein würde, wenn ich nicht immerfort in der Kunst wirken könnte, und bei Nahrungssorgen?" Der Zwilling Robert Schumann reagierte empört, drohte mit Selbstmord. Clara gab nach und mußte erleben, wie sie Recht behielt.

Zunächst unterdrückte Schuhmann die komponierende Konkurrenz durch die Ehefrau, später widersetzte er sich auch ihrer Karriere als Pianistin und schob immer wieder die Bedürfnisse der großen Familie vor. Erst nach seiner Einweisung in die Irrenanstalt nahm Clara ihre öffentlichen Auftritte wieder auf. Mit ungeheurer Energie hielt sie die Familie zusammen, obwohl von ihren sieben Kindern eine Tochter jung starb und zwei Söhne dem Vater in Anstalten folgten.

Ihr Selbstbild blieb trotz ihrer unbestreitbaren Erfolge gering: „Hat mir die Natur nicht mehr Kräfte gegeben, oder verstehe ich sie nicht auszunützen, daß ich eigentlich Nichts leiste, daß ich den Schwerpunkt meines Lebens nicht in mir, sondern in Andern suchen muß?“, schrieb sie in ihr Tagebuch.

Das schnelle Ende

Mit einer Jungfrau können Sie sich auf ein abruptes Ende gefaßt machen, wenn Sie sie nur entsprechend reizen. Denn obwohl sie zu den treuen und loyalen Wesen des Tierkreises gehört, ist sie durchaus in der Lage, einer überlebten Beziehung ein Ende zu setzen.

Das Schlüsselwort, um eine Jungfrau zu vergrämen, ist Chaos. Wirbeln Sie permanent ihr Leben durcheinander. Lassen Sie sie nie im Klaren über den Ablauf der nächsten drei Stunden. Sprechen Sie in Rätseln. Machen Sie vage Andeutungen über drohendes Unheil. Laden Sie täglich mindestens ein Dutzend Freunde und Kollegen zu sich nach Hause ein. Kündigen Sie der Putzfrau. Rühren Sie selbst keinen Finger, um im Haushalt zu helfen. Sollte Ihre Jungfrau darauf sehr ungnädig reagieren, dann erklären Sie sich großzügig bereit, die Zubereitung des Abendessens zu übernehmen – eine großartige Gelegenheit, mit 15 benutzten und in der Küche verteilten Töpfen Chaos anzurichten.

Melden Sie in möglichst großer Runde Zweifel an den intellektuellen Fähigkeiten der Jungfrau an. Ziehen Sie ihre Meinung ins Lächerliche. Erzählen Sie in ihrem Beisein lauthals Halbwahrheiten über sie. Toben Sie herum – allein mit Ihrer Jungfrau zu Hause, oder, noch besser, vor Freunden und Bekannten.

Verabreden Sie sich mit Ihr zur Versöhnung im besten Restaurant der Stadt. Vergessen Sie, einen Tisch zu bestellen. Erscheinen Sie dort ungewaschen und in kurzen Hosen, am besten mit einer Stunde Verspätung. Wahrscheinlich bleibt der Jungfrau die Peinlichkeit erspart, mit Ihnen dort zu essen. Sie wird nach all dem, was war, vermutlich nur das akademische Viertel warten.

Die Jungfrau und ihre Partner

Jungfrau und Widder

Auf den ersten Blick mag der Jungfrau ein Widder zu draufgängerisch erscheinen. Sie wird sich daher mit ziemlicher Sicherheit zunächst einmal auf einen sicheren Standpunkt zurückziehen, um dieses feurige Wesen zu beobachten. Gehört sie zu den gefestigten, selbstbewußten Vertretern ihrer Art, gibt sie diese Position jedoch bald auf. Tatsächlich haben Widder oft etwas Unwiderstehliches für Jungfrauen an sich. Sie erwärmen dieses kühle Wesen so stark, daß schon bald das „Innere Kind" der Jungfrau zum Vorschein kommt und sie ganz ungewohnte, spielerische Qualitäten entwickelt.

Aus astrologischer Sicht ist die Beziehung zwischen einer Jungfrau und einem Widder eine echte Herausforderung. Genau betrachtet ergänzen sich die beiden hervorragend.

Der risikofreudige, draufgängerische Widder wird durch die Jungfrau etwas gebremst, und die spröde, rationale Jungfrau bekommt durch den Widder etwas mehr Dynamik. Ob aus dieser Theorie gelebte Praxis wird, entscheidet sich für Jungfrauen-Verhältnisse sehr schnell: Entweder erwärmt sie sich am inneren Feuer ihres Partners, oder sie beginnt, an ihm herumzuerziehen. Dann knallt es und die Wege der beiden trennen sich abrupt.

Jungfrau und Stier

Aufregend ist die Beziehung zwischen Jungfrau und Stier vermutlich nicht, aber durchaus auf- und ausbaufähig. Schließlich handelt es sich um zwei bodenständige Zeitgenossen, die mit beiden Beinen fest auf der Erde stehen. Nicht umsonst teilen sie sich dieses Element. Wer ein ruhiges Leben führen will, kann sich in einer derartigen Beziehung häuslich einrichten.

Im Bett geht es diesen beiden Zeitgenossen nach kleinen anfänglichen Problemen sehr gut. Die Jungfrau wird den romantischen Stier vermutlich mit ihrer abwartenden Distanz zunächst etwas verunsichern; so, wie sie ihn vermutlich mit ihrer Neigung verblüfft, alles bis ins kleinste Detail zu analysieren. Denn sie schreckt dabei auch nicht vor den intimsten Momenten zurück. Doch er ist ein Mensch des Wortes und kann damit leben; zumal seine Glut im Bett das Geschöpf an seiner Seite schnell erwärmt.

Wenn es zwischen Jungfrau und Stier Krach gibt, dann steckt in den meisten Fällen die Kritiksucht einer verunsicherten Jungfrau dahinter. Meist wird der Stier in der Lage sein, dies mit seinem gutmütigen Gemüt wegzustecken. Aber wehe, sie übertreibt permanent. Dann kommt trotz aller ruhigen Vorzeichen Unruhe in diese Beziehung.

Jungfrau und Zwillinge

Manchmal mag es der Jungfrau so vorkommen, als wären die Zwillinge die Verkörperung all ihrer Ängste. Die Jünger Merkurs haben tatsächlich ein merkwürdiges Verhältnis zueinander. Beiden ist die Kommunikation in die Wiege gelegt, beide sind Verstandesmenschen, beide sind geborene Forscher.

Doch während die Jungfrau unerschütterlich in die unergründlichen Tiefen eines Problems herabsteigt, flattern die Zwillinge bereits weiter zur nächsten anregenden Geschichte. Für die Jungfrau ist solch ein Verhalten nicht nur ärgerlich oberflächlich, es ängstigt sie auch. Denn die Zwillinge haben auf diese Art und Weise ständig die Nase vorn. Zaubern sie dann auch noch ihre liebenswürdigen, heiteren Seiten hervor, bekommt die Jungfrau das Gefühl, ausgebootet zu werden.

In gewisser Weise sind die Zwillinge die jugendlichen Jünger Merkurs, während die Jungfrau die ältere Variante ist. In einer Zeit, in der jugendliche Spannkraft mehr zählt als Reife, muß dies die Jungfrau verbittern. Und diese Bitterkeit merkt man ihnen oft in einer Verbindung mit Zwillingen an. Da sich auch im Bett nicht viel zur Entspannung und Auflockerung dieser Verbindung tut, ist den beiden von einer Liebesbeziehung abzuraten. Es sei denn, sie verbindet ihr Wissensdurst so stark, daß sie einen gemeinsamen Weg durchs Leben finden.

Jungfrau und Krebs

Vermutlich braucht es eine geraume Zeit und diverse Umwege, bis sich Jungfrau und Krebs gefunden haben. Doch wenn es soweit ist, beginnt eine erfolgversprechende

Romanze. Beide Tierkreiszeichen sind von Natur aus zurückhaltend und bereit, vorsichtig miteinander umzugehen. Beide haben keinen Sinn für große Risiken und schätzen die Sicherheit einer bestehenden Beziehung höher als aufregende Abenteuer. Die verstandesbetonte Jungfrau ist in der Lage, dem Krebs jene geistige Heimat zu geben, die er braucht. Der Krebs vergilt es ihr mit seiner Phantasie, die ihr Leben bereichert.

Lassen Sie sich jedenfalls nicht von verbreiteten Klischeebildern einholen. Gerade bei diesen beiden Zeichen liegen Sie mit ihnen denkbar daneben. So könnte es ein großer Reinfall werden, wenn Sie versuchen, Ihren Partner mit Heim und Familie zu ködern. Jungfrauen mögen zwar ein gemütliches Heim, sind dort aber lieber allein. Und Krebse frönen allzu gern in Abständen ihrem Wandertrieb. Seien Sie also ruhig ehrlich, vermutlich decken sich Ihre Vorstellungen jenseits aller Klischees dann doch.

Jungfrau und Löwe

Jungfrau und Löwe gehören zu jenen Konstellationen, die sich in Licht und Schatten wunderbar verzahnen und – persönliche Reife der Partner vorausgesetzt – zu einem harmonischen Ganzen zusammenfügen. Die meisten Menschen suchen in ihrem Partner bekanntlich das, was sie an sich schmerzlich vermissen. Und genau darin scheinen Zauber und heilende Kraft dieser Kombination zu liegen.

Die Sehnsüchte von Jungfrau und Löwe bekommen im Partner fast schon die Dimension von Karikaturen. So wird die unangemessene Bescheidenheit der Jungfrau zum Egotrip des Löwen, ihre mangelnde Selbstliebe zu seinem übersteigerten Selbstbewußtsein. Mit diesem Bild vor Augen schmerzen die eigenen Mängel plötzlich nur noch halb so sehr. Allerdings setzt eine derartige Beziehung die Fähigkeit voraus, sich ab und zu augenzwinkernd über die Mängel des Partners hinwegzusetzen.

Für die Jungfrau kann der Löwe an ihrer Seite jedenfalls die Rolle des tapferen Ritters und Beschützers übernehmen, den sie ohne große Anstrengungen zum Ziel ihrer Wünsche steuern kann. Sie muß nur daran denken, daß er ab und zu seine Streichel-einheiten braucht und nicht allzuviel Kritik verträgt.

Jungfrau und Jungfrau

Eigentlich brauchen Jungfrauen keinen Partner. Wenn sie sich doch auf eine Beziehung einlassen, zeigen sie eine deutliche Vorliebe für das eigene Sternzeichen. Es sind Beziehungen, die man mit dem Kreis, dem uralten Symbol der Vollkommenheit vergleichen kann. Ohne ausdrücklichen Anfang und ohne ausdrückliches Ende scheinen sie einfach vorhanden zu sein. Verschiedene Ebenen erschließen sie jedoch nicht – weder auf erotischem, noch auf ideellem Gebiet.

Damit sind Beziehungen zwischen Jungfrauen fast schon ein „Auslaufmodell". In ihnen gelten alte Werte und alte Verhaltensmuster, die jedoch bis zur Vollkommenheit perfektioniert werden. Doch die Zeit ist weitergegangen, der Kreis wird in seiner Symbolik von der Kugel verdrängt. Die Vollkommenheit erschließt neue Dimensionen, formt einen neuen Raum. Beziehungen zwischen Jungfrauen sind für solche Entwicklungen nur schlecht gerüstet. Weitere Dimensionen bergen die Gefahr von zusätzlichem Chaos, und damit können und wollen beide Partner nicht leben.

Jungfrauen bleiben lieber in ihren unspektakulären Verbindungen, die ihre Qualität bewiesen haben und trotz aller Veränderungen bis heute funktionieren. Das beweist auch ein Blick in die Scheidungsstatistik (Gunter Sachs: Die Akte Astrologie, München 1997).

Jungfrau und Waage

Von der Eroika zu Erotika – aber bitte ganz achtsam und bedächtig. So etwa ließe sich das erotische Annäherungsprogramm zwischen Jungfrau und Waage beschreiben. Zunächst werden diese beiden Kopfwesen sich vermutlich in die sicheren Gefilde ihres Intellekts verkriechen und gemeinsam ein ausgiebiges Kultur- oder Bildungsprogramm durchziehen.

In dieser Phase bleibt die Beziehung von Jungfrau und Waage besonders oft stecken, weil keiner von beiden das Signal zur körperlichen Annäherung gibt. Das macht aber auch nichts. Denn was sie aneinander lernen können, geht durchaus auch im Stadium der platonischen Liebe.

In Jungfrau und Waage begegnen sich zwei scheinbare Zauderer. Doch während die Jungfrau beobachtet und analysiert, um Unbekanntes frühzeitig zu identifizieren und Chaos zu vermeiden, will die Waage durchaus Bekanntes miteinander verbinden. Von außen wirken die Verhaltensweisen der beiden also recht ähnlich, innerlich stecken allerdings völlig unterschiedliche Motive dahinter. Das gibt ihnen die Chance, in der Variation ihres Spiegelbildes die Angemessenheit des eigenen Verhaltens zu überprüfen.

Jungfrau und Skorpion

Unmöglich ist diese Kombination nicht, einfach wird das Zusammenleben und -lieben von Jungfrau und Skorpion allerdings auch nicht. Warum auch, schließlich handelt es sich bei ihnen nicht gerade um die unkompliziertesten Vertreter im Tierkreis.

Auch Jungfrau und Skorpion gehören zu jenen Tierkreiszeichen, die aufgrund zunächst ähnlich scheinender Verhaltensweisen viel voneinander profitieren können: Beide gehen den Dingen auf den Grund, haben ein klares Urteilsvermögen und wirken auf ihre Umgebung trotzdem oft seltsam verspannt.

Doch wo der Skorpion offen für alles ist, verschließt sich die Jungfrau. Sein Vereinigungsdrang ist ihr nicht geheuer, daher zieht sie sich immer stärker in ihre geordneten Gefilde zurück. Läßt er ihr jedoch genügend Zeit, so beginnt für sie eine ganz eigene Faszination von seiner ungeheuren erotischen Kraft auszugehen. Was dann folgt, können sich all jene, die ein Bild der prüden Jungfrau pflegen, kaum nachvollziehen.

Jungfrau und Schütze

Jungfrau und Schütze leben in parallelen Welten. Die Jungfrau ist konservativ, bewahrend und verschlossen, der Schütze dagegen herausfordernd, offensiv und beweglich. Im besseren Fall hält die Jungfrau den Schützen für extravagant, im schlechteren disqualifiziert sie ihn als ewig Pubertierenden. Gleichzeitig fühlt sie sich jedoch von derm unbekümmerten Schützen magnetisch angezogen.

Genau dort liegen Berührungspunkt und Gefahr dieser Beziehung: Denn das jugendliche, desorientierte Gehabe des Schützen weckt in der Jungfrau das Bedürfnis, ordnend einzugreifen. Nur leider wird ihr Eingreifen nicht als „Entwicklungshilfe“ ausgelegt, sondern als Mütterlichkeit fehlinterpretiert. Der Schütze richtet sich häuslich bei der Jungfrau ein, mißbraucht sie als Köchin und Wäscherin, die seine

Hemden in Ordnung hält und sein Bett frisch bezieht; kurz, er verschleißt sie so wie ein in die Jahre gekommener Twen, der noch immer bei der Mutter wohnt.

Jungfrau und Steinbock

Für eine Jungfrau ist die Welt in den Armen eines starken Steinbocks rundherum in Ordnung. Sie fühlt sich verstanden und ihr Weltbild respektiert und ist dafür gerne bereit, dem Steinbock den Führungsanspruch zu überlassen. Und mit Recht, denn er wird sie kaum in die Irre führen.

Sie sind konservativ, zuverlässig und sehr vertraut miteinander. Das erleichtert es der Jungfrau auch im Bett, mit der heftig direkten und manchmal etwas skrupellosen Art des Steinbocks zurecht zu kommen.

So schaut die eine Seite der Medaille aus. Doch manchmal kann man auch ganz andere Verbindungen zwischen Jungfrau und Steinbock beobachten. Vor allem, wenn eine ältere Jungfrauen-Frau und ein junger Steinbock-Mann ihre Umgebung irritieren, ist noch ganz etwas anders mit im Spiel. Viele junge Steinböcke suchen nämlich unbewußt die Auseinandersetzung mit ihrem Vater – entweder, weil er in ihrer Jugend nicht präsent war oder weil er sie über Gebühr dominierte. Dann proben sie beim Partner die Rebellion, die ihnen im Elternhaus nicht vergönnt war. Bei der Jungfrau erwarten sie zwar Verständnis und die väterliche Hand, doch wird ihre Partnerin meist recht bald entnervt das Handtuch werfen.

Jungfrau und Wassermann

„Was für ein intelligenter Zeitgenosse“, mag sich die Jungfrau denken. Doch leider beginnt sofort ein intellektuelles

Tauziehen, daß der Umgebung das kalte Grausen kommt. Doch so unangenehm der Kampf auf Außenstehende auch wirken mag, die beiden fühlen sich dabei gar nicht so unwohl. Zwar lebt der Wasermann aus innerem Bedürfnis im Chaos, während die Jungfrau ein überschaubares Leben liebt, in dem alles auf seinem Platz ist.

Das schließt sich erstaunlicherweise jedoch keineswegs aus. Denn das Chaos des Wassermanns ist ihm kein Grundbedürfnis, sondern entsteht aus seiner Art zu denken; so, wie die Ordnung im Leben der Jungfrau nur das Ergebnis ihrer Art ist, die Welt zu sehen. Schätzen sich die beiden als gleichwertige, gleich starke Partner, profitieren sie sogar voneinander. Der Wassermann lockert die Jungfrau auf und nimmt ihr die Angst vor Neuem, während die Jungfrau ihn auf die Erde holt.

Jungfrau und Fische

Jungfrau und Fische fühlen sich oft in erstaunlicher Treue verbunden. Es ist die Überschaubarkeit ihrer tradierten Werte, die sie beieinander hält, auch wenn die Komplexität der Fische tatsächlich kaum überschaubar ist. Doch das stört die Jungfrau erstaunlich wenig.

Sie spürt die Fische auf intellektueller Ebene, einem Gebiet, auf dem sie ihnen gut und gerne folgen kann. Die spirituellen Seiten ihres Begleiters sind ihr zwar unheimlich und seine Gefühle zu stark. Daher muß sie Regeln und Werte aufstellen, die sie in seinem Beisein oft zu einem wandelnden Benimmbuch machen. Fühlen sich die Fische in ihren Träumen betrogen, werden sie verschwinden. Doch viel wahrscheinlicher ist, daß sie die Struktur der Jungfrau nutzen, um in aller Ruhe weiter träumen zu können. Und manchmal beginnt dann sogar die Jungfrau zu träumen.

Die Liebe im Zeichen der Waage

Die Waage – 24. September bis 23. Oktober

Die Waage ist ein ganz besonderes Zeichen im Tierkreis. Sie ist nämlich das einzige, das nicht durch ein Lebewesen, sondern durch einen Gegenstand repräsentiert wird. Diese Darstellung ist fast schon programmatischer Natur. Denn wer näher hinsieht, kann feststellen, daß tiefe Gefühle tatsächlich nicht die Sache der Waage sind. Sie bewegt sich lieber vorsichtig zwischen den verschiedenen Gefühlen und versucht, möglichst wenig (emotionale) Bewegung zu verursachen.

Trotzdem geistern die Waage-Geborenen als besonders lebenslustige, freundliche und kommunikative Wesen durch die Horoskope. Ihr einziger Mangel scheint in ihren Stimmungsschwankungen zu liegen. Dabei sind es gar nicht so sehr ihre Stimmungen, die sie hin und her schwanken lassen. Eher verführt sie ihr Drang, alle und alles zu verbinden, zu jenem unberechenbaren, wenig konsequenten Verhalten. Dahinter steckt die tiefe Angst vor Konflikten. Die Waage will geliebt und anerkannt werden, Streitigkeiten bedrohen sie bis in ihren tiefsten Urgrund.

Die Waage ist ein Meister, ihren Mitmenschen all jene Informationen zu entlocken, die sie braucht, um sie in ihr Idealbild einer harmonischen Welt einzubauen. Dabei bedient sie sich aller nur denkbaren Strategien. Einmal beobachtet und analysiert sie ihre Umgebung kühl und distanziert, ein anderes Mal geht sie auf Tuchfühlung und quasselt dem anderen die Ohren voll. Schnell und hundertprozentig treffsicher erfaßt sie dabei nicht nur die Ideale ihres Gegenübers, sondern auch seine Gefühle. Und die versteht sie dann geschickt in ihre eigenen Pläne einzubauen. „Wenn das so ist, dann sollten wir..." könnte eine typische Waage-Formulierung sein, mit der sie das eigene Ziel blitzschnell zu einem Bedürfnis ihres Gegenübers umformuliert.

Erkennt die Waage in einem solchen Erkundungsprozeß jedoch, daß ihre eigenen Wünsche und Ziele mit denen des anderen unvereinbar sind, dann wird sie schnell bei sich selbst Abstriche vornehmen. Sie versteht es, sich anzupassen und kann leicht Kompromisse eingehen. Meist merkt sie noch nicht einmal, wie sie ein Stück der eigenen Vorstellungen aufgibt. In Bruchteilen von Sekunden verändert sie einfach ihre eigenen Idealvorstellungen.

Das geht solange gut, wie die Waage das Gefühl hat, in Harmonie zu leben, scheitert jedoch, wenn man sie in extreme Standpunkte drängt. Noch schlimmer wird es, wenn sie entdecken muß, daß sich ihre ursprünglichen Ideale in Zerrbilder verwandelt haben. Dunkle Seiten an sich zu finden, erträgt keine Waage. Negative Gefühle passen nicht zu ihrem idealisierten Selbstbild und ihren strengen Maßstäben an sich selbst. Schließlich ist sie der wahre Perfektionist des Tierkreises, auch wenn man dies gewöhnlich der Jungfrau zuschreibt.

Bahnen sich diese Schatten den Weg aus dem Versteck im tiefsten Inneren der Waage, erscheinen seelische, geistige und körperliche Existenz bedroht. Eine solche Waage leidet unter schwer diagnostizierbaren Krankheiten, flüchtet in Drogen und Einkaufsexzesse. Auf der Suche nach jener Anerkennung, die sie sich selbst nicht mehr zu geben vermag, quält sie ihre Umgebung dann auch mit unberechenbaren emotionalen Ausbrüchen.

Beruf und Berufung

Waagen sind keine Schwerarbeiter. Ihr Beruf muß sich mit Eleganz und Leichtigkeit verbinden lassen und viel Abwechslung bringen. Sie brauchen zwar ein Ziel, sind aber kaum in der Lage, es ohne die Unterstützung eines beständigen Mitarbeiters oder Kollegen im Auge zu behalten. Vermutlich ist das auch der Grund, warum in der Statistik Waagen nur verhältnismäßig selten als Selbständige auftauchen (Gunter Sachs: Die Akte Astrologie, München 1997). Doch was der Waage an Tatkraft fehlen mag, ersetzt sie durch Geschicklichkeit, Feingefühl und Diplomatie. Damit schafft sie es hervorragend, andere vor den eigenen Karren zu spannen.

„Leben und leben lassen" könnte die Devise einer erfolgreichen, mit sich und der Welt zufriedenen Waage lauten. In diesem Zustand brilliert sie mit ihrer schnellen Auffassungsgabe, ihrem Kombinationsvermögen, ihrer Diplomatie und ihrer rhetorischen Begabung. Sie vermittelt Verhandlungspartnern das Gefühl, ernstgenommen zu werden und schafft damit die Basis für eine allseits befriedigende Lösung. So begleiteten zum Beispiel Waage-Männer die ersten deutschen Wirtschaftsdelegationen in der letzten Phase des Kalten Krieges nach Moskau und Peking, um weltweit beachtete Kooperationsabkommen abzuschließen.

Von ihrer astrologischen Veranlagung erscheinen Waagen auf all jenen Positionen gut am Platz zu sein, bei denen es auf Geschmack und sicheren Stil ankommt. Sie machen Mode und kreieren Lifestyle, sie sind aber auch in so trockenen Professionen wie der Jurisprudenz an der richtigen Stelle. Sie koordinieren unterschiedliche Abteilungen in Unternehmen, sind hervorragende Verbindungsleute für Auslandsniederlassungen und Joint Venture-Partner und können im Diplomatischen Dienst viel bewegen.

Statistisch bevorzugen Waagen das Bäcker-, Maurer- oder Malerhandwerk. Außerdem zeigen sie eine Vorliebe für modeschöpfende Handwerke im weiteren Sinn wie Möbelschreiner und Friseur. Einem Leben als Lehrer, Bauer, Polizist oder Arzt dagegen gehen sie klar aus dem Weg.

Waagen hungern häufiger als andere Sternzeichen nach sozialem Aufstieg. Bleibt er ihnen versperrt, reagieren sie beleidigt und kommen schnell in finanzielle Nöte, weil ihr Lebensstil durchaus als aufwendig bezeichnet werden kann. Wenn Sie nach dem Beruf ihres Waage-Schwarmes fragen, dann erkundigen Sie sich deshalb gleich auch nach seiner Herkunft und seinen bisherigen Erfolgen. Zeigt sich noch nicht einmal eine leichte Aufwärtsbewegung, ist dies ein deutlicher Hinweis auf künftige Komplikationen.

Der hoffnungsvolle Anfang

Die Waage wird von der Venus regiert, Harmoniebedürfnis und der Drang zur Vereinigung bestimmen ihr Leben. Wie kaum ein anderes Zeichen des Tierkreises haben Waagen das Gefühl, nur ein Teil eines Ganzen zu sein. Und so begeben sie sich auf eine intensive Suche nach dem fehlenden Zweiten, ihrer „Zwillingsseele", ihrem alter ego. Ihr Interesse zu erwecken, ist deshalb nicht besonders schwierig.

Wer mit einer Waage erstmals ins Gespräch kommt, sollte ihr zunächst die Führung überlassen. Peinliche Stille oder verlegene Gesprächspausen tauchen auf diese Art und Weise ganz sicher nicht auf. Die Waage wird nämlich unverzüglich damit beginnen, Ihnen ein Loch in den Bauch zu fragen. Schließlich will sie ihr Gegenüber ganz genau erfassen.

Der schier unversiegbare Redestrom der Waage gibt Ihnen die Möglichkeit, das Objekt Ihrer Begierde ausgiebig zu studieren. Schauen Sie sich dieses sensible Geschöpf ganz genau an. Registrieren Sie nicht nur die offensichtlichen Vorzüge, sondern versuchen Sie, auch den verborgenen auf die Schliche zu kommen. Sie sollten das erste Luftholen Ihres Gegenübers ausnutzen, um der Waage ein Kompliment zu machen. Das braucht sie wie die Luft zum Atmen. Doch während es bei anderen Zeichen des Tierkreises völlig ausreicht, die bewundernden Worte richtig zu dosieren, muß man bei der Waage auch auf die Wahl des Motivs achten. Grundsätzlich gilt: Je ausgefallener das Kompliment ist, desto eher glaubt sie Ihnen, und desto wirkungsvoller wird es sein.

Loben Sie hingegen die offensichtlichen Vorzüge, zweifelt die Waage an Ihrer Aufrichtigkeit. Das klingt merkwürdig, ist jedoch leicht nachvollziehbar. Waagen können ohne Komplimente nicht leben. Wer sie ihnen nicht freiwillig macht, wird schlicht und ergreifend dazu gezwungen. „Jetzt sag doch mal, daß das nett (klug, toll, bewundernswert, schön, ...) war." So oder so ähnlich klingt das dann, wobei die Waage natürlich auf jene Eigenschaften zurückgreift, die man ganz objektiv loben muß. Das Manöver klappt so gut wie immer, doch im Grunde ihres Herzens weiß die Waage um den Zwang und kann sich deshalb nicht so recht freuen.

Sind Sie über das erste Gespräch hinaus, haben Sie die einmalige Gelegenheit, die Verführungskünste einer Waage in aller Ausgiebigkeit kennenzulernen. Stellen Sie sich auf eine phantasievolle, abwechslungsreiche Zeit ein. Aber stellen Sie sich auch darauf ein, daß es eine ziemlich lange Zeit wird. Machen Krebse in Liebessachen zwei Schritte vor und einen zurück, so gehen Waagen einen Schritt vor und zwei zurück. Einem direkter veranlagten Menschen kann ihr ständiges Abwägen, dieses leichte Hin und Her, der permanent im Raum stehende Rückzug, ordentlich auf die Nerven gehen. Sie sollten sich trotzdem darauf einlassen; nicht zuletzt deshalb, weil die Waage ohne ihr Eroberungsspiel schnell das Interesse an ihrem Gegenüber verliert.

Für die ersten Rendezvous können Sie getrost ihr gesamtes romantisches Repertoire auspacken. Besuchen Sie mit der Waage stimmungsvolle kleine Lokale mit Pianospieler im Kerzenschimmer. Setzen Sie sich mit ihr Händchen haltend an ein Fluß- oder Seeufer. Sehen Sie sich im Kino einen alten Liebesfilm mit Happy-End an. Oder lesen Sie ihr aus einem Band Liebesgedichte vor. Bevorzugen Sie es aktiver, dann gehen Sie mit Ihrer Waage auf einen Jahrmarkt oder einen Rummelplatz, fahren Sie mit ihr Schiffsschaukel und kaufen Sie ihr Zuckerwatte und Currywurst.

Machen Sie allerdings nicht zu viele Vorschläge für die Gestaltung Ihres gemeinsamen Abends. „Was möchtest du denn?" wird wahrscheinlich die einzige Antwort sein, die Sie aus ihr herausholen können. So nervtötend das manchmal sein mag, die Waage meint es völlig ehrlich. Ihr ist Harmonie das einzig wirkliche Bedürfnis, alles andere ist so nebensächlich, daß sie gerne Ihre Vorlieben mit Ihnen teilt. Im großen und ganzen können Sie also tun und lassen, was Sie wollen.

Der Eros der Waage

Im ganzen Tierkreis gibt es kaum einen besseren Liebhaber und kaum eine bessere Liebhaberin als eine mit sich und der Welt in Einklang lebende Waage. Die Waage-Frauen besitzen stark ausgeprägte Merkmale männlicher Sexualität, die Waage-Männer ebenso ausgeprägte weibliche Züge. Kombiniert mit der Ästhetik und dem Feingefühl dieser Venus-Jüngerinnen und Jünger wird eine erotische Begegnung zu einem wahren Fest der Sinne. Nur manchmal identifiziert sich die Waage derartig stark mit dem anderen Geschlecht, daß sie ihre eigene sexuelle Existenz kaum mehr spürt. Allerdings wird sie dann selten homosexuell. Da sich die Liebe auch bei ihr vor allem im Kopf abspielt, handelt es sich mehr um eine geistige als um eine körperliche Neigung. Und die verunsichert nicht nur die Waage, sondern auch ihren Partner.

Die größte Gefahr für sinnliche Freuden droht jedoch, wenn die Waage beginnt, ihre ästhetischen Ideale als Maßstab zu verwenden. Die Waage-Frau legt ihn vor allem bei sich an und wird unsicher und verkrampft, wenn ihr Körper nicht in jedem Punkt mit der Vorlage übereinstimmt. Dann verkommt ihre Erotik zu einer gelangweilten Pflichtübung unter der Bettdecke. In solch einem Fall hilft nur eins: Beginnen Sie, gemeinsam mit „Ihrer Waage" zu fasten, besuchen Sie mit Ihr ein Fitneßcenter und unterstützen Sie sie auch in jeder anderen denkbaren Hinsicht, sich ihrem Ideal zu nähern. Vielleicht läßt sich ja auch mit diesem Ideal was machen?

Die Liebe und das Liebe machen ist Dreh- und Angelpunkt der Welt einer Waage. Aber es ist eben eine idealisierte Liebe und eine idealisierte Erotik, so, wie sie als Vorlage für Hollywood dienen könnte– Happy-End inklusive, versteht sich. Berücksichtigen Sie das, und berücksichtigen Sie auch, daß Sie es mit einem Perfektionisten sonder gleichen zu tun haben. Am bestengehen Sie damit um, indem Sie Ihr Liebesspiel ritualisieren.

Bringen Sie „Ihrer Waage" stets den gleichen Wein, die gleichen Blumen mit. Legen Sie immer wieder die gleiche Schallplatte auf. Beginnen Sie, mit ihr zu tanzen, und streicheln Sie dabei Ihr Kreuz und Ihre Pobacken. Tanzen Sie nach einer Weile mit Ihr Richtung Bett, öffnen Sie dabei mit einer Hand ihre Kleidungsstücke. Waagen beiderlei Geschlechts lieben ein langes, ausgedehntes Vorspiel. Genießen Sie ruhig auch einmal die Zärtlichkeiten der Waage. Dieses Tierkreiszeichen läßt sich nicht nur gern verwöhnen, es umsorgt auch seinerseits den Partner mit ungeheurer Ausdauer.

Die Waage-Frau will bei der Liebe gesehen und bewundert werden. Doch sie hält den Mann hin und treibt mit den phantasievollsten Einfällen und ein wenig mädchenhafter Ziererei die Vorfreude auf die Spitze – und wenn Mann sie läßt, vielleicht sogar noch darüber hinaus. Sie ist im Becken aufreizend biegsam und kann mit kleinen kreisenden Bewegungen eine unglaublich laszive Wirkung entfalten. Wer es schafft, sie zu einem Bauchtanz zu animieren, wird noch lange an dieses Erlebnis und seine Folgen denken. In vollendeter Meisterschaft setzt sie auch durchsichtige Wäsche und Lichteffekte, Spiegel an den Wänden und an der Decke ein.

Gehen Sie nicht zu grob mit ihr um. Waage-Frauen möchten weder zerzaust werden, noch lieben sie Kratz- oder Bißspuren. Ansonsten sind sie für fast alles zu haben. Ihr Repertoire reicht von platonischer Anbetung bis zum leidenschaftlichen Sinnessturm, und sie sind auch Experimen-ten gegenüber nicht abgeneigt.

Waage-Männern ist es manchmal lieber, über die Liebe zu reden, als sie zu machen. Auch sie haben ausgeprägte Anteile vom Eros des anderen Geschlechtes, sind feinfühlig, ästhetisch und anschmiegsam. Und auch sie haben den Kopf voller Ideale. Aber anders als ihr weibliches Pendant vergleichen sie lieber die Partnerin als sich selbst mit ihrem inneren Bild. Versuchen Sie erst gar nicht, ihm die Augen zu verbinden, um einen Vergleich zu hintertreiben. Er registriert auch blind die kleinste Abweichung.

Kommt der Waage-Mann darüber hinweg, wird er zu einem hinreißenden, ungewöhnlich ausdauernden Liebhaber, der die Vielfalt und das Experiment zu schätzen weiß. Kaufen Sie sich Jasminöl und reiben Sie ihm Rücken, Kreuz und Lenden ein. Er wird ihre Anregung begeistert aufnehmen und auch Sie einreiben. Streicheln Sie die Innenseiten seiner Oberschenkel und Oberarme und schieben Sie ihn sacht an seinen Hüften in die Ihnen angenehmste Postition. Sie werden sehen, er wird mit Freuden darauf eingehen.

Die Waage als Partner

Auf die Dauer sind Waagen nicht gerade einfache Partner. Selbst wenn sie sich halbwegs im Gleichgewicht aufs Abwägen beschränken und nicht stark hin und her schwanken, muß man sich mit einer Waage auf ein unruhiges Leben gefaßt machen.

Waagen werden von ihrer Umgebung entweder heftig geliebt oder genauso heftig gehaßt. Auch das kann für den Partner recht aufreibend werden, zumal die Waage von der ihr entgegengebrachten Abneigung völlig aus dem Gleichgewicht gebracht wird. Sie möchte viel lieber bewundert werden und haßt Streit, gießt jedoch oft mit mehr oder minder bewußten Sticheleien noch Öl ins Feuer. Der Partner soll mit seiner Liebe und seiner Bewunderung die Abneigung der anderen ausgleichen – aber so maßlos, wie die Waage dies einfordert, muß er daran scheitern.

Auch der fatale Hang zum (wahllosen) Flirt kann dem Partner einer Waage schwer zu schaffen machen. Sie können zwar ziemlich sicher sein, daß „Ihre Waage" zurückschreckt, bevor sie die Versprechen ihrer heißen Blicke einlösen muß, doch so genau weiß man es nie. Schließlich ist dieses Wesen ständig auf der Suche nach einer noch besseren Entsprechung seines inneren Idealbildes. Außerdem verändert sich mit der Zeit nicht nur der Mensch, sondern auch seine Ideale. Und so könnte es sein, daß sie nur für eine Lebensphase bei Ihnen bleibt. In dieser ist sie aber ein denkbar großzügiger und amüsanter Begleiter, der Streitigkeiten nie lange nachträgt und auch sonst viel zur Harmonie der Beziehung beiträgt.

Verläßt Sie die Waage schließlich, trösten Sie sich. Im Alter werden Waagen ohnehin oft noch anstrengender als zuvor. Waagen haben oft riesengroße Probleme mit dem Altern. Waage-Frauen klammern sich dann an ein unangemessen jugendliches Outfit, bevorzugen wasserstoffblonde Haare, schrille Schminke auf faltiger Haut und knallenge Hosen. Alternde Waage-Männer steigen oft zwanghaft ganz jungen Mädchen hinterher. Macht man sie auf den (groß)väterlichen Altersunterschied aufmerksam, reichen die Reaktionen von erstaunt-blasiert bis abwehrend-wütend.

Oft scheinen Waagen in der Trennungsphase wankelmütig und/oder kaltherzig. Trennungen vollziehen sie oft genauso leicht, wie sie sich binden. Das liegt einerseits an ihrem Bemühen, ihre innere Angst vor Einsamkeit und ihre Freiheitsliebe auszutarieren. Andererseits verhindert aber auch die Kompromißbereitschaft der Waage, die eine Folge dieses ständigen Ausgleichs ist, daß sie tiefere Gefühle oder gar Leidenschaften entwickelt. Es ist eben das einzige unbelebte Zeichen des Tierkreises.

Der Waage-Mann

Wenn Ihnen ein Großvater in Jeans begegnet, dessen solariumgebräunte Haut in krassem Widerspruch zur frischen Farbe seiner Haare steht, dann können Sie davon ausgehen, es mit einem Waage-Mann zu tun zu haben. Vor allem, wenn seine Arme ganz und gar nicht großväterlich ein blutjunges Mädchen halten. Waage-Männer können und wollen nicht altern – und sie sehen auch die Notwendigkeit dazu partout nicht ein. Warum sollte Mann auf die Liebe schöner junger Frauen verzichten, nur weil Mann die 60 überschritten hat? So anpassungsfähig und harmoniebedürftig Waagen im Normalfall auch sein mögen, in diesem Punkt sind sie halsstarrig. Dabei übersehen sie, daß niemand Enthaltsamkeit erwartet. Es ist nur der Hang zu überaus jungen Mädchen und die strikte Verneinung weiblicher Erotik jenseits der 40, was die Umgebung so irritiert.

Reife Liebe unter gereiften Menschen ist für Waage-Männer oft etwas Unerträgliches, Unvorstellbares. Falten und Dellen passen für sie nicht zum Ideal von Liebe und Erotik. Doch da sie aus dem eigenen, Falten werfenden Körper nicht heraus können, ignorieren sie ihn schlicht und suchen sich immer jüngere Partnerinnen, sobald sie bei der aktuellen Dame ihrer Wahl gewisse Zeichen körperlicher Reife entdecken. Dabei berufen sie sich gerne auf das Klischee, daß der ideale Mann durch Macht, Geld und Erfahrung verkörpert wird und im Gegensatz zur idealen Frau auf Jugend und Schönheit verzichten kann.

Kommt Ihnen diese Beschreibung bekannt vor? Sicher hat so gut wie jeder solch einen gealterten Frauenfreund in seinem Bekanntenkreis. Aber auch in der Öffentlichkeit tauchen sie immer wieder auf. Ein Musterexemplar ist Udo Jürgen Bockelmann alias Udo Jürgens. Scheinbar unbefangen präsentiert er sich mit immer neuen, immer jüngeren Frauen in der Öffentlichkeit und sagt scheinbar ganz unbefangen der herrschenden Bigotterie den Kampf an.

Doch ganz so unbefangen ist er dann doch nicht. Dazu gehen in den Interviews der einschlägigen Gazetten die Emotionen viel zu hoch. Hartnäckig bestellt er die Natur zu seinem Zeugen, besteht darauf, daß so gut wie jeder normale Mann erblühende Mädchen anziehender findet als reife Frauen und bestätigt, mit einer Frau über 40 im Bett nichts mehr anfangen zu können.

„Mit 66 Jahren, da fängt das Leben an, ...“ Aber nach der Diktion eines Waage-Mannes nur für das starke Geschlecht; das schwache scheidet mangels „natürlichen Interesses“ aus.

Die Waage-Frau

Waage-Frauen sind unvergleichlich erotische Wesen. Hat die Natur sie mit Schönheit gesegnet und paßt diese Schönheit zu ihrem Ideal, dann erheben sie Liebe und Erotik gerne zum Lebensstil. So geschehen bei Brigitte Bardot, die gemeinsam mit Marilyn Monroe und Claudia Cardinale zum Sexsymbol einer Epoche wurde.

Doch bei aller aller Laszivität und den Sinnesfreuden, auf die vier Ehen und zahlreiche Freunde hindeuten: Die Bardot teilt das Problem vieler Waage-Frauen, nicht allzu sehr mit ihrer weiblichen Seite konfrontiert werden zu wollen. Waagen vereinen ganz unabhängig von ihrem tatsächlichen Geschlecht das Männliche und das Weibliche fast ausgewogen in sich. Für einen Mann sieht die Bilanz zumindest heutzutage sehr erfreulich aus. Seit Machos aus der Mode sind, werden seine Feinfühligkeit, seine Sinnlichkeit und seine nährenden und empfänglichen Seiten gepriesen. Er kann mit der Frau in sich recht gut leben.

Anders sieht es bei vielen Waagen-Frauen aus. Werden sie beispielsweise durch die Mutterschaft auf ihr Frau-Sein gestoßen, zieht sich der Mann in ihnen irritiert und beleidigt zurück. Die Folge: Die Waage nimmt nicht nur ihre eigene Sexualität verschwommen wahr, sondern erlebt auch Schwangerschaft und Geburt als Horrortrip.

Wie das im einzelnen aussehen kann, läßt sich in der Autobiographie der Bardot nachlesen. Das Kind in ihrem Bauch spürt sie als Fremdkörper, als „wuchernden Tumor". Auch die Geburt verläuft traumatisch. Jene Frau, die hunderttausenden Kinobesuchern und Fernsehzuschauern in ihrer prächtigen Nacktheit bekannt war, fühlt sich ausgerechnet bei der Geburt ihres Kindes in ihren Schamgrenzen verletzt. Und so schreibt sie: „...ausgerechnet ich, die ich so schamhaft war, wenn es um die Blöße meines Körpers, um das Geheimnis meines Geschlechtes ging..."

Das schnelle Ende

Eigentlich ist es nicht besonders schwer, eine Waage wieder loszuwerden. Sie müssen sie nur ihre Ideale ins Lächerliche ziehen und sie ordentlich desillusionieren.

Nehmen Sie mindestens fünf Kilo zu, waschen Sie sich nicht mehr und verzichten Sie vor allem darauf, Ihre Zähne zu putzen. Schleppen Sie das Objekt Ihrer Unlust nur noch in verrauchte Kneipen, wo Insiderrunden heftige Streitgespräche führen, bei denen die Waage nicht mitreden kann. Fragt sie höflich nach, weil sie das eine oder andere nicht verstanden hat, sollten Sie jegliche Antwort brutal unterbinden. Geben Sie „Ihrer Waage" zu verstehen, daß sie dies ohnehin nicht verstehen könne, daß Männer (Frauen, Akademiker, Nichtakademiker, Oldies...) dazu nichts zu sagen hätten.

Brechen Sie auf dem Heimweg einen Streit vom Zaum. Waagen streiten nicht gerne, daher wird dies gar nicht so einfach sein. Aber wenn Sie sich nach einem spannungsgeladenen Abend etwas Mühe geben, wird es Ihnen gelingen. Gehen Sie aber in Deckung. Das Wesen, das Sie so harmoniebedürftig und kompromißbereit kennen, kann auch ordentlich brüllen. Aber es haßt sich dafür, weil solche Ausbrüche so gar nicht den eigenen Idealen entsprechen. Und das wiederum ist Ihre Chance. Denn Sie erinnern sie ab diesem Tag an ihre dunklen Seiten.

Wenn das alles nicht hilft, dann beginnen Sie, die Waage permanent zu kritisieren. Nehmen Sie vor allem die körperlichen Mängel der Waage aufs Korn. Das erträgt sie am allerwenigsten. Rechnen Sie ihr ihre Falten vor, ihre überflüssigen Pfunde, ihre verlebten Jahre. Und verweigern Sie ihr konsequent jegliches Kompliment und jegliche Anerkennung. Bevor die Waage erstickt, geht sie. Sie werden sehen.

Die Waage und ihre Partner

Waage und Widder ♎ ♈

Eigentlich sollte sich eine Waage in den Armen eines Widders ja zum Lustobjekt degradiert fühlen. Aber wenn es der Widder nur etwas geschickt anstellt, dann stört sie das überhaupt nicht. Sie ist von der Kraft ihres Gefährten fasziniert, läßt sich gerne von ihm zu ihren Zielen führen – und das kann ein ordentlicher Organsmus genauso sein wie beruflicher Erfolg.

Doch soweit muß es erst einmal kommen. Üblicherweise vermeiden Waage und Widder nämlich allzu starke Berührungspunkte und leben recht einträchtig nebeneinander her.

Die Eroberungsspiele der Waage machen den Widder rasend, und die Waage flieht vor den stürmischen Auseinandersetzungen mit dem Widder in und außerhalb des Bettes. Romantik und Harmonie kommen für ihren Geschmack mit diesem Zeitgenossen eindeutig zu kurz.

Aber auch hier gilt: Grundsätzlich könnten sich die beiden viel geben und enorm voneinander profitieren. Schließlich wird die Luft vom Feuer erwärmt und ist in diesem Zustand fähig, einen ganzen Zeppelin über den Atlantik zu tragen. Wenn die Waage das erkennt, kann sie auch ruhig das Gefühl loslassen, in ihrer Kompromißbereitschaft vom Widder ausgenutzt zu werden.

Waage und Stier

Auf den ersten Blick wirkt die Verbindung zwischen diesen beiden Jüngern der Venus sehr vielversprechend. Und in gewisser Weise ist sie das auch. Beide Vertreter des Tierkreises sind sinnlich und körperbewußt, beide sind aufmerksame Partner, die genauso gern den anderen verwöhnen wie sie selbst genießen, und beide sind einfühlsam und harmoniebedürftig.

Doch leider – bei allem Vereinigungsdrang, den sie von ihrer Herrscherin, der Venus, mitbringen, bleibt ihre Verbindung meist oberflächlich. Aber die beiden haben durchaus eine Chance, miteinander in tiefere Ebenen des menschlichen Seins vorzustoßen. Denn beide lieben das Wort und sind gute Gesprächspartner. Die Waage wird eher von der intellektuellen Seite einsteigen, der Stier eher von der emotionalen. Mit einem Minimum an Bereitschaft, dem anderen tatsächlich zuzuhören und ihn zu verstehen, können beide ganz neue Dimensionen für sich erschließen.

Das Ergebnis zeigt sich dann auch im Bett. Denn mit etwas Engagement trägt die Waage plötzlich jene Phantasie in die intime Zweisamkeit, die sonst ihren Dauerflirts gehört. Und der Stier erwärmt sie im Austausch dafür mit seiner ungebremsten Leidenschaft.

Waage und Zwillinge

„Die wahren Abenteuer sind im Kopf“, und bei Waage und Zwillingen sind sie ansonsten tatsächlich nirgendwo. Denn in dieser Kombination eröffnet sich die Welt des Geistes, der wenig bis nichts mit großen Leidenschaften und Gefühlen zu tun hat. Das liegt nicht zuletzt daran, daß diese beiden Vertreter des Tierkreises einen merkwürdig ambivalenten Zugang zu Eros und Liebe haben. Die Waage besteht – ganz unabhängig von ihrem biologischen Geschlecht – zu annähernd gleichen Teilen aus weiblichen und männlichen Merkmalen. Das macht sie zwar nicht zu einem asexuellen Wesen wie die Zwillinge, doch hat sie dadurch oft Probleme, ihre Sexualität klar wahrzunehmen. Die eigene erotische Leidenschaft bedingt eben die Entscheidung, sich zumindest für den Augenblick ganz dem Männlichen oder ganz dem Weiblichen hinzugeben. Begegnet sie dann auch noch einem Zwilling, der selbst von Rolle zu Rolle hüpft, ist die Orientierungslosigkeit perfekt.

Üblicherweise gilt die Verbindung zwischen den beiden Luftzeichen als Traumkombination. Trotzdem: Die beiden machen es sich in aller Regel zu leicht miteinander, stärken sich gegenseitig in ihren Schwächen und lassen das gemeinsame Potential ungenutzt, weil es beiden an Tatkraft und Beständigkeit fehlt. Mit ihrem Hang zum Flirt und ihrer ständigen Suche nach Neuem beenden sie diese letztlich doch unbefriedigende Beziehung auf ihre Weise.

Waage und Krebs ♎ ♋

Waage und Krebs ziehen ziemlich ungerührt aneinander vorbei. Und tun sie dies nicht, dann trennen sie sich in der Regel bald wieder. Diese beiden Vertreter des Tierkreises scheinen nicht viel miteinander zu teilen, weder im Positiven noch im Negativen. Und so fallen auch jene Verbindungen zwischen ihnen aus, die geschlossen werden, um am und mit dem Partner etwas zu lernen.

Das Desinteresse rührt aus einem sehr frühen Zeitpunkt des Aufeinandertreffens. Die abwartende und abwägende Waage erkennt rasch, daß sie kaum in der Lage sein dürfte, den undurchschaubaren Krebs zu lenken. Und der Krebs wird seinerseits erst gar nicht näher an die Waage herantänzeln, da sie ihm viel zu oberflächlich erscheint. Spätestens dann, wenn der Krebs Zeuge einer ihrer Einkaufstouren wurde, wird er sich entsetzt abwenden. Mit solch einem verschwenderischen Wesen hat er lieber nichts zu tun. Dabei ist das zumindest auf erotischer Ebene schade. Auf eine Begegnung im Bett könnten es die beiden nämlich allemal ankommen lassen. Sie finden in ihrem Gegenüber nämlich genau jene zärtliche und einfühlsame Seele, die sie sich als Bettgenossen wünschen.

Waage und Löwe ♎ ♌

Waage und Löwe sind eine Erfolg versprechende Kombination. Der Löwe verfügt über jene Tatkraft, die der Waage fehlt. Und die Waage hat die phantastischen Ideen, die dem Löwen allein kaum in den Sinn kommen. Doch leider stoßen sie im täglichen Leben dann doch auf Verhaltensbarrieren. Die sind zwar nicht unüberwindbar, können aber trotzdem ganz schön lästig werden.

Oft beginnt es schon mit dem, was eine Waage unter Diplomatie versteht und was der Löwe schlicht eine Lüge nennt. Paßt sich die Waage in ihrem Harmoniebedürfnis an eine Situation an und schließt sie Kompromisse, so reagiert der Löwe mit Ungeduld ob des mangelnden Rückgrates. Und wird er dann richtig wütend, entwickelt sich ein Streit, den die Waage haßt.

All diese Unterschiede bergen aber auch den Lösungsansatz in sich. So bringt es die Waage aufgrund ihrer Kompromiß- und Anpassungsfähigkeit fertig, dem Löwen die Pascharolle zu lassen. Zumindestens theoretisch. In der Praxis scheitern vor allem Ehen zwischen Löwe-Männern und Waage-Frauen besonders häufig.

Waage und Jungfrau ♎ ♍

Die Zeit des Kennenlernes verläuft zwischen Waage und Jungfrau mit an Sicherheit grenzender Wahrscheinlichkeit unterkühlt. Beide bleiben distanziert und warten zunächst einmal ab, wer und was da in der Gestalt des anderen auf sie zukommt. Finden sie dann erstaunlicherweise doch Gefallen aneinander, taucht das Problem des ersten Signales auf. Es kann leicht passieren, daß nichts passiert, weil beide Teile auf die Initiative des anderen warten. Dann verläuft die ganze Sache trotz der vorhandenen gegenseitigen Sympathie im Sande.

Funkt es doch, dann bekommen die beiden plötzlich eine ganz besondere Chance, etwas über sich selbst dazuzulernen. Im Spiegel des Partners werden sie nämlich nachdrücklich mit der Wirkung bestimmter eigener Verhaltensweisen konfrontiert.

Doch da die diesen Mustern zugrunde liegenden Motive sehr unterschiedlich sind, unterscheiden sich auch die Lösungsstrategien von Waage und Jungfrau. In einer offenen, gesprächsbereiten Beziehung können sie Distanz zum eigenen Verhalten entwickeln. Die Waage kann von der Jungfrau neue Techniken lernen, um ihre Waagschalen auszutarieren. Im Gegenzug bekommt die Jungfrau die Chance, sich von der Waage einen umgänglicheren und kompromißbereiteren Umgang mit anderen abzuschauen.

Waage und Waage ♎ ♎

Im ersten Augenblick ist alles eitel Wonne. Zwei Waagen, die aufeinander treffen, üben eine magnetische Anziehungskraft aufeinander aus. Da wird kein langes, umständliches Abwägen notwendig. In diesem Fall wissen die Beteiligten sofort: Die Waagschale neigt sich eindeutig diesem vertrauten Wesen zu. Die Beziehung beginnt wie ein wunderschöner Traum: Romantik und Harmonie, achtsames Geben und Nehmen, vertrauter Überschwang und ebenso vertraute Zurückhaltung. Wer zwei Waagen in der Anfangszeit ihrer Beziehung erlebt, ist sich sicher, ein Traumpaar vor sich zu haben.

Doch wie so oft, wenn sich zwei gleiche Vertreter des Tierkreises zusammentun, so gibt es auch hier das Problem verstärkter Licht- und Schattenseiten. Wenn nämlich nach einiger Zeit die ersten kleinen Probleme auftauchen, gibt es in dieser Beziehung niemand, der ihnen nachgeht und versucht, sie zu lösen. Im Gegenteil, beide Partner sind Meister darin, Schwierigkeiten unter den Teppich zu kehren.

Dort wachsen und wuchern sie unbeobachtet weiter, bis eines Tages aus dem kleinen Problem eine schier unlösbare Herausforderung geworden ist. Doch da Waagen allzu große Emotionen meiden, reichen ihre Gefühle füreinander oft nicht aus, um diese Krise gemeinsam zu bewältigen. Zumal sie das Gefühl haben, daß ihr eigenes Ungleichgewicht vom Partner noch verstärkt wird. Wer sie in diesem Zustand erlebt, weiß, was ein Alptraum-Paar ist.

Waage und Skorpion ♎ ♏

Harmoniebedürftig, konfliktscheu und nach Ausgleich strebend: Kann eine Waage auf einen ungeeigneteren Partner treffen als auf einen Skorpion? Um es vorweg zu nehmen: Sie kann. Sie kann es allerdings auch reibungsloser treffen.

Zuerst einmal finden sich die beiden jedoch unwiderstehlich. Im Bett der beiden geht es durchaus lustig zu. Die anpassungsfähige, flexible Waage ist in erotischer Hinsicht genau das, was sich ein Skorpion unter einem idealen

Liebespartner vorstellt. Sie muß sich allerdings schnell entscheiden. Zu langes Zögern verträgt er nun mal ganz und gar nicht.

Auf Sicht wird es jedoch schwierig. Skorpione sind den Waage-Geborenen zu fanatisch, zu eifersüchtig und zu streitlustig. Doch an all das könnte sich die bewegliche Waage ja noch gewöhnen. Wäre da nicht dieses festgemauerte Weltbild des Skorpions, mit dem die Waage aber auch rein gar nichts anfangen kann.

Betrachten die beiden ihre unterschiedlichen Charaktere jedoch als Aufgabe, persönlich zu wachsen und zu reifen, und übt sich vor allem der Skorpion in Toleranz, dann eröffnen sich große Lebenschancen. Die Waage kann aus der Sicherheit, die der Skorpion ihr bietet, ganz andere Dinge vollbringen, zumal ihr der Partner die nötige Energie zum Durchhalten gibt. Der Skorpion profitiert von dem mäßigenden Einfluß seines Partners und hat außerdem den ungewöhnlichen Vorteil, den Diplomaten an seiner Seite die eigenen Unzulänglichkeiten im Umgang mit anderen ausbügeln zu lassen.

Waage und Schütze ♎ ♐

Waage und Schütze sind ein unterhaltsames Gespann. Es geht ihnen so gut miteinander, daß beide vor allem die lebenshungrigen, fröhlichen und optimistischen Wesenzüge ausleben. Kein Wunder, wenn sie eine ausgesprochene Vorliebe füreinander fassen.

Zweisamkeit will bei soviel Spaß allerdings nicht aufkommen. Und so werden die beiden schon aus reinem Mangel an Zeit die Probleme, die sie miteinander haben, unter den Teppich kehren. Und diese Probleme haben sie wie jedes andere Paar. Am schwersten wiegen die gegenseitigen

Erwartungen, die sie besonders hoch stecken. Die Waage vermutet hinter dem schnaubenden Auftreten des Schützen einen Partner, der ihr Sicherheit und Stärke geben kann und ihr hilft, ihre Waagschalen im Gleichgewicht zu halten.

Der Schütze ist jedoch gleichfalls von geteilter Natur und schwankt auf seine Weise zumindest so stark wie sein Partner. So muß er sich zwangsläufig von den Wünschen und Erwartungen der Waage heillos überfordert fühlen. Vermutlich wird er versuchen, sich mit dem einen oder anderen Wutanfall aus diesen Ansprüchen zu befreien, doch dann ergreift er unweigerlich die Flucht.

So gehören die beiden zu jenen Traumpaaren, die sich nach einigen Jahren scheinbar idealer Ergänzung zum Entsetzen des Freundeskreises wieder trennen.

Waage und Steinbock

Wenn Waage und Steinbock zu einem Paar zusammenfinden, dann hat man schon fast das Gefühl, das Schicksal arbeitet mit dem Holzhammer, um den beiden etwas beizubringen. Starr, herb und einseitg kommt der Steinbock der Waage vor. Wobei sie wahrscheinlich in der letzten Eigenschaft den größten vermeidbaren Fehler ihres Gesponses sieht. Als Retourkutsche bekommt sie vom Steinbock ihre Wankelmütigkeit präsentiert, woran sie wiederum kaum etwas Negatives finden kann.

Der Sex-Appeal der Waage zieht den Steinbock zweifellos an. Aber in diesem Fall muß er zum Eroberer werden. Ist die Attraktion groß genug, überwindet er sich sogar dazu. Doch nimmt er dies der Waage übel und läßt sie hinterher im Bett seine Herrschaft spüren. Er ignoriert ihre lange Aufwärmzeit und steuert gradlinig auf die eigene Befriedigung zu. Eine sensible Waage mag den Grund seines Ärger erraten und versuchen, ihn mit ihren Liebesgaben versöhnlich zu stimmen. Da er jedoch gleichermaßen Probleme beim zärtlichen Nehmen wie beim Geben hat, ist auch dieser Versuch zum Scheitern verurteilt.

Waage und Wassermann ♎ ♒

Im Wassermann begegnet der Waage ein Führer in ein spannendes Leben. Eigentlich fände sie diesen Zeitgenossen, dessen unorganisiertes Chaos entfernt an die Folgen ihrer eigenen Spontaneität erinnert, ja auch recht attraktiv. Doch leider ist der Wassermann bereits weitergezogen, während sie noch abwägt, ob sie sich auf das Abenteuer Liebe einlassen soll. Denn im Grunde seines Herzens will auch er lieber umworben werden als selbst zu werben.

Die besten Chancen hat dieses Paar, wenn es sich bereits aus gemeinsamen Sandkastentagen kennt. Wird diese alte Vertrautheit irgendwann durch den Reiz der Erotik ergänzt, kann es sein, daß beide ihre Zurückhaltung vergessen. Doch erinnert das ganze mehr an ein Versehen, als an eine heftige Beziehung. Sie bleiben meist nur deshalb zusammen, weil es so herrlich bequem ist und sie sich schließlich sympathisch sind.

Waage und Fische ♎ ♓

Ist da nicht ein gehöriges Quentchen Eifersucht? In den Fischen begegnet der Waage plötzlich jemand, der das Recht auf phantastische Ideen gepachtet zu haben scheint. Wo dies doch ansonsten ihr Vorrecht ist! Doch genauer betrachtet, gefällt ihr diese Ähnlichkeit ganz gut, kann sie doch von dem Esprit der Fische profitieren und sich ihrem Charme nicht entziehen.

Was dieses Treffen besonders anziehend macht, ist die Erotik. Die Waage ist zwar eine Dienerin der Venus und fühlt ein schier unerschöpfliches erotisches Potential in sich. Doch ist ihr ein wenig die körperliche Sinnlichkeit abhandengekommen beim Ausgleich zwischen männlichen und weiblichen Aspekten. Mit Körperfreuden hingegen können die Fische dienen. Als Jünger Neptuns sind sie der Archetypus weiblicher Hingabe. Und im Bett pflegen sie eine Leidenschaft, die nicht viel mit unterkühlten Vorurteilen zu tun hat. Da unterwirft sich die Waage nur zu gern.

Die beiden haben in ihrer Zweisamkeit allerdings auch ihre Probleme, die aus ihrer Ähnlichkeit resultieren. Beide arbeiten nicht unbedingt hart, oder wenn, dann nicht um des Erfolges oder des Geldes willen. Andererseits neigen beide in Zeiten emotionaler Krisen zu ausgedehnten, tröstlichen Einkauftouren. Und da beide eher entscheidungsschwach und überaus harmoniebedürftig sind, können sie auch keinen Vertreter an der Haustür abweisen. Doch bekanntlich macht Geld allein auch nicht glücklich.

Die Liebe im Zeichen des Skorpions

Der Skorpion – 24. Oktober bis 22. November

Mag sein, daß der Skorpion tatsächlich der komplizierteste Vertreter des Tierkreises ist. Der undurchschaubarste ist er in jedem Fall. Dabei widmet sich dieses widersprüchliche Wesen wie kein zweites der Innenschau. Der Skorpion wird von Pluto, einer entwickelteren Form des Mars, regiert. Und so will der Skorpion nicht nur bis auf den Urgrund aller Dinge abtauchen, sondern sprüht dabei noch vor Energie und Kampfeslust. Tod und Geburt, Vergänglichkeit und Neubeginn sind die ewigen Konstanten im Leben des Skorpions.

Pluto und Mars drängen ihn zu herrschen, doch ist der Skorpion auch ein weibliches Zeichen, das im Wasser zu Hause ist. Diese Aspekte sorgen dafür, daß er seinen Machtanspruch nicht mit einer so unbekümmerten Egozentrik lebt wie der Löwe. Dem Skorpion fehlt die entspannte Selbstverständlichkeit, um sich unangefochten auf einem Thron halten zu können. Auch das gibt ihm oft den Anschein, ein starrköpfiger, unwirscher und egoistischer Zeitgenosse zu sein. Denn er wird sich eher selbst zerstören, als sich einem anderen zu unterwerfen. Hat er es scheinbar doch getan, ist allerhöchste Gefahr im Verzug.

Wer es mit einem Skorpion zu tun bekommt, sollte trotz aller Herausforderungen im Auge behalten, daß er es mit einem ausgesprochen sensiblen, gefühlvollen und intuitiven Geschöpf zu tun hat, in dessen Inneren die feminine und die maskuline Seite ständige Kämpfe ausfechten. Daß der Skorpion dabei Sensibilität oft mit Empfindlichkeit verwechselt, sei ihm verziehen. Ab und zu gilt wohl für jeden von uns der Vergleich mit dem rohen Ei: „Er ist sein eignes Gleichbild so, empfindlich aber selbst roh."

Wer es schafft, Verletzungen durch den Skorpion mit etwas Distanz hinzunehmen, muß diesem Wesen sogar ausgesprochene Hochachtung entgegen bringen. Ein Skorpion versucht nicht nur, den Dingen in seiner Umgebung auf den Grund zu gehen, wie es beispielsweise die Jungfrau macht. Er dehnt seine Beobachtungen auch auf sich selbst aus. Viele oberflächlicher veranlagte Menschen empfinden seine Innenschau als egozentrisch oder halten den Skorpion für neurotisch. Dabei ist seine Begabung, menschliche Schatten nicht zuletzt bei sich selbst zu suchen, eigentlich bewundernswert. Daß er durch seine theatralische Ader manchmal in paranoide Selbstzerstörung getrieben wird, steht dabei auf einem anderen Blatt.

Beruf und Berufung

Auch im Beruf ist der Skorpion ein ausgesprochen widersprüchlicher Zeitgenosse. Interessiert ihn etwas, arbeitet er bis zum Umfallen. Doch während andere ihre Motivation aus Macht, Geld und Erfolg ziehen, sind bei ihm immer auch die Gefühle mit im Spiel. Der Skorpion muß für seine Aufgabe entflammt sein, und er wird zu einem überaus fleißigen, disziplinierten Arbeiter, der zudem die Geduld aufbringt, jahrelang auf die Erfolge warten zu können. Bleiben seine Gefühle jedoch unbeteiligt, wird er sich schnell eine andere Aufgabe suchen.

Als Kollegen und als Vorgesetzte können Skorpione recht unangenehm werden. Ihr Vertrauen in die Leistungsfähigkeit anderer ist gering, und man muß schier Übermenschliches leisten, um ihre Anerkennung zu bekommen. Allerdings legen sie, fair wie sie sind, an sich selbst genauso hohe Maßstäbe an. Das tröstet zumindest ein bißchen.

Die Neigung des Skorpions, auch mit den eigenen Leistungen nie zufrieden zu sein, steht schlußendlich niemandem mehr im Weg als ihm selbst. Es mangelt ihm an jenem

Selbstvertrauen, das unangreifbar macht. Vielleicht ist das auch der Grund, warum man den machtbewußten Skorpion in der Statistik kaum im mittleren Management antrifft (Gunter Sachs: Die Akte Astrologie, München 1997). Entweder er beißt sich bis ganz an die Spitze durch, oder er bleibt auf der Strecke.

Von der astrologischen Konstellation eignet sich der Skorpion für alle Berufe, die mit Analyse und Bestandsaufnahme zu tun haben, aber auch für Professionen rund um Kampf und Tod. Soldat, Jäger, Pathologe, Pharmazeut, Chemiker, das sind die vorgezeichneten Berufe diese Sternzeichens. In der Statistik läßt sich ein Hang zum Handwerk nachvollziehen. Außerdem tritt klar zutage, was ein unduldsamer Skorpion nicht ist: Lehrer oder Kindergärtner.

Der hoffnungsvolle Anfang

Vermutlich sind Sie „Ihrem Skorpion" nicht auf einer Party, in einer Kneipe oder an irgendeinem anderen Ort der Abwechslung und des Amüsements zum ersten Mal begegnet. Und wenn, dann war es einer jener unvermeidlichen Augenblicke, wo sich auch ein Skorpion-Geborener dem gesellschaftlichen Trubel aussetzen muß. Denn eigentlich geht es diesem emotionalen Tiefgänger in seinen eigenen vier Wänden am besten.

Trotzdem sind diese Vertreter des Tierkreises nicht sonderlich schwer einzufangen. Eine tiefe Sehnsucht nach Beziehungen treibt sie oft vorschnell in die Arme eines Werbenden, auch wenn sie ansonsten allen und allem zunächst auf den Grund gehen wollen. Es gibt Zeiten im Leben fast eines jeden Skorpions, in denen sich alles um die Liebe dreht.

Machen Sie sich dieses Wissen zunutze, wenn es um das erste Stelldichein geht. Teure Theater- oder Konzertkarten können Sie sich bei einem Skorpion getrost sparen, und extravagante Restaurants entpuppen sich bei ihm meist auch als Fehlinvestition. Es sei denn, Sie treiben einen gemütlichen Inder mit dem schärfsten Essen in 100 Kilometern Umkreis auf. Daran findet ein Skorpion dann doch Gefallen, auch wenn ihm sonst ein mitternächtlicher Besuch an der Würstchenbude mit einer doppelten Portion Wurst und einer Tafel Schokolade als Nachspeise deutlich lieber ist.

Treffen Sie sich mit dem Skorpion Ihres Begehrens anfangs lieber zu Hause. Er wird zwar einen leichte Vorliebe für das eigene Heim verspüren, wird aber sicherlich auch ganz bereitwillig zu Ihnen kommt. Als Einstandsgeschenke eignen sich Maiglöckchen und Narzissen, trockener Rotwein und Käsegebäck, ein Mondstein oder ein Bimsstein zum Rückenschrubben in der Badewanne. Hüten Sie sich in dieser Phase vor übertriebenen Schmeicheleien oder Heuchelei. Ein Skorpion durchschaut das schnell und wendet sich dann beleidigt ab, weil er sich nicht ernst genommen fühlt.

Aktivitäten außer Haus sind erst in einem etwas späteren Stadium angesagt. Aber bitte keine, die den Skorpion zu stark auf gesellschaftliches Parkett führen. Besuchen Sie mit ihm lieber einen alten Weinkeller oder streifen Sie gemeinsam durch die ältesten Bereiche des heimischen Friedhofes. Die morbide Atmosphäre der verwitterten Grabsteine und die wuchernde Natur, die in entlegenen, alten Friedhofswinkeln wieder Besitz von ihrer Umgebung ergreift, reizen einen Skorpion ungemein. Außerdem können Sie den Skorpion ruhig fragen, was er tun möchte. Er wird eine klare Antwort geben und erwarten, daß Sie ohne weitere Widersprüche auf seine Vorschläge eingehen.

Der Eros des Skorpions

Liest man die übliche Astro-Literatur, könnte man glauben, der Skorpion sei ein wahrer „Sexmaniac". Vergessen Sie das lieber gleich. Ein echter Skorpion ist weder ein unersättlicher Lüstling noch ein ungebremster Triebtäter. Ja, er ist noch nicht einmal besonders sinnlich, sondern im wahrsten Sinne des Wortes erotisch. Aber leider haben sich in unserer Zeit die Begriffe so vermischt, daß kaum jemand um den Unterschied weiß.

Tatsächlich sind Skorpione unbefangene, leidenschaftliche und unermüdliche Liebhaber. Wobei der Begriff des Liebhabers unbedingt auch für eine Skorpion-Frau verwendet werden kann; denn nichts ist dieses Wesen weniger als eine (passive) Geliebte. Sie ist experimentierfreudig, solange das Geforderte nicht allzu technisch wird, und liebt den „Eifer des Gefechtes". Dabei kann es allerdings passieren, daß er oder sie ganz unversehens Schmerz- und andere Grenzen überschreitet. Leder, Handschellen und ähnliche Requisiten gehören für einen Skorpion einfach dazu. Bei dem Protagonisten in „9½ Wochen" handelt es sich ziemlich sicher um einen Skorpion-Mann.

Reizen sollte frau vor allem den männlichen Skorpion nie. Ähnlich wie der Widder nimmt er sich, was man ihm offensichtlich versprochen hat. Flirts ohne Folgen sind für ihn nicht denkbar. Außerdem ist er nicht gewillt, Prüderien oder Ziereien zu tolerieren. Wer wie er um die Schattten der menschlichen Natur weiß, kann schamhafte Versteckspiele nicht nachvollziehen.

Ein Skorpion-Mann liebt wie ein Vampir. Er möchte möglichst tief in die Frau eindringen, an ihr saugen, sie aussaugen. Und er möchte sie mit seiner Existenz erfüllen. Daher erregt ihn auch der Gedanke an eine mögliche Empfängnis.

Die Verhütung überläßt frau ihm daher lieber nicht. Wer sich trotzdem auf ihn einläßt und genügend Hingabe mitbringt, wird mit ekstatischen Genüssen belohnt; Rollkragenpullover für den nächsten Tag inklusive.

Auch die Skorpion-Frau hat ein absolutes Faible dafür, beim Liebesspiel in den Partner einzudringen. Mit ihrer Zungenspitze erforscht sie auch die kleinste Körperöffnung und schreckt auch nicht davor zurück, ab und an ihre Zähne einzusetzen. Außerdem mag sie phallisches Spielzeug, daß sie nicht nur bei sich, sondern auch bei ihrem Partner gern zum Einsatz bringt. In lesbischen Beziehungen übernimmt sie im Bett den männlichen Part.

Wer eine Skorpion-Frau erobern möchte, sollte sie reden lassen. Skorpion-Frauen besitzen die besondere Begabung, sich in Erregung reden zu können. Dann braucht sie kein weiteres ausgiebiges Vorspiel, sondern geht gerne in medias res. Vermutlich geht es Ihnen genauso. Denn der Wortschatz eines weiblichen Skorpions kann einem Mann ordentlich einheizen.

Sieht man sich die erotischen Vorlieben dieser heftigen, besitzergreifenden Wesen an, darf man sich über ihren Ruf als „Sexmaniacs" nicht wundern. Trotzdem ist dieser erste Eindruck falsch. Den Skorpionen beiderlei Geschlechts geht es in Wahrheit gar nicht so sehr um die körperlichen Genüsse, die das Liebesspiel für sie bereit hält. Sie genießen Sex und Leidenschaft als Mittel, sich in andere Bewußtseinszustände zu katapultieren und die üblichen Begrenzungen der Selbsterforschung hinter sich zu lassen.

Insofern sind die Skorpione die wahren Tantriker des Tierkreises. Im Liebesspiel werden sie eins mit ihrem Partner, erleben den Sex als Weg der Transformation. Natürlich erlebt auch der Skorpion in diesen köstlichen Augenblicken den Rausch der Sinne; aber eben nicht nur den.

Der Skorpion als Partner

Mit einem Skorpion an Ihrer Seite haben Sie zwei Möglichkeiten: Entweder begegnen Sie seinen Launen mit unendlich viel Geduld. Schließlich wissen Sie ja, daß Ihr Partner sich selbst mindestens genauso kritisch gegenüber steht wie seiner leidenden Umgebung. Oder Sie wagen den Kampf. Denn eigentlich braucht ein Skorpion Widerstand, Unterwürfigkeit ist ihm verhaßt.

Eine Auseinandersetzung mit ihm ist allerdings nur etwas für starke Nerven. Er ist nämlich ein erbitterter, eiskalter Streiter, der auch in diesem Bereich den Dingen auf den Grund zu gehen pflegt. Stößt er dort auf gute Gegenargumente und einen aufrechten, selbstbewußten Gegner, ist der Skorpion sehr gut in der Lage, den Streit für alle fruchtbar abzuschließen. Also nur Mut.

Wer damit leben kann und es außerdem versteht, mit Humor und Charme den Skorpion regelmäßig aus seinem eisigen Schweigen zu locken, der gewinnt dafür einen bestechend loyalen und aufmerksamen Partner, für den die Beziehung an erster Stelle steht. Mit seiner tiefgründigen Beobachtungsgabe erahnt er Ihre Bedürfnisse oft schon, bevor Sie Ihnen bewußt werden. Und er wird so gut wie alles daran setzen, sie auch zu erfüllen. Das ist der Preis, den er zu zahlen bereit ist, wenn er Sie dafür im Austausch mit Haut und Haaren besitzen darf und von Ihnen in alle Belange Ihres Lebens eingebunden wird.

Männliche Skorpione neigen dazu, mit zweierlei Maß zu messen. Vor allem, wenn ihre starken weiblichen Anteile von ihrer Umgebung nicht anerkannt werden, verkrampfen sie sich bis zur Unkenntlichkleit. Das bekommt dann vor allem die Partnerin zu spüren. Sollten Sie tatsächlich Ihr Leben – oder einen Teil davon – mit einem männlichen

Skorpion verbringen wollen, müssen Sie ehrlich bereit sein, hin und wider auch etwas einzustecken. Mimosen haben an seiner Seite keine Chance. Mit seinem Scharfblick vermag er die Menschen, die er liebt, sehr zu verletzen. Das ist aber auch eine Chance. Denn er irrt sich kaum und bietet Ihnen damit die Möglichkeit, sehr viel über sich selbst zu lernen.

Die Skorpion-Frau besitzt die gleiche Tiefe und Willenskraft wie der männliche Skorpion. Doch manchmal erweckt sie vordergründig den Eindruck, als habe sie ihren Herrschaftsanspruch aufgegeben und sich ihrem Partner und den Launen ihrer Kinder ergeben. Vorsicht, es gibt kaum ein gefährlicherers Wesen im gesamten Tierkreis als eine scheinbar unterwürfige Skorpion-Frau. In Wahrheit lauert sie auf den Augenblick, an dem sie aus ihrem Versteck hervorschießen und den Gegener vernichten kann. Und in ihrer eiskalten Wut kann sie lange warten. Der andere entkommt ihr doch nicht. Da ist es viel besser, ihr ab und zu den Anlaß für einen Streit zu bieten, damit sie ihre Mars- und Plutoanteile austoben kann.

Der Skorpion-Mann

Es scheint in der Natur dieses Tierkreiszeichens zu liegen, daß so gut wie jeder Vertreter eine tiefe seelische Wunde mit sich herumträgt. Diese Verletzungen gehen oft weit zurück und wären an einem weniger tiefgründigen Wesen so gut wie spurlos abgeprallt. Doch der Skorpion mit seiner Neigung, alles auf sich zu beziehen und seine Schatten bis in die unaussprechlichen Bereiche auszuloten, reibt selbst das Salz in seine seelischen Wunden. Das Ergebnis ist ein gequältes Wesen, das dazu neigt, auch seine Umgebung zu quälen.

Im Falle von Prinz Charles, dem englischen Thronfolger, hat die einsame Kindheit in einem gefühlskalten Elternhaus eine solche typische Skorpionwunde geschlagen. Gefühlskälte läßt einen Skorpion erstarren. Das macht ihn mürrisch, starrköpfig und unwirsch.

In Liebessachen gilt der britische Thronfolger als Spätzünder. Vergleichsweise langsam tatstete er sich an das andere Geschlecht heran. Als er Camilla Parker Bowles kennenlernte, verhielt er sich wie ein typischer Skorpion. Er begehrte sie, aber gleichzeitig beobachtete und analysierte er ihr Wesen so gründlich, daß sie sich einem anderen im Freundeskreis zuwandte. Doch kaum war sie verheiratet und damit scheinbar unerreichbar, wurde aus dem beobachtenden Begehren eine äußerst zielgerichtete Leidenschaft.

Die Familienräson zwang Diana Spencer in Charles' Leben. Wobei der Zwang ein relativer war. Denn das Wesen eines Skorpions legt es nahe, daß Charles anfangs durchaus charmant der jungen Frau ein mitreißendes Bild der gemeinsamen Möglichkeiten vermittelte. Doch leider, die Presse spielte nicht mit, hob die scheue, schwache Diana auf ihr Schild und bedrohte damit den Herrschafts- und Besitzanspruch des Skorpions Charles.

Auch in Sachen Eros und Sex ist der Prinz von Wales ein präziser Vertreter seines Tierkreiszeichens. Deutlicher kann man den Wunsch, in die erotischen Tiefen des Partners einzudringen und dort zu bleiben wohl nicht äußern, als es Charles bei einem angehörten Telefonat mit Camilla tat: „Ich möchte dein Tampon sein." Für eine romantische Krebs-Frau wie Diana ist nicht nur die Vorstellung abstoßend, sondern auch die Wortwahl. Als sie sich aus Rache für sein öffentlich eingestandenes Verhältnis ebenfalls als Geliebte anderer Männer outet, kommt vollends der Skorpion in ihrem Mann zum Vorschein. Obwohl er selbst ein Verhältnis hat und öffentlich zu ihm steht, reagiert er überaus empört. Ein Skorpion mißt eben mit zweierlei Maß.

Die Skorpion-Frau

Mit ihrem wahren Liebesleben kam die Skorpion-Frau Marie Antoinette nicht in die Geschichtsbücher. Nur der gescheiterte Versuch der Gräfin La Motte, die Königin und den Kardinal Rohan mit einem Diamantenhalsband zu kompromittieren, ging in die Annalen ein. Dabei hätte ein Blick auf die loyale, pflichtbewußte, erotisch interessierte Ehefrau Ludwigs XVI. das Bild eines unter Realitätsverlust leidenden Luxusweibchens deutlich revidiert.

Als die 15jährige 1770 erwartungsvoll an den Pariser Hof kam, passierte zunächst einmal nichts. Anfangs kamen tröstende Briefe aus Wien, daß sie dem 16jährigen Dauphin doch etwas Zeit lassen solle, in seine Rolle als Ehemann hineinzuwachsen. Doch die Jahre verstrichen und nichts tat sich. Schließlich wurde offensichtlich, daß der mittlerweile zum König von Frankreich Avancierte unter einer ausgeprägten Vorhautverengung litt, die alle erotischen Freuden im Keim erstickte. Die Briefe Marie Antoinettes wurden immer verzweifelter und schließlich so eindringlich, daß sich Bruder Joseph mit der pikanten Aufgabe nach Paris aufmachte, dem königlichen Schwager zu einer Operation zu raten. Die Mission gelang, und Marie Antoinette jubelte in einem Brief an die Mutter, daß ihre Ehe nun endlich konsumiert sei.

Drei Kinder brachte die Österreicherin für die Französische Krone zur Welt. Den Ältesten mußte sie schweren Herzens den Hofschranzen überlassen, die beiden jüngeren umsorgte sie äußerst gewissenhaft. Von ihrem zweiten Sohn wurde sie erst durch die Guillotine getrennt, obwohl er in der Zwischenzeit durch den Tod des älteren Bruders zum Thronfolger geworden war und die Hofkamarilla Anspruch auf seine Erziehung erhob. Und ihr bekannter Ausspruch, das Volk solle Kuchen essen, wenn es kein Brot habe, stand nur am Anfang eines Erkenntnisprozesses, der ihr aufgrund ihrer Herkunft und Erziehung sehr schwer fiel.

Doch sie wäre keine Skorpion-Frau gewesen, wenn sie nicht bereits kurze Zeit später recht genauen Einblick in die Situation der Bevölkerung gewonnen hätte. So präsentierte sie bei einem Weihnachtsfest ihren Kindern reichlich Spielzeug, um es dann wegschaffen zu lassen. In Zeiten der Not, so die Königin von Frankreich, müßten eben alle Opfer bringen.

Pragmatiker mögen über solche Erziehungsversuche den Kopf schütteln. Vor dem damaligen gesellschaftspolitischen Hintergrund und dem Weltbild des europäischen Adels im ausgehenden 18. Jahrhundert war soviel Achtsamkeit für das Volk unvorstellbar. In das landläufige Bild der verschwendungssüchtigen Königin von Frankreich paßt das bis heute nicht.

Das schnelle Ende

Einen Skorpion in die Flucht zu schlagen, kann eine heikle Angelegenheit werden. Sie sollten sorgfältig in Deckung gehen, bevor sie auch nur den ersten Versuch starten. Sein Zorn schlägt schnell in eiskalte Rache um, und Gnade dem armen Opfer.

Zunächst sollten Sie daher sachte vorgehen. Skorpion-Männer schrecken Sie mit übertriebener Schminke und einer völlig neuen, gekünstelten Garderobe ab. Wenn Sie sich dann noch ein gekünsteltes Verhalten zulegen, besteht die echte Chance, daß der Skorpion geht. Masken sind ihm verhaßt, doch wenn er Sie bereits als seinen Besitz betrachtet, wird er trotzdem bleiben und Ihnen das Leben so unangenehm wie möglich machen.

Skorpion-Frauen hingegen hassen es, permanent erzogen zu werden.

Etwas gefährlicher sind Strategien, die den Herrschaftsanspruch Ihres unbequem gewordenen Partners bedrohen. Machen Sie sich über ihn lustig. Geben Sie niemals und unter keinen Umständen eine Schlacht mit ihm verloren. Hören Sie auf, ihn um etwas zu bitten. Erteilen Sie ihm stattdessen Befehle. Stellen Sie Ihre Interessen über alles andere. Verweigern Sie ihm Wärme, Liebe und Sexualität. Binden Sie ihm und am besten noch einem halben Dutzend flüchtiger Bekannter auf die Nase, daß Sie ihn betrogen haben. Sein Zorn wird furchtbar seine, seine Rachsucht aber auch.

Strategisch veranlagte Menschen können die Trennung dem Skorpion überlassen, indem sie seine Neigung unterstützen, alles zu übertreiben. Animieren Sie ihn zum Konsum von Tabletten, Alkohol und anderen Drogen. Die Statistik beweist, daß dort seine Archilles-Ferse liegt (Gunter Sachs: Die Akte Astrologie, München 1997). Fördern Sie seine Innenschau bis zur quälenden Selbstzerstörung. Keine Sorge, er ist nicht der Typ, sich das Leben zu nehmen. Eher stirbt er an Magenkrebs. Und dazu kann nun wirklich niemand etwas, oder?

Der Skorpion und seine Partner

Skorpion und Widder

Der hartnäckige, geduldige Skorpion und der überschäumende, ungeduldige Widder versprechen eine interessante Kombination. Theoretisch könnten sich die beiden gegenseitig wunderbar begrenzen und hätten daher viel aneinander zu lernen. Doch leider werden aus den unvermeidlichen Auseinandersetzungen zwischen diesen Kämpfernaturen in der Regel beide als Verlierer hervorgehen. Denn der Skorpion ist ein Krieger der kalten List, der Widder dagegen ein Streiter der heißen Wut.

Im Bett der beiden geht es mit Sicherheit hoch her. Beide lieben Sex ohne Schnörksel und kennen weder die Grenzen der Scham noch die des Schmerzes. Trotzdem besteht die Gefahr, daß der Widder den Skorpion in seiner unbedachten Art verletzt und es noch nicht einmal merkt. Dann ist auch das Feuer im Bett erloschen, die beiden begeben sich auf ihre Egotrips und ziehen auseinander.

Skorpion und Stier

Skorpion und Stier ergeben ein kraftvolles Paar auf allen Ebenen, das hervorragend miteinander umzugehen versteht. Beide sind mächtig, beide sind besitzergreifend. Für Kinder aus dieser Beziehung mag die Konkurrenz der Eltern manchmal erdrückend wirken, doch innerhalb der Zweierbeziehung entstehen kaum Probleme. Denn sowohl der Skorpion wie auch der Stier besitt die Gabe, sich den Herrschaftsallüren des Partners unauffällig entziehen zu können.

Im Bett sind die beiden kaum zu übertreffen. Die Venus des Stieres bringt Licht in die Unterwelt des Pluto und die erdige, körperliche Sinnlichkeit des Stiers ergänzt die metaphysische Erotik des Skorpions optimal. Ausdauernd und leidenschaftlich verschmelzen sie zu einem Ganzen, vorausgesetzt, der Skorpion kommt hin und wieder dem romantischen Verlangen des Stiers entgegen. Dann verwöhnt ihn sein Partner gerne mit jenen Aufmerksamkeiten, die der Skorpion so braucht, ohne es zugeben zu können.

Skorpion und Zwillinge

Auf einer gewissen Ebene sind sich Skorpion und Zwillinge so ähnlich, daß sie sich unweigerlich anziehen. Beide sind neugierig, beide auf der ständigen Suche. Doch bald hat der Skorpion von der Oberflächlichkeit der Zwillinge genug, und die Zwillinge fühlen sich von den starken erotischen Signalen ihres Gegenübers zunächst irritiert.

Was dann beginnt, ist zumindest für die beobachtende Umgebung höchst amüsant. Denn die Zwillinge werden bereitwillig in all jene Rollen schlüpfen, die sie vom Skorpion angeboten bekommen, um schlußendlich doch das zu tun, was sie wollen. Besteht der Skorpion auf seinen Versuchen, die Zwillinge nach seinen Vorstellungen von Liebe und Leben umzuformen, werden sich die beiden ohne großes Bedauern voneinander trennen. Was bleibt, ist bei beiden eine weitere Einsicht in das eigene Wesen. Denn zumindest vorübergehend können sie viel aus dem Spiegelbild des anderen lernen.

Skorpion und Krebs

Tierkreiszeichen, die wie Skorpion und Krebs das Element miteinander teilen, gelten gemeinhin als ideale Kombination. In diesem Fall ist jedoch Vorsicht geboten, damit die Beziehung nicht allzu wässrig auseinander läuft. Zunächst sind der Skorpion als Täter und der Krebs als sein williges Opfer wie geschaffen füreinander. Die Hingabe und Feinfühligkeit des Krebses entflammen den Skorpion deratig, daß er seine rauhe, ruppige Hülle abstreift und zum aufmerksamen Charmeur wird.

Ist die Beziehung jedoch über die erste Zeit der stürmischen Verliebtheit erst einmal hinaus, dann zeigen sich die

Klippen. Für den Geschmack des Krebses fordert der Skorpion viel zu viel und viel zu direkten Sex. Früher oder später ringt er sich aus Selbstschutz dazu durch, den Partner zurückzuweisen, worauf sich der Skorpion beleidigt und nach Rache sinnend zurückzieht. Und dann passiert genau das, was die Beziehung zwischen diesen beiden gefühlvollen Wasserzeichen auseianderdriften läßt. Beide sind unfähig, ihre wahren Wünsche auszusprechen. Ja, mehr noch, sie unterdrücken sie deratig, daß sie sie schon bald selbst nicht mehr kennen. In solch einer Situation wird die Wahrscheinlichkeit sehr hoch, daß sich zumindest der Skorpion, wenn nicht sogar beide, bei einem erdigen Zeichen Halt verschaffen. Und das wiederum können die beiden weder sich noch dem anderen je verzeihen.

Skorpion und Löwe

Mit einem Blick auf die herrschenden Planeten dieser beiden Zeichen wird sofort klar, warum sich Skorpion und Löwe gegenseitig ausschließen: Die Sonne hat im Schattenreich des Pluto nichts verloren. Kommt sie, muß die Finsternis gehen; und ergreift das Schattenreich die Herrschaft, hat die Sonne zu weichen.

Das heißt jedoch nicht, daß die beiden es nicht doch immer wieder miteinander versuchen würden. Dabei spielt vor allem das Feuer der Sexualität eine entscheidende Rolle. In der Dunkelheit der Nacht fällt eben die mangelnde Vereinbarkeit dieser beiden Charaktere nicht auf. Sie lieben sich bis zur völligen Erschöpfung in einer einzigen, riesigen, nie enden wollenden Vereinigung. Doch wehe, der Tag bricht an. Dann prallen ihre unterschiedlichen Vorstellungen von Macht und Ego aufeinander. Und da beide stur bis zur Verzweiflung auf ihrem Vorrang beharren, muß einer gehen.

Und das fällt dem Löwen bedeutend leichter, wodurch vernichtende Kämpfe auf Leben und Tod dann doch nicht entstehen.

Skorpion und Jungfrau

In dieser Kombination treffen zwar Erde und Wasser aufeinander, doch die mögliche Befruchtung bleibt zunächst aus. Denn der Skorpion schwemmt mit seinen Ansprüchen die erdigen Wünsche der Jungfrau glatt weg. Dabei weist beider Verhalten auf den ersten Blick durchaus Ähnlichkeiten auf. Schließlich neigt die Jungfrau wie der Skorpion dazu, den Dingen auf den Grund zu gehen.

Doch während der Skorpion seine Kontemplation nach innen richtet, gleichzeitig offen für alles Neue bleibt und ständig weitere Herausforderungen sucht, konzentriert sich die Jungfrau auf ihre Umgebung und läßt zunächst nichts Unbekanntes an sich heran und in sich hinein.

Damit ist auch schon sehr genau beschrieben, woran es im Bett bei den beiden hapert; zumal der Skorpion auf eine Jungfrau brutal offen und verletzend direkt wirkt. Zieht sie sich dann zurück, fühlt sich der Skorpion getäuscht und reagiert entsprechend. Kommen die beiden über diese schwierige Anfangsphase hinweg und gewöhnen sich an die andere Welt des Partners, kann die Beziehung doch noch recht fruchtbar werden.

Skorpion und Waage

In Skorpion und Waage treffen zwei regelrechte Beziehungs-Junkies aufeinander. Beide sind süchtig nach einem Partner und können sich ein Leben ohne Beziehung kaum vorstellen. Doch wenn sie sich nach der (vor)schnellen

Vereinigung den Erwählten oder die Erwählte ansehen, kommt das rauhe Erwachen. Zumindest in dieser Kombination. Den Skorpion stört die luftige Oberflächlichkeit der Waage, und ihr Verlangen, für alles einen Ausgleich zu finden, macht ihn rasend. Die Waage kann ihrerseits mit dem festgefügten Weltbild ihres Partners nicht viel anfangen, und die Kampfeslust des Mars macht sie krank.

Lichtblick und Chance für ein derartiges Paar ist ihre Beziehung auf der erotischen Ebene. Beide haben sehr starke gegengeschlechtliche Anteile, was ihr Liebesspiel zu einem ausgeglichenen, variantenreichen Geben und Nehmen macht. Man kann es allerdings auf einen noch kürzeren Nenner bringen: Die Waage macht im Bett alles genau so, wie es sich der Skorpion wünscht. Nur manchmal kommt ihm der Verdacht, daß bei seinem Partner recht wenig Gefühl im Spiel ist. Dann holt er sich einen Beweis ihrer Anerkennung und macht befriedigt weiter.

Skorpion und Skorpion

Gleich und gleich gesellt sich gern? Manchmal mag das gelten, im Fall der Skorpione aber sicherlich nicht. Ein Blick in die Natur genügt. Treffen zwei Vertreter dieser Spezies aufeinander, dann paaren sie sich – oder sie versuchen, sich umzubringen. Bei den Menschen ist das nicht viel anders.

Ein Skorpion-Paar wird im Bett – und anderenorts – ein wahres erotisches Feuerwerk zustande bringen. Doch sind die Körper erst einmal abgekühlt, dann dauert es nicht lange, bis sie aggressiv aufeinander losgehen. Jeder will dem anderen seine Vorstellungen aufzwingen, will die eigene Vormachtstellung tagtäglich bewiesen sehen. Doch während heißblütigere Zeichen ihre Machtkämpfe abreagieren können, fehlen dem listigen Skorpion-Kampf die spielerischen Elemente, die so etwas möglich machen. Manchmal ordnet sich einer der beiden scheinbar unter – und wird in seiner kalten Wut so zerstörerisch, daß auf Sicht die ganze Familie zerstört wird.

Skorpion und Schütze

Im Schützen begegnet dem Skorpion ein zweiter Idealist, und so fühlt er sich zunächst von ihm auch stark angezogen. Doch allzuschnell müssen die beiden feststellen, daß weder ihre Ideale noch ihre Verhaltensweisen so recht zusammen passen wollen. Dabei handelt es sich in diesem Fall sicherlich um eine der erfolgversprechendsten Kombinationen von Wasser- und Feuerzeichen.

Zunächst müssen Skorpion und Schütze einmal überwinden, daß sie beide recht undiplomatische Gesellen sind. Doch während der Skorpion kalt vor Zorn in einer Ecke kauert und auf Rache lauert, rastet der Schütze in überschäumender Wut aus. Streckt er nach vollbrachtem Wutanfall versöhnlich die Hand aus, sticht der Skorpion zu. Das letale Ende ist nah.

Doch reifere, ausgeglichenere Vertreter dieser Tierkreiszeichen können sich zu einem idealistischen Team zusammenfinden, das die Welt aus den Angeln hebt. Sie müssen sich nur auf eine Vision einigen. Der Skorpion zwingt den Schützen zur Innenschau und verhilft ihm mit seinem Tiefgang zu mehr Konsequenz. Das rückt die Ideale des Schützen dann auch gleich ein gehöriges Stück dichter in Reichweite. Darüberhinaus ist die Fähigkeit des Skorpions, bis zum Umfallen zu seinen Prinzipien zu stehen und sich keinen Deut um die Meinung anderer zu scheren, für den Schützen unbezahlbar.

Schwierig wird es allerdings, wenn den Schützen sein Freiheitsdrang packt und der Skorpion dem mit seiner Herrschsucht begegnet. Dann sind die beiden schnell wieder dort, wo ihre Probleme begonnen haben. Der eine wird wütend, und der andere lauert auf Rache; letales Ende inbegriffen.

Skorpion und Steinbock

Skorpion und Steinbock sind einfach ein Traumpaar, sind Freunde überzeugt. Tatsächlich schaut auf den ersten Blick alles bestens aus. Beide warten zunächst einmal ab, beobachten genau und bilden sich auf dieser Grundlage ein präzises Urteil. Gilt ihr Interesse einander, so zeigen sie sich angenehm überrascht von der Standfestigkeit und Prinzipientreue ihres Gegenübers. Doch wehe, ihre Prinzipien passen nicht so recht zusammen. Zunächst werden sie versuchen, sich gegenseitig zu überzeugen. Dann gehen sie zu Erziehungsversuchen über, um schlußendlich im offenen, bedingungslosen Kampf zu enden.

Leider ist die Gefahr sogar recht groß, daß es soweit kommt. Denn im Steinbock begegnet dem konventionslosen Skorpion ein konservatives Geschöpf, das viel auf die Meinung anderer gibt. Genau dort liegt allerdings auch das große Potential dieser Beziehung. Der Steinbock kann dem Skorpion nämlich beibringen, etwas mehr auf die Meinung anderer zu achten.

Im Bett sprengt dieses Paar auch die letzten Konventionen und ist wie kaum ein anderes für sado-masochistische Spielarten der Liebe geschaffen. Der Steinbock bringt den Körper ins Spiel, der Skorpion die geistige Ekstase. Feinfühlige Zeitgenossen mögen sich schaudernd abwenden; die beiden dagegen genießen ihr Spiel in vollen Zügen.

Skorpion und Wassermann

Wenn ein Wassermann den Weg eines Skorpions kreuzt, vergißt der stachelige Geselle sofort seine übliche Ruppigkeit. Was für ein schillerndes Wesen! So phantasievoll, so idealistisch! Aber schnell muß er mit Schrecken feststellen, daß ihre Ideale gänzlich anderen Belangen gelten. Denn während der Skorpion in die Tiefen des menschlichen Seins abtaucht, baut der Wassermann unverdrossen an seinen Luftschlössern, die in der weiten Ferne des Landes Utopia liegen.

Derart enttäuscht, kehrt der Skorpion schnell zu seinen rüden Umgangsformen zurück. Der Wassermann erscheint ihm unordentlich und unorganisiert, seine Träume weltfremd und unpraktisch. Zudem macht ihn das sexuelle Desinteresse seines Partners rasend; ja, im Extremfall stachelt es ihn sogar zu sadistischen Spielen an. Antwortet der Wassermann aus reiner Experimentierfreude auf der gleichen Ebene, fällt der Skorpion vor Entrüstung fast um.

Dabei könnten diese beiden wirklich die Welt verändern. Das Wissen des Skorpions um die menschlichen Schwächen und die hehren Ideale des Wassermanns können sich zu einer jener seltenen Visionen verbinden, die tatsächlich eine Chance haben. Zumal der Skorpion für seine Umsetzungsfähigkeit bekannt ist.

Skorpion und Fische

Vielleicht hat der Skorpion zunächst den Verdacht, die Fische könnten für ihn nicht interessant genug sein. Nach der ersten Liebesnacht ist er mit Sicherheit anderer Meinung. Denn dort hat er endlich den echten Tantriker gefunden, der sich mit ihm in höchster Lust vereinigt, um zu gemeinsamen spirituellen Höhepunkten zu streben. Das ist Ekstase ganz nach dem Geschmack des Skorpions.

Im Alltag sollten die Fische jedoch lernen, etwas mehr auf dem eigenen Standpunkt zu beharren. Der Skorpion liebt es zwar, wenn er bewundert wird und läßt sich keinesfalls die Zügel aus der Hand nehmen. Doch gleichzeitig braucht er auch die Herausforderung – zumindest in einem Ausmaß, das ihm seine Führungsqualitäten bestätigt.

Für Reibung ist ohnehin gesorgt. Denn die Fische mögen sich nicht mit den Schatten der Menschheit auseinandersetzen. Der Skorpion läßt ihnen allerdings keine Chance, die Augen zuzukneifen. Er zwingt sie, auch ihre Fehler und Schwächen zur Kenntnis zu nehmen und verhilft ihnen dadurch zu etwas mehr Bodenständigkeit. Lernt er dann auch noch, bei den romantischen Eskapaden der Fische mitzuziehen, steht ihnen bei der Realisierung ihrer Luftschlösser nichts mehr im Wege.

Die Liebe im Zeichen des Schützen

Der Schütze – 23. November bis 21. Dezember

Der Schütze gehört bereits zu den reiferen Zeichen des Tierkreises. Das bedeutet jedoch noch lange nicht, daß jeder einzelne Schütze ein reifer, in sich ruhender Mensch sein müßte. Ähnlich wie beim Löwen handelt es sich auch bei den Beschreibungen des Schützen als sympathisch, optimistisch und offenherzig, die sich in den Astro-Spalten diverser Zeitschriften und Bücher finden, eher um das Potential dieses Wesens als um eine Bestandsaufnahme seines tatsächlichen Zustandes.

Der Schütze macht es seiner Umgebung allerdings alles andere als leicht, dies auch zu erkennen. Wie kaum ein zweiter erweckt er den Eindruck, nichts und niemand könne ihn belasten oder seine gute Laune trüben. Selbst gute Freunde fallen auf seine Show herein. Und das tut niemandem gut: Weder dem Schützen, der innerlich am eigenen Anspruch der Stärke fast zerbricht; noch den Freunden, die sich böse getäuscht fühlen, wenn sie gänzlich unerwartet dann doch einmal ein Häufchen Elend zu Gesicht bekommen, weil der Schein in sich zusammengefallen ist.

Um dieses Zeichen besser zu verstehen, hilft es, sich die Symbolik näher anzuschauen. Der Schütze ist ein Zentaur, ein Fabelwesen, halb Mensch, halb Pferd. Impulsiv, kühn und schnell wie der Wind fegt er durchs Universum, die Augen stets hinter dem Horizont. Dort ist sein Ziel, dort wartet die Beute. Wer sollte es diesem wendigen, schnellen Jäger verübeln, wenn er ab und zu die Orientierung verliert?

Visionär baut er an einer neuen Weltenordnung und übersieht dabei solche Kleinigkeiten wie die Spielregeln, die es am Elternsprechtag der eigenen Kinder zu beachten gilt. Präsentiert ihm dann irgendwer die Rechnung für sein ruppiges Verhalten, fällt er aus allen Wolken. Schließlich müssen die lieben Mitmenschen doch einfach erkennen, daß ein Mensch den Horizont und das Gras unter den eigenen Füßen im Blick kaum gleichzeitig behalten kann.

Dies sind Augenblicke, in denen der Schütze ausgesprochen schmerzhaft die Diskrepanz zwischen seinen Visionen und der eigenen Menschlichkeit zu spüren bekommt. Meist galoppiert er schnaubend darüber hinweg, doch wenn er sich stellt, ist er zu tiefer Einsicht und Mitgefühl fähig. Schließlich verfügt er über ein gerütteltes Maß an intuitiver Beobachtungsgabe und enorm viel spiritueller Kraft.

Der Schütze wird von Jupiter regiert. Vom Göttervater, dem Herrn des himmlischen Lichtes, der Weisheit, Güte und Entwicklung hat er seine spirituellen Seiten. Aber sein Schutzherr ist einer, der auch ganz gerne zu Verwandlungstricks greift. Ein Schauspieler, der aus reinem Eigennutz und Spaß an der Freude andere hinters Licht führt oder ausnutzt. Anders als bei Merkur ist Betrug nie seine Absicht. Doch was kann er dafür, wenn sich Ehefrau Hera oder die Gatten all der entführten und geschwängerten Jungfrauen betrogen fühlen? Es bleibt eine Gratwanderung zwischen fröhlichem Eigennutz und bockigem Beharren auf eigenen Maßstäben – bei Jupiter wie bei seinen Jüngern im Zeichen des Schützen.

Beruf und Berufung

Der Schütze ist ein Visionär. Das bedeutet allerdings nicht, daß er nur in ganz großen, weltverbessernden Projekten zu Hause wäre. Manchmal äußert sich das allein schon darin, daß er sich mit hunderten interessanten, Geld und Ruhm versprechenden Projekten eindeckt, ohne auch nur eine Sekunde darüber nachzudenken, wann er sie alle umsetzen soll. Und genauso ist dann auch sein Arbeitsstil. Schwungvoll und weitsichtig geht er die neuen Aufgaben an, doch dann scheint ihm mittendrin die Kondition auszugehen. Was eigentlich nicht stimmt, denn in Wahrheit hat er sich nur im Vertrauen auf die Weiten des Horizontes viel zu viel vorgenommen.

Rückt der Fertigstellungstermin unerbittlich näher, schaut er weiter verbissen in Richtung Zukunft und schafft unter Einsatz aller erdenklichen Mittel und Wege dann meist auch, irgendwie dorthin zu gelangen, wo man ihn erwartet. Daß er dabei sowohl sich selbst als auch die Menschen seiner Umgebung über Gebühr strapaziert, scheint ihm gar nicht weiter aufzufallen.

Einen Schützen als Mitarbeiter sollte man daher ab und zu bremsen, wenn er wieder einmal frohgemut auf ein unrealistisches Ziel losgaloppiert. Gelingt dies, gewinnt man in ihm einen tüchtigen, unprätentiösen und zuverlässigen Mitarbeiter, der als Kollege und Chef gleichermaßen beliebt ist. Wird der Schütze dann auch noch gelobt, blüht er vollends auf. Denn irgendein geheimer Mechanismus hemmt ihn, sich selbst richtig zu präsentieren. Schützen neigen dazu, ihr Licht permanent unter den Scheffel zu stellen. Das hat zwar einerseits den positiven Effekt, daß sie trotz ihres feurigen Wesens ohne jegliche Machtallüren auskommen, spornt sie aber andererseits zu immer neuen, schier unerreichbaren Zielen an.

Seine Berufswahl spiegelt die perfekte Zweiteilung des Zentauren. Einen Chef ertragen Schützen kaum, und so treibt sie scheinbar alles in die Selbständigkeit. Andererseits haben Schützen aber auch ein ausgeprägtes Sicherheitsbedürfnis. Schulden, und sei es als Investitionen in das eigene Arbeitsgerät, sind ihnen verhaßt. So arbeiten sie oft mit völlig unzulänglicher Ausrüstung, brauchen die doppelte und dreifache Zeit und beschneiden auch auf diesem Wege wiederum ihren eigentlichen Wert.

Am liebsten blieben sie wohl an den Universitäten, deren Bänke sie bereits als Studenten deutlich überproportional füllen (Gunter Sachs: Die Akte Astrologie, München 1997). Müssen sie deren schützendes Umfeld dann doch einmal verlassen, ergreifen sie gerne Berufe wie Landwirt, Gärtner und Veterinärmediziner.

Außerdem sind sie für alle Bereiche geschaffen, in denen sie Ideale verfolgen können. Als Therapeuten, Trainer, Priester und Philosophen kommt ihnen ihre Kommunikationsfähigkeit zugute. Da sie ideele Strömungen von morgen bereits heute wittern, sind sie immer vorne mit dabei. Eigentlich ist es ausgesprochen schade, daß sie sich nicht zu Lehrern berufen fühlen. Aber da stehen ihnen wohl die Ungeduld und die Wutausbrüche Jupiters im Wege.

Der hoffnungsvolle Anfang

Um einen Schützen einzufangen, brauchen Sie eine eiserne Kondition. Er tanzt mit Ihnen durch die Nacht, und noch lieber redet er bis zum Morgengrauen. Sie sollten ihn nur nicht zu großem Trubel aussetzen. Riesige Partys sind ihm ein Greuel, und Megaevents interessieren ihn nur, wenn er den Protagonisten persönlich kennt und einen Teil seines Glanzes für sich verbuchen kann.

Arrangieren Sie wenn möglich das erste Treffen im Freien. Ein abendlicher Bummel durch den Park, der Besuch einer Kirche oder eines alten heidnischen Kraftplatzes sind ganz nach seinem Geschmack. Reden Sie mit ihm über Gott und die Welt, lassen Sie ihn seine Sicht der Weltenordnung entwickeln, und beweisen Sie Geist durch die richtigen Fragen an der richtigen Stelle. Fällt Ihnen nichts Passendes ein, dann fragen Sie getrost den Schützen. Er hat immer etwas vor, und an seiner Seite sind Sie vor Langeweile sicher.

Sollte er Sie allerdings zu sich nach Hause zum Essen einladen, ist Vorsicht am Platze. Vor allem, wenn bei Ihnen die Liebe durch den Magen geht, sollten Sie zunächst vorsichtige Erkundigungen über seine Kochkünste einholen. Üblicherweise kommt dieser Vertreter des Tierkreises nicht mit mehreren Hauben zur Welt.

Mit einem Schützen können Sie auch ruhig aufs Ganze gehen. Planen Sie ein verlängertes Wochenende, das bereits am Donnerstag beginnt. Es ist der Tag des Schützen. Fahren Sie in einen eleganten Wintersportort oder ein mondänes Seebad, besuchen Sie unterwegs ein Gestüt, eine Ausgrabungsstätte oder eine berühmte Bibliothek. Hier ist der Schütze in seinem Element. Am Ende des Tages können Sie ruhig ein gemeinsames Zimmer beziehen. Wo andere Tierkreiszeichen verunsichert oder brüskiert reagieren, denkt sich ein Schütze nichts weiter dabei. Er wird Ihnen klar signalisieren, wie groß der Abstand ist, den er wünscht – und trotzdem völlig unbefangen das Zimmer mit Ihnen teilen.

Schenken Sie ihm als Andenken an die gemeinsam verbrachten Tage einen Hyazinth, einen Karfunkel oder einen Lapislazuli. Oder greifen Sie einfach zu Quittenmarmelade, frischem Obst oder selbstgepflückten Pusteblumen. Schützen haben gegen Luxus nichts einzuwenden, schätzen aber auch die kleinen Gesten.

Der Eros des Schützen

Schützen lieben Sex und Erotik. Doch ist es nicht so sehr die Sinnlichkeit, die sie in Fahrt bringt, als vielmehr die Lust auf Sinnlichkeit. In ihrem Körper fühlen sie sich oft gefangen und hassen ihn für seine Unzulänglichkeiten, auch wenn sie oftmals sehr laut das Gegenteil verkünden. Was sie wirklich erregt, ist die Idee, der Gedanke, der Traum, den sie sich rund um die Liebe stricken. Der Partner wird zum Sinnbild dieser geistigen Schöpfung und begleitet sie auf dem Weg zum Horizont.

Entsprechend zielstrebig ist der Eros des Schützen ausgeprägt. Er ist ein Eroberer, der bei einem langen Vorspiel leicht ungeduldig wird. Er steht im Mittelpunkt seines Interesses. Und das macht sich auch im Bett bemerkbar. Der Partner wird zu so etwas wie einer Lern- und Entwicklungsaufgabe. Hat der Schütze das Gefühl, den anderen völlig erfaßt zu haben, und kommen keine neuen ideellen Impulse, bricht er schnell zu neuen Aufgaben – und damit oft auch zu neuen Partnern – auf.

So richtig in Fahrt kommen Schützen in der freien Natur oder bei einem intimen, verschmusten Tanz. Schütze-Männern sollte man auf diese Art und Weise allerdings nicht zu stark einheizen. Sie verschießen ihre Munition sonst bereits auf der Tanzfläche. Ansonsten wird Liebe und Erotik beim Schützen nur selten zu einem körperlichen Beben. Dazu spielt sich seine Sexualität viel zu sehr im Kopf ab. Schwefelschwangere Vulkanluft ist nicht seine Atmosphäre. Er neigt dazu, eine Frau wie eine leichte Frühlingsbrise zu genießen.

Oberschenkel, Hüften, Lenden und Pobacken sind bei einem Schütze-Mann neben dem Zentrum seiner Männlichkeit die am leichtesten erregbaren Zonen. Doch Vorsicht, auch hier gilt es, das Maß im Auge zu behalten. Denn sonst passiert im Bett, was zuvor schon auf der Tanzfläche zu einem vorschnellen Ende führte. Dann müssen Sie sehen, wo Sie bleiben. Denn obwohl der Schütze oft ein wahrer Meister der Zungenfertigkeit ist, denkt er von selbst kaum daran, einen Ausgleich für sein Vergnügen zu schaffen. Trösten Sie sich. Der Schütze ist kein Mann, der danach für Tage Zeit zum Regenerieren braucht. Ein bißchen Zedernöl oder Lavendel in die Duftlampe, ein gutes Glas Wein oder schöne Musik, und gleich geht es in die nächste Runde. Ziehen Sie ruhig alle Register der Verführungskunst, Schützen mögen erfahrene Frauen, die wissen, wohin sie greifen. Und obwohl er kein langes Vorspiel mag, hat er hinterher gegen ausgedehnte Zärtlichkeiten nichts einzuwenden. Sie haben also gute Chancen, doch noch zu Ihrem Recht zu kommen.

Die Schütze-Frau hat einen ausgesprochen unbefangenen Zugang zu Erotik und Sex. Auf zartbesaitete Zeitgenossen wirkt sie sogar allzu forsch oder sogar taktlos. Unermüdlich beginnt sie das Spiel von neuem und reizt mit ihrer ganz eigenen Taktik, im abrupten Wechsel zu forcieren und zu bremsen, die Männer bis zum Wahnsinn. Es ist ein gefährliches Spiel, was sie da treibt, vor allem, wenn sie an einen Widder oder einen Skorpion gerät.

Wenn Sie können, dann genießen Sie diese Achterbahn der Erregung. Wenn nicht, halten Sie sich vom Bett einer Schütze-Frau lieber fern. Fühlt sie sich nämlich bedrängt oder überfahren, kann sie in ihrer Wut zur Furie werden. Im übrigen ist es oft schwer zu unterscheiden, ob eine Schütze-Frau erotische oder freundschaftliche Angebote macht. Hat man sie falsch interpretiert, kann es gut sein, daß sie völlig unbefangen meint, daß man ein gemeinsames Abenteuer nun wirklich nicht nötig habe.

Um die Schütze-Frau in Stimmung zu bringen, empfehlen sich die gleichen Bereiche ihres Körpers wie bei ihrem männlichen Gegenstück. Darüber hinaus wissen es viele weibliche Schützen aber auch besonders zu schätzen, wenn Mann ihnen zärtlich durch die Haare zaust. Bei ihr ist übrigens das zärtliche Nachspiel fast noch wichtiger als bei ihm. Sie braucht diese Momente, um die romantischen Sehnsüchte in sich zu stillen.

Suchen Sie sich für Ihr Schäferstündchen ein stilles Plätzchen im Freien oder holen Sie sich am FKK-Strand Anregungen, die Sie zuvor genußvoll verbal zelebrieren. Für andere ungewöhnliche Praktiken oder für Experimente bringt die Schütze-Frau dagegen wenig Interesse auf. Und machen Sie sich darauf gefaßt, daß sie sehr direkt sagt, ob es ihr gefallen hat – oder auch nicht. Wer solch direkte Beurteilungen oder den einen oder anderen Hinweis auf einen Vorgänger nicht verträgt, den erwartet bei der Schütze-Frau kein leichtes Leben.

Der Schütze als Partner

Kaufen Sie sich die griechischen Sagen des klassischen Altertums, lesen Sie die Geschichten über Jupiter, und Sie wissen recht genau, was auf Sie mit einem Schützen zukommt. Maßlos wie der Göttervater wird sich ihr Partner aufführen – und zwar im Positiven wie im Negativen.

Der Schlüssel zum Verhalten eines Schützen ist die Einsicht, daß er sich weniger mit einem Menschen verbunden fühlt als vielmehr mit der Idee, die er mit diesem Menschen verknüpft. Hat er diese Idee zu seiner Zufriedenheit ausgelotet und integriert, zieht er befriedigt zur nächsten weiter.

Das Wissen um die ideellen Motive macht es nur leider nicht viel leichter, mit dieser ewigen Pirsch des Schütze-Partners zurecht zu kommen. Sie hat jedoch auch ihre positiven Seiten. Mit neuen Ideen oder Situationen können Sie diesen Gefährten selbst dann nicht erschrecken, wenn andere längst schreiend die Flucht ergriffen hätten. Ein ungeplantes Kind? Der dritte Umzug in zwei Jahren – und dann auch noch nach Übersee? Ein wochenlanger Besuch der frisch geschiedenen Schwiegermutter? Für einen Schützen alles kein Problem. Was andere bereits als Krise auffassen, ist für ihn eine Herausforderung, eine Möglichkeit, zu noch mehr geistig-seelischer Nahrung zu kommen, die er so dringend braucht.

Genau dort können Sie ansetzen, um „Ihren Schützen" zu binden. Präsentieren Sie ihm in Abständen immer wieder wohldosierte Anstöße, neue Ideen und Visionen. Bekommt er von Ihrer Seite genug Anregungen, kommt er kaum auf die Idee, zu neuen Horizonten aufzubrechen. Zumal der Schütze in seinem tiefen Innersten recht gut weiß, daß er einen Begleiter braucht, um überhaupt zum Ziel zu kommen. Denn wenn dieser impulsive Visionär eines nicht vermag, so ist es einen Schritt nach dem anderen zu setzen – und das auch noch in der richtigen Reihenfolge. Er stürmt viel lieber darauf los, nimmt den letzten Schritt zuerst und wundert sich dann, wenn er stolpert und fällt.

In Sachen Liebe wird das besonders bei der Schütze-Frau sichtbar. Hals über Kopf stürzt sie sich in ein Abenteuer und scheint schon bald völlig darin aufzugehen. In ihrem tiefen Inneren weiß sie jedoch, daß ihre Natur auch diese neue Beziehung eigentlich nur als Übergangsstatus betrachtet. Das mögliche Ende bedroht sie emotional, ohne daß irgendwer in ihrer Umgebung – einschließlich ihres Partners – irgendwelche Anzeichen dafür sehen könnte.

Ein Schütze braucht einen Partner, der in der Lage ist, seine Träume zu teilen, und der ihn trotzdem hie und da zu bremsen versteht. Er braucht einen Partner, der zur Stelle ist, wenn ihn das eigene Ungestüm unsanft weckt, und der ihn zu trösten vermag. Und schließlich braucht er einen Parnter, dernicht so schnell beleidigt ist und es ihm liebevoll, aber deutlich sagt, wenn er gefühllos wird. Wer in die Ferne schaut, weiß eben in den seltensten Fällen, auf wessen Zehen er gerade steht.

Der Schütze-Mann

Rainer Maria Rilke war ein Schütze-Mann par excellance. Seine Ehe mit Clara Westhoff zeigte mehr als deutlich die Schwierigkeiten, die auftauchen, wenn ein Mensch seine Idee von der Liebe mehr liebt als den geliebten Menschen.

Eigentlich begann die Ehe mit Clara Westhoff bereits 1900, als Rilke mit der Instinktsicherheit des Schützen für kommende geistige Strömungen in die Künstlerkolonie Worpswede kam. Schon nach kurzer Zeit hatte er Anschluß an eine Clique gefunden, in der neben so bekannten Malern und Bildhauern wie Fritz Mackensen und Otto Modersohn auch Paula Becker (später Modersohn-Becker) und Clara Westhoff waren. Vor allem die beiden Frauen hatten es Rilke angetan. „Schwestern meiner Seele“ nannte er sie und stilisierte sie zu dem „blonden“ und dem „dunklen“ Mädchen.

Aus Rilkes Aufzeichnungen geht eigentlich klar die Vorliebe, die er für die blonde Paula gefaßt hatte, hervor: „Wieviel lernte ich im Schauen dieser beiden Mädchen, besonders der blonden Malerin, die so braune, schauende Augen hat! Wieviel näher fühl ich mich jetzt wieder allem Unbewußten und Wunderbaren.“ Die Frauen sind für ihn Stimmungsträger, Visionen der hehren Liebe und keine eigenständigen Charaktere. Daher findet man in Rilkes Buch über die Zeit in Worpswede auch keinerlei Hinweis auf sie.

Wesentliche Gefühle bleiben in dieser Menage à trois unausgesprochen. Als sich Paula Becker mit Otto Modersohn verlobt, reist Rilke Hals über Kopf zurück nach Berlin, wo ihn Clara Westhoff im Winter besucht. Sie selbst dürfte wohl am erstauntesten gewesen sein, daß es dort zu einer Begegnung kam, die ungewollte Früchte trug. Sie heirateten Anfang 1901, wenige Monate, bevor Tochter Ruth auf die Welt kam. Doch Rilke schien sich sehr schnell bewußt geworden zu sein, den falschen Traum geheiratet zu haben. Ein halbes Jahr nach der Geburt der Tochter zerbricht die Ehegemeinschaft, und Rilke flieht 1902 nach Paris. „Ein Miteinander zweier Menschen ist eine Unmöglichkeit, und, wo es doch vorhanden scheint, eine Beschränkung, eine gegenseitige Übereinkunft, welche einen Teil oder beide Teile ihrer vollsten Freiheit und Entwicklung beraubt.“ Es folgen viele Jahre, in denen die Eheleute mal gemeinsam, mal getrennt auf Reisen sind, jedoch immer ohne Tochter Ruth, die bei den Großeltern aufwächst. Rilke scheint als Vater jedoch nichts vermißt zu haben. In seinen Briefen tauchen kaum Fragen nach dem Kind auf.

1911 verlangt Clara Westhoff die Scheidung, die jedoch an Schwierigkeiten mit den Behörden scheitert. Der Weg der Eheleute kreuzt sich jedoch ab diesem Zeitpunkt bis zu Rilkes Tod nicht mehr.

Die Schütze-Frau

Auch Mileva Maric Einsteins Leben wurde von Idealen beherrscht; tragischerweise scheiterten die Visionen dieser genialen Frau jedoch an ihrer Zeit und ihren Umständen. 1875 wurde Mileva Maric als Kind einer serbischen Offiziersfamilie auf dem Gebiet Österreich-Ungarns geboren. Da das junge Mädchen weder hübsch noch reich war und aufgrund einer leichten Körperbehinderung eine Ehe ausgeschlossen schien, förderten die Eltern die Ausbildung ihrer ältesten Tochter.

Bereits früh zeigte sich eine ausgesprochene mathematische Begabung, so daß man das Kind nach Serbien auf ein Gymnasium schickte, da in Österreich-Ungarn die weiterführenden Schulen für Mädchen verschlossen waren. Doch auch dort stieß die junge Mileva bald an die intellektuellen

Grenzen ihrer Lehrer, so daß die Familie ihr mit knapp 18 Jahren erlaubte, zur weiteren Ausbildung in die Schweiz zu gehen. In Zürich, der einzigen für Frauen offenen Hochschule Europas, schrieb sich Mileva im Jahre 1896 für Mathematik und Physik ein. Dort begegnete sie auch Albert Einstein, diesem genialen Außenseiter, mit dem sie schon bald mehr als gemeinsame Studien und Arbeit verband.

Typisch für eine Schütze-Frau, schreckte Mileva Maric zunächst vor ihren eigenen tiefen Gefühlen zurück. "Ich zweifle, ob ich je heiraten werde", meinte sie noch 1901 in einem Gespräch. Doch verstand es Einstein offensichtlich, sie als Wissenschaftlerin und Frau gleichermaßen anzusprechen. Noch im gleichen Jahr wurde Mileva schwanger. Sie mußte die Eidgenössische Polytechnische Schule in Zürich ohne akademischen Abschluß mitten während der Arbeit an ihrer Diplomarbeit verlassen und in ihr Elternhaus zurückkehren. 1902 kehrte sie ohne die Tochter nach Zürich zu Einstein zurück, Anfang 1903 heirateten die beiden.

Doch Milevas Traum von einer wissenschaftlichen Laufbahn war rüde ausgeträumt. Zeichneten Albert und sie vor der Eheschließung ihre Veröffentlichungen noch gemeinsam, so findet sich ab 1903 nur mehr sein Name darauf. Dabei gab er bei Freunden wiederholt offenherzig zu, zur Lösung mathematischer Probleme immer wieder auf die Fähigkeiten seiner Frau zurückgreifen zu müssen – so, wie er auch nach dem Scheitern der Ehe immer wieder die Unterstützung anderer Mathematiker benötigte.

Die beiden Söhne, die 1904 und 1910 geboren werden, schränken die wissenschaftliche Arbeit von Mileva Maric Einstein noch weiter ein, zumal die wachsende Bekanntheit des Mannes ihr Haushalts- und Repräsentationspflichten aufhalsen, die sie als Schütze-Frau kaum in der Lage ist zu bewältigen. Störrisch weigert sie sich, die Rolle der glänzenden Hausfrau zu übernehmen und wird immer schweigsamer und mürrischer. Der zweite Sohn verfällt immer stärker in manische Depression und Schizophrenie und verdunkelt damit auch ihren Gemütszustand zusätzlich. Der Ausbruch des 1. Weltkrieges trennt das Ehepaar auch räumlich, da sich Mileva mit den beiden Kindern zu diesem Zeitpunkt gerade in der Schweiz aufhält. 1919 kommt es zur Scheidung, doch noch 1922 läßt Albert Einstein der ehemaligen Partnerin und Mutter seiner Kinder das Nobelpreisgeld zukommen. Vielleicht war dies sein Zugeständnis an die Kraft der für Mileva gescheiterten Vision.

Das schnelle Ende

Langeweile, Mief und Autorität sind die Todfeinde des Schützen. Wer das weiß, wird ihn mit Leichtigkeit wieder los, denn der Schütze ist keiner, der verzweifelt nach einem Ausweg aus der Beziehungskrise sucht. Er galoppiert einfach davon – oft sogar viel zu einfach.

Tip Nummer eins: Bestehen Sie darauf, Ihr Fenster des nachts luftdicht zu verschließen. Der Schütze bekommt schnell das Gefühl, keine Luft zu bekommen. Und bevor er erstickt, geht er. In die gleiche Kerbe schlagen Sie, wenn Sie sich zum absoluten Stubenhocker entwickeln. Verweigern Sie auch den kleinsten Abendspaziergang, von weiteren Freiluftaktivitäten ganz zu schweigen. Laden Sie statt dessen jeden Abend einen unübersehbaren Schwarm flüchtiger Bekannter ein, die Ihnen die Bude vollqualmen und die Ohren des Schützen mit belanglosem Zeug vollquatschen. Reicht das noch nicht, dann entschuldigen Sie sich bei „Ihrem Schützen" für Ihre langweilige Gesellschaft in der letzten Zeit und schleppen Sie ihn in die größte Disco, die Sie im Umkreis von 100 Kilometern auftreiben können.

Sollte Ihr Schütze wider Erwarten noch immer nicht genug haben, müssen Sie wohl oder übel schwerere Geschütze auffahren: Machen Sie sich über seine hochtrabenden Träume und Ideen lustig. Desillusionieren Sie ihn, indem Sie ihn an all die unvollendeten Projekte des vergangenen Jahres erinnern.

Äußern Sie sich grundsätzlich über alle und alles pessimistisch. Und fordern Sie in Gesellschaft all jene Versprechen ein, die er voll der guten Absicht irgendwann einmal ausgesprochen hat, für deren Einlösung er jedoch mindestens zwei weitere Leben Zeit bräuchte. Krönen können Sie diese Strategie mit der Behauptung, er habe von Anfang an gelogen und betrogen und nie daran gedacht, das Versprochene auch tatsächlich zu halten. Sie werden sehen, so etwas läßt sich ein echter Visionär nicht zweimal sagen.

Der Schütze und seine Partner

Schütze und Widder

Sofort oder nie lautet die Devise dieser beiden Feuer-Zeichen, wenn sie sich zum ersten Mal über den Weg laufen. Keiner von beiden hat viel Sinn für wohlbedachtes Handeln oder vorsichtiges Taktieren. Und so stürzen sie entweder aufeinander zu oder aneinander vorbei.

Zweiteres wäre schade, denn die beiden passen eigentlich hervorragend zueinander. Kaum einen Tag werden sie ohne körperliche und geistige Herausforderungen verstreichen lassen. Da das Kräfteverhältnis zwischen ihnen recht ausgeglichen ist, wird es auch nur am Rande zu Machtkämpfen kommen. Und wenn, ist auch kein großer Schaden angerichtet, denn beide kämpfen gerne und fair. Sie strecken aber auch beide hinterher ohne Vorbehalte die Hand zur Versöhnung aus. So ist ihre Partnerschaft vor allem durch gegenseitigen Respekt und Bewunderung gekennzeichnet, auch wenn der Umgebung ihr Umgangston manchmal allzu ruppig vorkommen mag.

Der Schütze profitiert in dieser Beziehung vor allem von der Tatkraft und Durchsetzungsfähigkeit des Widders. Sie kann ihm helfen, ab und zu doch zum Ziel zu gelangen. Außerdem verhindert sein gehörnter Parnter, daß er in Selbstzweifeln versinkt. Der Widder darf nur nicht den Fehler begehen, diese Stimmungen des Schützen für Schwäche zu halten.

Statistisch spiegelt sich der Schwung dieser Beziehung in einer Häufung von Ehen zwischen Schütze-Männern und Widder-Frauen wieder (Gunter Sachs: Die Akte Astrologie, München 1997). Wahrscheinlich braucht es die Dickköpfigkeit eines weiblichen Widders, um die notorischen Eheverweigerer aufs Standesamt zu schleppen.

Schütze und Stier

Sie könnten eigentlich ein ganz harmonisches Gespann abgeben. Wohlgemerkt: könnten, denn in der Realität zieht dieses Paar selten an einem Strang. Zwar versteht der Schütze es zunächst, den Stier mit seinem Esprit, seinen Ideen und seiner ab und an aufflackernden Leidenschaft zu faszinieren. Doch auf die Dauer zeigt sich, wie unterschiedlich die beiden sind.

Der Schütze strebt in die große weite Welt hinaus und treibt mit seiner Rastlosigkeit den Stier an den Rand des Wahnsinns. Hinzu kommt, das der Ehebund nun wirklich nichts ist, was einen Schützen reizen könnte; ganz im Gegenteil zum Stier, der ohne die Sicherheit des staatlichen

Sanktus lieber erst gar keine Beziehung eingeht. Der Schütze läßt sich eben auf keiner Ebene zähmen, auch wenn sein Partner sich noch so große Mühe gibt.

Dabei könnte gerade der Schütze als Feuerzeichen von der nährenden und tragenden Energie der Erde profitieren. Denn in seinem tiefen Inneren verspürt er sehr wohl das Bedürfnis nach einer Stätte der Zuflucht, nur darf sie für ihn nicht den Geruch der Abhängigkeit bekommen.

Unterstützt werden die beiden bei ihrem ambitionierten Versuch, voneinander zu lernen und eine beständige Partnerschaft aufzubauen von ihren erotischen Vorlieben. Denn das aufflackernde Begehren des Schützen paßt recht gut zu der sinnlich-körperlichen Leidenschaft des Stieres. Und da beide Partner ein Bewußtsein der eigenen Stärke entwickeln können, fürchten sie sich auch nicht so schnell voreinander.

Schütze und Zwillinge

Wer in dieser Beziehung der Gaukler ist, bleibt bis zuletzt schwer zu sagen. Diese Antipoden des Tierkreises zerfallen beide in zwei Teile: Der Schütze lebt in seinen Basisbedürfnissen den animalischen Pferdeanteil und in seinen kommunikativen und intellektuellen Bereichen den menschlichen Anteil; und die Zwillinge zerfallen ohnehin in zwei entgegengesetzte Wesen.

So finden die beiden auch auf Anhieb Gefallen aneinander. Die intellektuellen Fähigkeiten ihres Gegenübers ziehen sie an, und für dessen zwiespältige Reaktionen bringen sie alles Verständnis dieser Welt auf.

Ihre Neugierde macht sie zu einem überraschenden, kreativen Team. Die anfänglichen Impulse kommen von den Zwillingen, der Schütze greift sie jedoch sofort begeistert auf und formt sie zu einer hinreißenden Vision. Doch dann ist Schluß. Zu Ende bringen mag nämlich keiner von beiden das einmal Begonnene. Und dieses Scheitern lähmt sie dann auch auf Dauer. Neue Impulse bleiben aus, und damit mangelt es dem Schützen an seinen lebenswichtigen Visionen. Der Schütze fühlt sich wie ein Feuer in einem geschlossenen Raum: Mit der Zeit wird die Luft knapp, und er spürt, wie er erlischt.

Meist ziehen sie dann die logische Konsequenz: Sie trennen sich. Vor allem Schütze-Männer trennen sich überdurchschnittlich oft von ihren Zwillinge-Frauen (Gunter Sachs: Die Akte Astrologie, München 1997). Meist machen sie jedoch als enge Freunde weiter. Das entspricht auch viel besser ihrem eigentlichen Naturell. Denn die asexuelle Art der Zwillinge vermag es kaum, die ab und zu aufflammende Leidenschaft des Schützen zu schüren. So leben sie wie Brüderlein und Schwesterlein zusammen, wodurch dem Schützen ein weiterer wichtiger Impuls für seine Träume verloren geht.

Schütze und Krebs

Blockiert, eingesperrt und im Stich gelassen: Auf diesen Nenner lassen sich die Gefühle eines Schützen bringen, der sich auf eine Partnerschaft mit einem Krebs eingelassen hat. Was auf den Schützen anfangs unwiderstehlich intellektuell gewirkt haben mag, entpuppt sich in seinen Augen mit der Zeit als abwartendes Zaudern. Und was zunächst seine Leidenschaft anzustacheln schien, wird für ihn auf Dauer zur unerträglichen Umklammerung.

Am schlimmsten wird es, wenn die beiden streiten. Der Schütze mag einem Streit nicht aus dem Weg gehen. Im Gegenteil, er muß einfach ab und zu Dampf ablassen, sonst platzt er. Für einen Krebs sind solche Wortgefechte jedoch viel zu heiß. Verschreckt zieht er sich in seinen Panzer zurück, wo er dann auf unabsehbare Zeit auch bleibt. In seiner Ohnmacht wird der Schütze aber nur noch wütender.

Auch hier läge das Potential der Beziehung darin, daß der Schütze sein inneres Feuer durch die Wasserqualitäten seines Partners begrenzen ließe. Doch müßte er schon an ein ungewöhnlich selbstbewußtes Exemplar dieser Gattung geraten, das eine solche Herkulesarbeit tatsächlich bewerkstelligen könnte. Das Vertrackte ist nämlich, daß der Krebs trotz all seiner intuitiven Fähigkeiten nicht in der Lage ist, hinter dem Geschnaube des Schützen dessen innere Unsicherheit zu erkennen.

Schütze und Löwe

Wenn es einer schafft, den Schützen zur Raison zu bringen, so ist dies der Löwe. Der König der Tiere läßt einfach keinen Zweifel an seinen Herrschaftsansprüchen zu. Und da er es mit einer solchen gelassenen Selbstverständlichkeit tut, wittert der Schütze eine Chance, sich zu entspannen und sich – in Maßen – der Führung des anderen anzuvertrauen. Das gelingt umso besser, je häufiger der Löwe es schafft, dem Esprit des Schützen Tribut zu zollen.

Das besondere Potential dieser beiden liegt im Schlafzimmer. Der Löwe versteht es mit seiner sinnlichen Körperlichkeit, die ab und zu aufflammende Leidenschaft des Schützen auf Dauer zu entfachen. Dann bricht ein erotisches Feuer aus, das seinesgleichen sucht. Probleme gibt es in diesem Bereich erst, wenn der Schütze glaubt, neue (Liebes)-Ideale zu brauchen. Damit trifft er beim eifersüchtigen Löwen auf wenig Gegenliebe. Die dann folgenden Szenen verletzen ihn überdies, da er selbst dem Löwen einen vergleichsweise großen Vertrauensvorschuß zubilligt. Alles in allem wird dem Schützen nichts weiter übrig bleiben, als etwas ernsthafter zu werden, wenn diese Beziehung auf Sicht nicht in Flammen aufgehen soll. Doch wie gesagt: Wenn einer eine Chance hat, so etwas zuwege zu bringen, dann der Löwe.

Schütze und Jungfrau

Wenn ein Schütze bei einer Jungfrau Unterschlupf sucht, kann man mit ziemlicher Sicherheit davon ausgehen, daß eine ganze Menge Täuschung im Spiel ist; und zwar vor allem Selbsttäuschung. Denn eigentlich leben die beiden in Welten, die wenige Berührungspunkte haben.

Grundsätzlich langweilt die Jungfrau mit ihrem ordnenden, bewahrenden Weltbild und ihrer Abneigung gegen Neues den Schützen. Nähert er sich ihr trotzdem, dann ist er gerade auf der Suche nach einer tragfähigen Grundlage für sein Leben. Und da scheint ihm die Jungfrau als Erdzeichen besonders geeignet, zumal sie scheinbar Ordnung und Intellekt in sich vereint.

Im Bett werden sie zunächst kaum Schwierigkeiten miteinander haben, da der Schütze trotz seines Feuers und seiner Leidenschaft kein ausgeprägt körperliches Wesen ist und er ihr Zögern durchaus in sein Liebesspiel mit aufzunehmen versteht. So ergibt es sich fast zwangsläufig, daß die Jungfrau ihn anbetet. Doch der Lohn ist gering. Hat der Schütze erst einmal erfaßt, daß man vom scharfen Intellekt der Jungfrau kaum zukunftsweisende Impulse bekommen kann, wird er nur noch zum Wäschewechsel zu Hause erscheinen. Und da er sich dabei auch noch benimmt wie ein Pubertierender den Eltern gegenüber, stellt ihm die Jungfrau notgedrungen den Koffer vor die Türe.

Schütze und Waage

Ist ein Schütze mit einem neuen Partner unterwegs, der ihn mit liebevoller Belustigung beobachtet, kann man ziemlich sicher sein, daß es sich um eine Waage handelt. Die beiden haben eigentlich keine Probleme miteinander – und das ist mit Sicherheit ihr größtes Problem. Lebenslustig und leicht bewegen sie sich von einem interessanten Platz zum nächsten, treffen immer neue Leute und verströmen dabei Optimismus und Lebenshunger. Doch wie es darunter aussieht, das geht niemanden etwas an. Schon gar nicht den eigenen Partner.

Schütze und Waage neigen dazu, sich ein Idealbild von ihrem Gegenüber zu entwerfen und blind daran festzuhalten. Probleme werden unter den Teppich gekehrt, zumal in ihrem interessanten, abwechslungsreichen Leben kaum ruhige Stunden der Begegnung eingeplant sind, in denen man diese Schwierigkeiten in Ruhe ausräumen könnte. Fühlt sich die Waage dann auch noch vom Schützen bei ihren ewigen Bestrebungen, Ausgleiche zu schaffen, im Stich gelassen, kracht die Beziehung zum Erstaunen aller auseinander. Allerdings bleiben sie Freunde. Auf die inspirierende Leichtigkeit eines Luftzeichens mag der Schütze eben nur ungern verzichten.

Schütze und Skorpion

Der Skorpion ist jenes Wasserzeichen, von dem der Schütze am stärksten zu profitieren vermag. Prinzipientreue, Durchhaltevermögen und die Geduld, auf Erfolge warten zu können, sind Eigenschaften, die er in dieser Partnerschaft erhalten kann. Leider wehrt sich der Schütze jedoch oft bis zum Äußersten dagegen, weil er sein lustiges Leben und seine

Freiheit durch den Skorpion bedroht sieht. Er mag sich von seinem bissigen Gefährten nicht zur Innenschau zwingen lassen und reagiert beleidigt, wenn sein Drang nach Neuem als Oberflächlichkeit abgetan wird.

Daß es zwischen beiden trotzdem anfangs funkt, liegt an zwei Dingen. Erstens erkennen sie in ihrem Gegenüber den Idealisten. Und zweitens passen sie im Bett hervorragend zusammen. Doch erkennen sie schnell, daß ihre Ideale nicht zusammenpassen. Und die erotischen Bedürfnisse des Skorpions werden dem Schützen auch bald zuviel.

Schütze und Schütze

Schützen scheinen wie füreinander gemacht. Jedenfalls sehen sie selbst dies so. Sie heiraten überdurchschnittlich oft das gleiche Sternzeichen (Gunter Sachs, Die Akte Astrologie, München 1997) und versichern einander vermutlich zehn Mal am Tag, wie gut sie es getroffen haben.

Tatsächlich kommt bei ihnen kaum Langeweile auf. Ihre Neigung zu innerer Unsicherheit und zu Selbstzweifeln haben sie gemeinsam bestens im Griff. So geben sie miteinander ein Bild der puren Lebensfreude ab.

Doch gelten all ihre wunderbaren Ideen, ihre herausfordernden Visionen nur der Umgebung. Mit ihrem eigenen Inneren, mit ihren Schattenseiten und den in Wahrheit doch vorhandenen Problemen geben sie sich nicht ab. Eines Tages treten diese Schatten jedoch unweigerlich zum Vorschein, zumal sie vom Partner eher gefördert als korrigiert werden. Unruhe und Freiheitsdrang kommen dann zum Tragen. Plötzlich weiß keiner von beiden mehr genau, wer in ihrer Beziehung der Jäger, wer das Wild ist. Trotzdem bleiben sie in der Regel zusammen und stolpern zunehmend orientierungslos durch ihr scheinbar so lustiges Leben.

Schütze und Steinbock

Im ersten Augenblick ist das gewisse Etwas zwischen diesen beiden kraftvollen Vertretern des Tierkreises sicherlich vorhanden. Doch schon bald fühlt sich der Schütze eingesperrt und erstickt. An der Seite eines Steinbocks vermißt er so gut wie alles, was ihm im Leben Spaß macht: Abenteuer, Spontaneität und Frische. Trotz allem kann er sich nicht so schnell aus seiner anfänglichen Faszination befreien, denn auf erlösende Szenen der Eifersucht und Einengung wartet er beim Steinbock vergebens.

Auf Dauer geht es mit den beiden trotzdem kaum gut. Doch bevor es soweit ist, haben die beiden wundervolle Nächte miteinander. Der Schütze ziert sich nicht, den Steinbock aus der Reserve zu locken. Und ist es einmal so weit gekommen, dann bringen die erdigen erotischen Qualitäten des Steinbocks den Körper des Schützen zum Klingen. Da verzeiht er dem Steinbock auch die eine oder andere Eskapade, die sonst nicht nach seinem Geschmack wäre.

Schütze und Wassermann

Für reife, ausgeglichene Vertreter des Tierkreises ist diese Kombination einfach ein Glücksfall. Der Wassermann inspiriert den Schützen, gibt ihm die Ziele vor und begleitet ihn auf der Jagd nach einer lockenden Zukunft. Doch wehe, einer von beiden kommt aus dem Takt. Den Halt, den er dann bei seinem Partner sucht, wird er kaum finden. Und so, wie sie zuvor Richtung Zukunft gestürmt sind, so stürzen sie nun gemeinsam in die dunkle Kluft der Depressionen.

Dann hilft oft nur noch das Bett, in dem sich diese beiden hervorragend vertragen. Sie ergeben genau jene Mischung, die sie anregt. Nur mit dem Hang des Wassermanns zu Verbalerotik kann der Schütze nicht so recht etwas anfangen. Aber was soll's. Wenn es dann wirklich zur Sache geht, wird er für seine Irritation entschädigt.

Schütze und Fische

Der Schütze verliebt sich in die Fische, er erobert sie, und er verläßt sie auch wieder, wenn er das Bild, das er mit ihnen verbindet, voll erfaßt und integirert hat. Das Dumme ist nur, daß er das noch nicht einmal sich selbst eingestehen mag. Und weil er gleichzeitig Angst vor dem selbst kreierten Verlust seines Partners hat, beginnt er, sich in ein erdachtes Ideal umzubauen.

Dabei muß er den Fischen wirklich nichts von seiner Unsicherheit erzählen. Erstens kennen sie dies aus eigener Erfahrung nur allzu gut. Und zweitens sehen sie ohnehin, was in ihrem Gegenüber vorgeht. Da sie vollständig im Augenblick leben, stört sie das auch nicht weiter. Hier und jetzt liegt er neben ihnen im Bett und morgen sind vielleicht sie es, die abtauchen, weil ihnen die Selbstverleugnung des Schützen ohnehin auf die Nerven geht.

In der Tat liegt in der Selbstverleugnung des Schützen die größte Gefahr für diese Beziehung. Fische mögen sich nun einmal nicht gern binden, die Beschränkungen von Verantwortung und Nähe tragen. Der Schütze reagiert darauf, indem er den Kumpel in sich zur Schau stellt; eine wahrhaft fatale Fehlleistung. Fische sind alles andere als an kumpelhaften Freundschaften interessiert. Ihr Herrscher ist Neptun, ihr Reich das der Gefühle, der Erotik, der Sinnlichkeit.

Die Liebe im Zeichen des Steinbocks

Der Steinbock – 22. Dezember bis 20. Januar

Der Steinbock ist ein Jünger des Saturns, und gleich seinem Herrn gilt er in astrologischen Abhandlungen oft als Überbringer von Unglück, Einschränkung und Prüfung. Liest man allerdings einmal in der griechischen Mythologie nach, so kommt man schnell zu einem ganz anderen Bild.

Saturn, oder griechisch Kronos, ist ein Sohn der Erdgöttin Gaia. Unter seiner Herrschaft währt das goldene Zeitalter, das allen Kreaturen die Früchte harter Arbeit lohnt. Doch Kronos ist nicht nur der fruchtbarkeitsbringende Gott des Ackerbaus. Aus Angst, die kosmischen Gesetze könnten den eigenen Vatermord rächen, verschlingt er all seine Kinder, um schlußendlich von seinem überlebenden Sohn Zeus dann doch besiegt zu werden.

Im Steinbock begegnen uns Teile dieses alten Mythos wieder. Auch er wirkt wie ein Hüter der Schwelle, der verhindert, daß wir uns über die kosmischen Gesetze hinwegsetzen. Er will die Zeit verlangsamen, wenn nicht sogar aufheben. Und da ihm als Erdzeichen Spiritualität und Intuition nicht leicht erschließbar scheinen, verlegt er seine Aktivitäten auf Tradition und altgefügte Rollenbilder. Außerdem ist er ein geheimer Anhänger des Aberglaubens. Ein Mensch, der völlig selbstverständlich auf Holz klopft, um das Gelingen der Zinspolitik durch die Notenbank zu beschwören, ist mit ziemlicher Sicherheit im Zeichen des Steinbocks geboren.

Weitere wesentliche Hinweise zum Verständnis dieses hintergründigen Geschöpfcs enthüllt der lebende Steinbock, diese genügsame, trittsichere und zähe Ziege der Bergwelt. Sie lebt auf kargem, steilem Gelände, in dem sie sich schlafwandlerisch und elegant zu bewegen weiß. Sie kommt ans Ziel, egal, wie unwegsam die Umgebung auf andere Lebewesen auch wirken mag. Aber um welchen Preis: Ständig muß sie auf ihre Füße achten, ein falscher Tritt, und sie landet im Abgrund. Den Horizont kann solch ein Geschöpf kaum erblicken, obwohl es sich andererseits nicht leisten kann, sein Ziel aus den Augen zu verlieren. Denn ohne den lockenden Gipfel oder die nächsten kärglichen Grashalme erscheint ihm der Überlebenskampf allzu hart.

Ähnlich geht es dem menschlichen Steinbock. Für große Visionen hat er nichts übrig. Doch steckt gleichzeitig hinter allem, was er tut, eine Absicht und ein Ziel. Das zeigt er zwar nicht offen und beredet es nach Möglichkeit auch nicht. Doch sollte man sich nicht darüber hinwegtäuschen, daß er dieses Ziel skrupellos umzusetzen gewillt ist. Weder Humor noch Rücksicht mildern seinen Weg, dazu hat er in seinem Überlebenskampf keine Zeit. Er ist ein Individualist in Reinkultur, was ihm mitunter unbestreitbar egozentrische Züge verleiht. Trotzdem legt er erstaunlich viel Wert auf die Meinung anderer. Vermutlich, um unnötige Störungen von außen von vornherein auszuschließen. Denn für echtes Harmoniebedürfnis ist der Steinbock viel zu wenig konziliant.

Beruf und Berufung

Das ausgeprägte Sicherheitsbedürfnis des Steinbocks und sein Wissen um die Härten des Lebens machen ihn zu einem fleißigen, unbeirrbaren und zähen Mitarbeiter, der sich unweigerlich nach oben arbeitet. Nichts kann ihn von seinem einmal eingeschlagenen Weg abbringen, und dabei scheint kein Hindernis für ihn unüberwindbar zu sein. Der Steinbock kommt jedenfalls oben an, auch wenn es Jahre oder gar Jahrzehnte dauern mag. Meist ist ihm daher auch beruflicher Erfolg erst in der zweiten Lebenshälfte beschieden. Daß Sie schon vorher einen verhältnismäßig wohlhabenden Menschen vor sich haben, liegt an der Genügsamkeit des Steinbocks, dessen Sparsamkeit bisweilen sogar geizige Züge annehmen kann.

Sein Verhältnis zu seinem Job grenzt ans Fanatische. In seinem Leben kommt zuerst er, dann nochmals er, dann der Job mit seinen altvertrauten und altbewährten Regeln und danach lange nichts. Damit ist aber auch schon klar, was ein Steinbock nicht ist: innovativ, kreativ und experimentierfreudig. Kreatives Chaos und die Abgabe von Verantwortung sind ihm ein Graus. Er ist der Chef, der neue Ideen mit dem Argument: „Das haben wir schon immer so gemacht", abwiegelt. Und damit wird es für ihn immer schwieriger, in der Wirtschaft zu bestehen. Daß er zudem Fehler grundsätzlich bei anderen sucht, sich nie entschuldigt und seine Mitarbeiter wie Untertanen behandelt, trägt ebenfalls nicht gerade zu seiner Beliebtheit bei.

Als Landwirte und Gärtner sind Steinböcke ganz in ihrem Element. Offensichtlich bringt die Arbeit mit ihrem Element, der Erde, ihre sensibleren und nährenden Seiten zum Vorschein. Die Statistik bestätigt die Sicht der Astrologen: Steinböcke sind in diesen Berufen sowie als Maurer deutlich überrepräsentiert (Gunter Sachs: Die Akte Astrologie, München 1997). Im Staatsdienst kommt ihr ausgeprägtes Gefühl für Hierarchien und Ordnung zum Tragen.

Der hoffnungsvolle Anfang

Wenn Sie einen Steinbock erobern wollen, sollten Sie zumindest in einem gewissen Ausmaß die Begabung zum Alleinunterhalter mitbringen. Es gibt Menschen, die behaupten, Steinböcke seien nie amüsant. Das stimmt so natürlich nicht. Aber da sie lange in der Reserve bleiben und allzu gerne beobachten, wie man ihre Festung zu erstürmen versucht, wirken sie entsprechend. Zu allem Überfluß sind Steinböcke kein Freund geselliger oder gar gesellschaftlicher Ereignisse, so daß sie zunächst wirklich ganz auf sich gestellt sind.

Am ehesten erreichen Sie diesen spröden Gesellen im Gespräch. Das mag einfach klingen; schließlich entfacht man bei so manchem Vertreter des Tierkreises die Leidenschaft auf diese Weise. Doch bei keinem zweiten heißt es, so viele Regeln zu beachten: Vermeiden Sie allzu Oberflächliches, selbst wenn Sie dadurch die Chance verschenken, Ihren gesamten Esprit zu zeigen. Steinböcke bevorzugen ernsthafte Gespräche.

Vermeiden Sie allzu direkte oder intime Themen. Für Ihr Gegenüber zählt übrigens auch das Geld zu jenen Tabus, über die er ungerne etwas preisgibt. Übertreiben Sie nie, schneiden Sie nicht auf und halten Sie nicht mit Ihrer Meinung hinterm Berg. Der Steinbock durchschaut solche Gesprächswindungen sofort und wird Sie dafür verachten.

Droht Ihnen der Gesprächsstoff auszugehen, können Sie versuchen, den gemeinsamen Besuch einer Fortbildungsveranstaltung anzuregen. Oder Sie schleppen den Steinbock Ihrer Wahl auf eine alte Burgruine. Vielleicht beschleunigt dieser äußerliche Festungssturm den Fall seiner inneren Burgmauern. Mit einer Flasche Enzian oder einer Lotosblume erhöhen Sie die Wahrscheinlichkeit; ebenso mit Patchouli oder Myrrhe in der Duftlampe. Wollen Sie „ihrem Steinbock" allerdings eine ganz besondere Freude bereiten, dann schenken Sie ihm eine Kleinigkeit, die vermutlich in den kommenden Jahren an Wert gewinnen wird wie eine alte Münze, eine Modeuhr aus einer Sonderedition oder ein limitierter Druck eines Nachwuchskünstlers. Spontane Dank- oder gar Liebesbezeugungen sollten Sie jedoch auch in solch einem Fall nicht erwarten.

Der Eros des Steinbocks

Der Steinbock ist spröde, nicht prüde. Wer den feinen Unterschied zwischen beidem kennt, weiß um die erotischen Qualitäten dieses Tierkreiszeichens. Ein Steinbock will umworben, erobert, verführt werden. Er selbst ist alles andere als ein Verführer. Er mag sich nicht anstrengen, zumal es um so vieles unterhaltsamer ist, wenn man umworben wird. So ist ein Teil seiner reservierten Zurückhaltung reine Strategie. Gibt er sich jedoch geschlagen und gibt seine Verteidigungslinien auf, locken lustvolle Momente. Sein Liebesspiel wird zwar nie von alles hinwegspülender Leidenschaft geprägt, doch hat er sehr viel für erdigen, kraftvollen Sex übrig.

Die Steinbock-Frau unterscheidet wie kaum eine andere Vertreterin des Tierkreises zwischen Liebe und Sex. Trotz ihrer reserviert erscheinenden Art ist sie für kurze, heftige Abenteuer durchaus zu haben; allerdings bei sich zu Hause. In fremde Betten schlüpft sie nicht so schnell. Schließlich will sie den Bettgefährten jederzeit vor die Tür setzen und allein einschlafen können. Das macht sie übrigens tatsächlich auch noch, wenn die Beziehung längst über den Status einer kleinen Affäre hinausgewachsen ist.

So kommt sie auch ausgesprochen schnell zur Sache. Kerzenlicht, romantische Musik und Liebesgeflüster betrachtet sie als reine Zeitverschwendung. Sie will Lust, und die sofort. Kompromißlos läßt sie ihren Körper regieren. Doch fehlt die Liebe auf Dauer, bekommt ihre Sexualität etwas Zwanghaftes, ja fast schon Nymphomanisches.

Ist dagegen Liebe im Spiel, wird die sonst zügig auf ihre Lust zusteuernde Steinbock-Frau deutlich zurückhaltender. Dann will auch sie erobert werden und sorgt mit ihren Festungsmauern durchaus selbst für eine Art des Vorspiels. Ihre Haut ist in diesem „Kampf um ihren Fall“ die beste

Angriffsfläche. Knabbern Sie an ihren Ohren, unter ihren Achseln und streicheln Sie mit der Zungenspitze Augenlider und Lippenrand. Überhaupt ist sie für alle Liebkosungen empfänglich, die den zarten Stellen der Haut gelten.

Einmal in Fahrt, wird sie dagegen wieder schnell die Zügel in die Hand nehmen. Ein Sexspielzeug ist diese Frau beileibe nicht, auch wenn sie in ihrer Kraft einiges für Sado-Maso-Spiele übrig hat. Doch wer ihre passive Rolle dabei falsch einschätzt, findet sich schnell vor ihrer Haustür wieder.

Auch der Steinbock-Mann spielt zunächst das Spiel des zögernden Verführten, um dann mit ganzer Kraft die Führung zu übernehmen. Wer ihn erobert, sollte nicht dem fatalen Irrtum erliegen, dieser Mann bliebe so passiv wie zu Beginn. Ist der erste Kontakt erst einmal hergestellt und herrscht grundsätzlich Einigkeit bezüglich der gegenseitigen Anziehung, wird der Steinbock zu einem zielstrebigen Liebhaber. Prüderien wischt er ohne weiteres Federlesen beiseite, wobei er kaum Rücksicht auf die Gefühle der Partnerin nimmt.

Sein erotisches Verlangen ist egozentrisch. Dabei kann er völlig skrupellos vorgehen, zumal er eine Vorliebe für junge und unerfahrene Frauen hat. Zudem kann der Steinbock auch deshalb zum schwierigen Bettgenossen werden, weil er zu Perversionen neigt. Er hat eine ausgesprochen sadomasochistische Ader, wenngleich er anders als sein weibliches Pendant nie den zweiten Teil des Spieles übernimmt.

Doch all das ist noch lange kein Grund, um den Steinbock einen Bogen zu machen. Fühlt er sich nämlich geliebt, wird er zu einem treuen und ergebenen Partner, mit dem es herrlich körperliche Stunden der Erotik zu genießen gibt. Und das Beste daran ist: Er wird mit zunehmendem Alter immer besser!

Der Steinbock als Partner

Steinböcke scheinen die geborenen Junggesellen des Tierkreises zu sein. Vor allem Steinbock-Männer heiraten ausgesprochen ungern und wenn überhaupt, erst spät. Das heißt jedoch nicht, daß sie ausgesprochen gern allein durchs Leben gingen, gegen eine Beziehung haben sie meist nichts einzuwenden, nur allzu eng darf sie im Alltag nicht werden.

Daher wirken viele Steinböcke auf ihre Umwelt wie Eisbrocken, die zu wahrer Liebe nicht fähig wären. Weit gefehlt, wenn diese Wesen lieben, dann trotz aller Distanz tief und herzlich. Das Dumme ist nur, daß sie enorme Probleme haben, ihre Gefühle zu zeigen, Nähe zuzulassen und Liebesgaben des Partners anzunehmen. Betrachtet man ihre tierischen Namensvettern, wird dies auch gleich viel verständlicher. In einer rauhen Umgebung braucht ein Lebewesen einen gewissen Raum für sich, um zu überleben. Lassen Sie also nicht zu, daß Schwiegermutter, Busenfreundin oder Kumpel Ihren Steinbock-Partner madig machen.

Geheiratet wird bei einem Steinbock-Mann in der Regel erst, wenn er sich eine Existenz aufgebaut hat. Überhaupt ist sein Weltbild stark von traditionellen Rollenklischees durchdrungen. Überzeugte Feministinnen seien vor diesem Mann gewarnt, zumal es ein aussichtsloses Unterfangen ist, ihn umzumodeln. Im Gegenteil, er wird permanent bemüht sein, Sie zu seinem Weltbild zu bekehren, wobei er trotz seiner ständigen Betonung der weiblichen Tugenden wenig Zugang zu den femininen Seiten des Lebens zeigt.

Die Steinbock-Frau heiratet öfter jung als ihre männlichen Pendants; vor allem dann, wenn sie auf der Suche nach einem Vaterersatz ist. Ansonsten zeigt sie auch eine auffallende Vorliebe für Hausmänner, die ihr trautes Heim in Ordnung halten, während sie den Erfolgen in Beruf und

Politik nachhetzt. Dieser Rollentausch kann bei ihr zu einer regelrechten Manie werden, die sie mit wahrhaft missionarischem Feuer erfüllt. Im Eifer des Gefechtes wirft sie allerdings sämtliche Aspekte von Gleichberechtigung und Arbeitsteilung über Bord. Ihr Familienmodell wird zum Rollentausch, nicht zur Rollenteilung.

Der Steinbock-Mann

Die Liste berühmter männlicher Steinböcke ist lang: Elvis Presley, Cary Grant, Willy Millowitsch, aber auch Mao Tse-tung, Konrad Adenauer und Carl Zuckmayer. Beim einen oder anderen sind Liebe und Erotik durchaus bekannt. Doch wer von ihnen erfüllt Steinbock-Eigenschaften wie exzessive Sparsamkeit, Zähigkeit und Immunität gegen Frauen besser als der Steinbock Dagobert Duck?

Wortgewandt, wo es notwendig erscheint, ansonsten jedoch wortkarg und mißtrauisch, regiert D. D. über seine Milliarden. Unermüdlich rackert er um jeden Kreuzer, gönnt sich außer seinem regelmäßigen Bad in den Milliarden kein Vergnügen. Lieber ließe er sein Geld verrotten, als es für eigene Annehmlichkeiten, die Tölpelhaftigkeit seines Neffen Donald oder die kleinen Wünsche seiner Großneffen auszugeben. Ganz zu schweigen von den Übergriffen der Panzerknacker. Man merkt, für diesen alten Erpel ist es alles andere als einfach, immer siegreich aus dem Kampf ums Überleben hervorzugehen. Aber letztendlich schafft er es dann doch immer wieder, selbst dann, wenn er sich einem solchen Angstgegner wie dem Glückspilz Klaas Klever stellen muß.

Die Liebe scheint im Leben dieses alten Brummbären keinen Platz zu haben. Verständnislos beobachtet er die Eskapaden seines Neffen, der sich von seiner angebeteten Daisy ordentlich auf der Nase herumtanzen läßt. Dagobert scheint dagegen immun; wären da nicht..., ja wären da nicht jene raren Augenblicke, wo er sich, sichtlich geschmeichelt und ein wenig peinlich berührt, Honig um den Schnabel schmieren läßt. Dann überkommt ihn die Leidenschaft derartig, daß er sich vergißt und zwei Kreuzer verschenkt. Der schnelle Rückzug in seinen sicheren Geldspeicher folgt da fast zwangsläufig.

Die Wahrheit ist vermutlich recht simpel: Dagobert ist gar nicht so asexuell, wie Entenhausen-Forscher der gesamten Einwohnerschar immer wieder einzureden versuchen. Dagobert hat sich nur unsterblich in Oma Dorette Duck verliebt. Als echter Steinbock nimmt er seine Liebe ernst und ist ihr treu ergeben. Doch geheiratet wird erst, wenn er eine sichere Existenz vorweisen kann. Und da muß ein Erpel wohl noch etwas mehr zu bieten haben als ein paar lausige Milliarden, oder?

Die Steinbock-Frau

20 Jahre jung war Simone de Beauvoir, als sie in ihrem letzten Studienjahr der Liebe ihres Lebens in Gestalt des Jean-Paul Sartre begegnete. Es war ein innige, tiefe, unsagbar stabile Liebesbeziehung, die jedoch auf Außenstehende irritierend fern und kalt wirkte. Als Sartre 1980 nach fast 40jähriger Beziehung starb, saß diese Frau, die er nach wie vor mit ihrem studentischen Spitznamen Castor ansprach und ansonsten siezte, an seinem Bett. „Sein Tod trennt uns. Mein Tod wird uns nicht wieder vereinigen. Das ist nicht zu ändern; schön genug, daß unsere Leben so lange im Einklang waren."

Wo Simone de Beauvoir von Einklang sprach, hätten andere Frauen bereits Jahrzehnte zuvor frustriert das Handtuch geworfen. Daß sie schon als junge Frau auf das Ansinnen des geliebten Mannes eingehen konnte, eine enge Beziehung jeweils auf eine bestimmte Zeit einzugehen, sich danach auf ebenso lange Zeit zu trennen und dann wieder zusammenzukommen, ist bis heute so ungewöhnlich, wie es klingt. Was Sartre der jungen Geliebten vorschlug, ging über die Akzeptanz kurzfristiger Beziehungen oder Abenteuer weit hinaus. Er verlangte von ihr ein Leben, in dem „kontingente Liebesbeziehungen“, so sein Terminus technicus, ihren unbestrittenen Platz fänden. Er verlangte, nicht eine Beziehung nach der anderen leben zu können, wie es mittlerweile üblich geworden ist, sondern wollte ein solches Leben mit einer dauerhaften Beziehung zu ihr unterlegen. Und das alles sollte absolut offen passieren.

Daß die Beauvoir darauf eingehen und sich diese Sicht zu eigen machen konnte, hat viel mit der Fähigkeit eines Steinbocks zu tun, dem Partner die notwendige Freiheit zu lassen. Doch tut ein Steinbock dies nicht nur aus lauter Liebe und Selbstlosigkeit. Auch das zeigt ihr Leben und Kämpfen. Er tut es, um nicht zuletzt für sich den notwendigen Lebensraum zu schaffen. Als Tochter aus einer gutbürgerlichen katholischen Familie hatte Simone de Beauvoir ihre Sexualität erst relativ spät entdeckt. Doch bald erkannte sie die Bedürfnisse ihres Körpers und forderte kompromißlos seine Rechte ein.

Und so mußte sich Sartre zunächst einmal an den Gedanken gewöhnen, daß die Frau und Muse an seiner Seite die gleiche Art von Beziehung lebte wie er.

Allerdings war diese Art der Emanzipation eine recht einseitige. Simone de Beauvoir machte sich in ihrem Beruf als Schriftstellerin genauso wie als Frau und Geliebte allzu unreflektiert das männliche Lebens- und Leistungsbild zu eigen. Die sinnliche Intelligenz des Weiblichen ist ihre Sache nicht, und auch der Mutterschaft kann sie nichts abgewinnen. Im Gegenteil, allein der Gedanke daran läßt sie um die Unverletzlichkeit ihrer geistigen Selbstachtung bangen. Auch da blitzt der Steinbock in ihr durch, der hartnäckige Emsigkeit an den Tag legt, um zum Ziel zu kommen, und nährende Hingabe an einen anderen als Auflösung der eigenen Grenzen erlebt.

Das schnelle Ende

Ein Steinbock nimmt die Liebe ernst. Fühlt er sich geliebt, geht er für seinen Partner durchs Feuer und ist gegen Anfechtungen aller Art immun. In dieser Erkenntnis liegt auch schon ein Teil des Geheimnisses, wie Sie den ungeliebten Steinbock vertreiben: Geben Sie ihm das Gefühl, nicht mehr geliebt zu werden.

Verweigern Sie ihm die üblichen Handreichungen. Stellen Sie die interne Arbeitsteilung auf den Kopf. Wenn Sie es waren, die das Geld nach Hause gebracht hat, dann verweigern Sie ihm Taschengeld und Unterstützung. Sorgten Sie sich dagegen in der Vergangenheit um das leibliche Wohl und den Haushalt, dann vernachlässigen Sie ihre Haushaltspflichten. Beschränken Sie Ihre Kochkünste auf Tütensuppe, Dosenravioli und Brote. Vor allem letztere machen einen Steinbock rasend, da er das Gefühl hat, täglich zumindest eine warme Mahlzeit zum Überleben zu brauchen. Außerdem widerspricht eine derartige Diät seinem ausgeprägten Geschmackssinn.

Machen Sie sich über seine Schwerfälligkeit lustig und nennen Sie ihn langweilig. Vor allem im Bett erreichen Sie damit viel. Derart kritisierte Steinböcke neigen zu Frigidität bzw. Impotenz. Hilft alles nichts, beschimpfen Sie seine Familie. Die Loyalität, die ihn bislang hielt, wird ihn jetzt endlich veranlassen, zu gehen.

Der Steinbock und seine Partner

Steinbock und Widder

Eigentlich sollte man meinen, daß diese beiden Bewohner der Bergwelt hervorragend miteinander könnten. Doch weit gefehlt. Wo der Steinbock milde lächelt, erwartet der Widder Jubelgeschrei; und wo der Widder im Chaos schwelgt, sehnt sich der Steinbock nach Ordnung und Übersicht.

Eine Chance bekommt dieses ungleiche Paar, wenn der Widder deutlich älter ist als der Steinbock. Dann mildert das Alter sein Temperament, während der Steinbock noch etwas jugendliches Ungestüm besitzt. Doch viel wahrscheinlicher ist es, daß sich die beiden zu einer heftigen, temperamentvollen Nacht zusammenfinden, in der sie alle Tabus brechen, um hinterher ohne Bedauern ihrer Wege zu ziehen. Denn solange es ausschließlich um Sex geht, läßt sich der Steinbock ohne weiteres Federlesen vom Widder verführen. Ist dagegen auch Gefühl mit im Spiel, droht die reservierte Zurückhaltung des Steinbocks den ungeduldigen Widder in die Flucht zu schlagen.

Steinbock und Stier

Steinbock und Stier sind eine relativ sichere Kombination, von der man allerdings trotz der kraftstrotzenden Partner nicht allzu viel Temperament erwarten sollte. Denn es handelt sich um zwei Vertreter des Tierkreises, denen Sicherheit über alles geht. Und zwar auch in materieller Hinsicht. Und gerade da ergänzen sich Steinbock und Stier geradezu ideal. Der Fleiß des Steinbocks und die Geduld des Stiers, der Ehrgeiz des Steinbocks und die Entschlossenheit des Stiers: diesem Team kann so bald nichts das Wasser reichen.

In anderer Hinsicht geht es nicht ganz so harmonisch zu. So kann es leicht sein, daß die beiden über dem Geldverdienen Leidenschaft und Erotik vergessen. Denn beide brauchen einen Impuls von außen, wollen umworben und bedient werden. Bleibt das aus, stehen sie ratlos und stumm im Abseits und wissen sich kaum zu helfen. Hinzu kommt, daß der Steinbock außerstande ist, seine Gefühle zu formulieren, was den Stier verwirrt. In der Regel sind die Gemeinsamkeiten der beiden ausreichend groß, um diese Irritation zu überwinden.

Steinbock und Zwillinge

Zwillinge brechen wie ein Wirbelsturm in das Leben eines Steinbocks ein. Luftig und leicht stürmen sie auf ihn ein und um ihn herum, so daß er gänzlich die Orientierung verliert. Seine eisernen Regeln und Gesetze scheinen aus den Angeln gehoben. Und während er noch auf seiner Festungsmauer sitzt und der Eroberung harrt, haben es sich die Jünger Merkurs längst in seiner Kemenate bequem gemacht.

Wenn Steinbock und Zwillinge aufeinander treffen, dann wohl, um aneinander zu lernen. Denn sie besitzen in großem Ausmaß gerade jene Eigenschaften, die dem anderen fehlen, um leichter leben zu können: Der Steinbock verfügt über die ruhige, gelassen Ernsthaftigkeit, die den Zwillingen fehlt; diese wiederum haben jene sprühenden Ideen, die dem Steinbock mehr Leichtigkeit verschaffen könnten. Doch leider – so sehr sich die beiden auch bemühen, sie lernen in den seltensten Fällen etwas von- und miteinander. Luft und Erde brauchen einen Mittler, um eine echte Verbindung eingehen zu können. Als Eltern eines Feuerkindes sind die beiden daher hervorragend geeignet, ihre Paarbeziehung bleibt dagegen ohne große Berührungspunkte.

Steinbock und Krebs

Eigentlich passen Wasser und Erde recht gut zusammen, da erst das Wasser aus der Erde fruchtbares Land macht. Daß es in diesem Fall nicht so gut klappt, liegt an den extremen Ausprägungen dieser beiden Vertreter des Tierkreises. Der Steinbock, der als Bewohner der Bergregionen um die Gefahr der Überweidung weiß, braucht für sein Leben ausreichend viel Platz. Doch den ist der Krebs beim besten Willen nicht in der Lage, ihm einzuräumen. Es hat nichts mit Mißtrauen zu tun, daß er bei seinem Partner klammert. Er kann einfach nicht anders, weil er sonst im Ozean seiner Gefühle unterzugehen droht.

Daß sie es doch miteinander probieren, liegt vor allem an der Aussicht auf ein trautes Heim, in dem man nach den überlieferten Regeln leben kann. Das hat nämlich für den Steinbock eine ähnlich große Anziehungskraft wie für den Krebs. Um es sich zu erhalten, sollte er tunlichst lernen, auf die romantischen Bedürfnisse seines Krebs-Partners einzugehen und ihn auch auf erotischem Gebiet nicht zu überfordern. Ein Krebs sollte noch nicht einmal ahnen, daß sein geliebter Partner auch gänzlich ohne Gefühle Sex genießen kann.

Steinbock und Löwe

Im ersten Augenblick sind Steinböcke von der Kraft eines Löwen wirklich beeindruckt. Doch leider entpuppt sich dieser Machtmensch bei nährerem Hinsehen schnell als Dampfplauderer, dem der Schein wichtiger ist als die wahre Macht. Daher werden sich viele Steinböcke schon recht bald von einem Löwen abwenden, so interessant und aussichtsreich die Sache auch anfangs gewirkt haben mag.

So ganz ohne nähere Berührung werden die beiden jedoch trotzdem nicht auseinander gehen. Zumindest wenn der Löwe Feuer gefangen hat, ist die Wahrscheinlichkeit, daß die beiden für eine oder mehrere heiße Nächte im Bett miteinander landen, recht groß.

Lernt der Steinbock dabei, dem Löwen seinen Tribut in Form von Komplimenten zu zollen, und beginnt der Löwe dafür, den Steinbock zu verwöhnen, bestehen sogar Chancen auf eine weiterführende Beziehung. Karmisch geht es bei den beiden jedoch kaum zu. Zur gegenseitigen Entwicklung haben sie nur wenig beizutragen, auch wenn ihre Beziehung alles andere als ein harmonisches Freundschaftsspiel ist.

Steinbock und Jungfrau

Welch verwandtes Wesen scheint da dem Steinbock über den Weg zu laufen. Da wird nicht romantisch gesäuselt oder kompliziert agiert – und trotzdem verharren beide zunächst einmal abwartend, um den anderen genau unter die Lupe zu nehmen. Keine Frage, sie brauchen Zeit, dafür kennen sie sich dann aber bereits, wenn sie sich auf eine Beziehung einlassen.

Distanzierten Beobachtern mag das langweilig erscheinen. In Wahrheit leben die beiden nur genau das, was sie unter Harmonie verstehen. Der Steinbock gibt den Rahmen vor, die Jungfrau sorgt für die Fächer, in die die Kleinigkeiten des Lebens einsortiert und übersichtlich verstaut werden können. Das vermittelt ihnen gleichermaßen Sicherheit und Vertrautheit.

Und da der Steinbock zunächst abwartend verharrt, ringt sich die Jungfrau sogar dazu durch, erotische Impulse auszusenden. Das fällt ihr bei diesem Gegenüber sogar überraschend leicht, weil sie stets das Gefühl hat, mit ihm die

Situation unter Kontrolle zu haben. Läuft der Steinbock dann im Bett zu voller Größe auf, ist sie in der Regel schon so aufgewärmt, daß ihre Ängste erst gar nicht auftauchen.

Steinbock und Waage

Sexappeal und ein ähnliches ästhetisches Empfinden, das sind die Ingredienzen des Zaubertrankes, den die Waage dem Steinbock verabreicht. Für einen Augenblick wirkt der starre, herbe Geselle fast schon beweglich. Doch leider nur für einen Augenblick, dann siegt sein Regelwerk und er erstarrt wieder auf seinen Standpunkten. Dann erscheint ihm die anfänglich so faszinierende Waage nur mehr wankelmütig. Und da sie ihm kaum den Gefallen tut, um ihn zu kämpfen, sondern eher im Gegenteil auf seine Avancen wartet, will aus der ganzen Angelegenheit nichts Rechtes werden.

Bewältigen die beiden schlußendlich doch ihre Anlaufschwierigkeiten, steht das nächste Problem vor der Tür – oder besser, im Bett. Denn mit dem langen Anlauf, den die hin und her schwankende Waage auch bei erotischen Dingen nimmt, vermag der Steinbock nichts anzufangen. Wird er ungeduldig und nimmt sich, was ihm zuzustehen scheint, fühlt sich die Waage schrecklich mißbraucht.

Steinbock und Skorpion

Treffen Steinbock und Skorpion aufeinander, ist die Begeisterung anfangs groß. Endlich ein Wesen mit Prinzipien und Rückgrat, das ähnlich wie man selbst zunächst beobachtend abwartet, um sich eine Meinung zu bilden. Doch wenn sich die beiden dann näher kommen, ist die Enttäuschung ebenso groß. Denn ihre jeweiligen Weltbilder passen mehr schlecht als recht zusammen. Und da beide von einem unbezähmbaren missionarischen Eifer sein können und ihre Meinungen streitlustig und unnachgiebig verteidigen, fliegen bald die Fetzen.

Spielen sie nach ganz gewissen Spielregeln, so können sie sich trotz allem auf eine Beziehung einlassen. Sie dürfen sie nur nicht zu eng werden lassen. Sex und Liebe ja, aber Zusammenziehen lieber nicht, auf diesen Nenner läßt sich die Zukunftsperspektive dieses Paares bringen. Rücken sie zu dicht zusammen, kommt die Eifersucht des Skorpions ins Spiel, die den Steinbock verjagt. Der geht übrigens gar nicht so ungern, denn eigentlich neidet er dem Partner den Zugriff auf die gemeinsamen Ressourcen.

Steinbock und Schütze

Dem Steinbock ist der Schütze mehr als suspekt. Ständig mit den Augen am Horizont, ignoriert dieses Wesen so völlig die Grundlage unter seinen Füßen, daß der trittsichere, bedächtige Steinbock schon fast an seinem Verstand zu zweifeln beginnt. Aber es ist nicht nur Unverständnis, es ist auch Neid, was sich im Herzen des Gehörnten regt, wenn er dem visionsträchtigen Blick des Schützen dann doch einmal folgt. So will er es mit diesem Wesen zumindest einmal versuchen, zumal er bei ihm Kraft und Feuer spürt.

In der Phase der Eroberung gibt es zunächst keine Probleme, da der Steinbock dem Schützen durchaus als lohnendes Wild erscheint. Gern legt er seinen Bogen an, um Verteidigungsmauern seines Opfers zu durchbrechen. Vermutlich passiert das im Gespräch, wobei der Schütze seine sprühenden Ideen sehr viel steinbockgerechter zu verpacken versteht als beispielsweise ein Zwillinge-Geborener. Doch mit der Zeit erweisen sich die tollen Ideen doch als halbfertige

Seifenblasen. Und der stark scheinende Schütze wird in den strengen Augen des Steinbocks zum übermütigen, verschwenderischen Phantasten. Dann helfen auch die tollen Nächte nicht mehr, um die Differenzen zwischen den beiden zuzudecken.

Steinbock und Steinbock

Ein Blick in die astrologische Literatur, und das Scheitern dieser Verbindung scheint klar. Auch hier treffen ähnlich wie beim Löwen oder beim Skorpion zwei Machtmenschen aufeinander, die ihre Probleme mit der Unterordnung haben und sich daher im offenen Kampf gegenseitig zu zerstören drohen. Doch ein Blick in die Natur enthüllt ein Miteinander, das ähnlich wie beim Widder von eigenen Artgenossen geprägt wird.

Steinböcke brauchen allerdings etwas mehr Raum, leben in weit auseinandergezogenen kleinen Gruppen. Das darf nicht wundern, denn die karge Welt der Berge könnte größere Herden kaum ernähren. Trotz allem dominiert die Gelassenheit, wenn Artgenossen ins Blickfeld rücken, auch wenn Rangordnungskämpfe natürlich ausgefochten werden.

Ein Blick in die Ehe- und Scheidungsstatistik bescheinigt den menschlichen Steinböcken erstaunliche Paralellen zur Tierwelt (Gunter Sachs: Die Akte Astrologie, München 1997). Sehr deutlich bevorzugen sie das eigene Sternzeichen als Ehepartner, vermutlich, weil kein anderes Wesen den für ihr Überleben notwendigen Freiraum akzeptieren könnte. Rasend interessant, innovativ oder aufregend verlaufen diese Beziehungen nicht. Dafür treffen sich hier zwei viel zu konservative Menschen. Diese Ehen sind erstaunlich haltbar, vor allem, wenn es immer wieder gilt, Zeiten der Trennung zu überdauern.

Steinbock und Wassermann

Steinbock und Wassermann sind durch Saturn verbunden. Doch was sich beim Wassermann als vage Verehrung alter Traditionen auswirkt, ist beim Steinbock ein festgefügter Lebensplan. Damit sind Reibungen zwar geradezu vorprogrammiert, doch liegt darin auch der Reiz und die Chance dieser Beziehung.

Der Steinbock bringt Ordnung in die mangelnde Selbstorganisation des Steinbocks und profitiert dafür seinerseits von der Offenheit des Partners. Allerdings haben beide Schwierigkeiten, ihre Gefühle zu zeigen. Die Beziehung wird daher vor allem auf intellektueller Ebene laufen; Intimitäten gestalten sich dagegen schwierig. Vermutlich wird der Steinbock deshalb nur allzu gern auf den Impuls des Wassermann eingehen, das Ganze in eine loyale, feste Freundschaft zu verwandeln.

Steinbock und Fische

Steinbock und Fische ergänzen sich hervorragend, auch wenn diese Kombination fast schon so etwas wie ein Geheimtip der Astologie ist. Der Steinbock läßt sich von den Fischen nichts vormachen, setzt sich dort durch, wo sie zögern, und behauptet sich, wo sie sich anpassen. Er ist also der optimale Partner, um die Träume der Fische so pragmatisch umzusetzen, daß sie sich dabei nicht opfern müssen.

Andererseits profitiert aber auch der Steinbock von dieser Verbindung. Er kann sich nämlich manchmal zu einem steif wirkenden, etwas bockigen Gesellen entwickeln, dem seine Lebensregeln über alles gehen. Doch die hinreißende Erotik der Fische, gekoppelt mit dem Freiraum, den auch sie brauchen, lockern ihn unweigerlich auf.

Die Liebe im Zeichen des Wassermanns

Der Wassermann – 21. Januar bis 19. Februar

Der Wassermann wird gleich von zwei Zeichen regiert: von Saturn und Uranus, jenen Urvätern, die beide ihren Söhnen weichen mußten. Doch macht ihn die doppelte Herrschaft auch zu einem zwiespältigen, schwer zu durchschauenden Wesen. Saturn verleiht seinem Denken und Handeln Struktur und Ordnung, stattet ihn mit einem strengen Moralkodex aus und verleiht ihm eine gewisse Ehrfurcht vor Traditionen. Uranus ist hingegen eine Variation des Merkur auf einer höheren Ebene. Aus dem Gaukler und Dieb wird ein Magier und Erfinder, der kleinliche Regeln und Strukturen hinter sich läßt, um zu neuen Zusammenhängen zu finden.

Seit nunmehr drei Jahrzehnten wird der Wassermann als Bote eines neuen Zeitalters gehandelt: als Visionär, als Vertreter von kreativem Chaos und Veränderung, als Vorbote für die Überwindung von Materialismus, Kollektivismus und anderen Massenphänomenen. Man hoffte, mit ihm ziehe ewiger Friede und allumfassende Harmonie auf der Erde ein. Mittlerweile wissen wir mehr um die Schatten dieses Wesens. Die Utopien des Wassermanns sind hinreißend, seine geistigen Fähigkeiten atemberaubend. Doch machen ihn Ungeduld und mangelndes Einfühlungsvermögen oft zu einem Zerstörer, wo er eigentlich als Retter auftreten wollte.

Die geistigen Qualitäten seiner Väter Saturn und Uranus sind dem Wassermann heilig. Er ist ein brillanter Denker, ein messerscharfer Analytiker, dessen Ergebnisse durch die sprunghafte Art seines Denkens zu völlig überraschenden und kreativen Ergebnissen führen. Neugierig, wie er ist, passieren oft auch irrationale Zusammenhänge seine rationalen Filter. Dann zeigt er sich von seiner spirituellen, fast schon okkulten Seite, durch und durch vergeistigt. Seine Spiritualität ist jedoch eine des Kopfes, keine des Herzens.

Der Zugang zu Gefühlen ist dem Wassermann fast gänzlich verwehrt. Er liebt die Menschheit als Ganzes, sich selbst oder seine Nächsten vergißt er dabei. Ungeduldig und wenig feinfühlig geht er über ihre Bedürfnisse hinweg, mehr noch, er ist unfähig, die Komplexität menschlicher Beziehungen zu begreifen. So zieht der Wassermann auf der Jagd nach seinen allumfassenden, visionären Idealen oft eine Spur der Verwüstung.

Neben den geheiligten Qualitäten seiner geistigen Väter muß der Wassermann erst mühsam lernen, die Göttlichkeit seiner Erdmutter Gaia zu erkennen und zu schätzen. Und er muß lernen, daß es nicht ausreicht, der Menschheit das „Wasser des Lebens", die Gefühle, zu bringen, ohne selbst ab und zu darin einzutauchen. Denn sonst passiert mit seinem Leben im Kleinen, was mit dem heiß ersehnten Wassermann-Zeitalter im Großen geschieht: es wird verkannt, generell bestritten oder als herbe Enttäuschung beiseite geschoben.

Beruf und Berufung

Wassermänner brauchen einen geschickten Chef. Denn sie neigen dazu, sich in ihren Utopien zu verlieren und versäumen dabei die Gegenwart mit all dem, was aktuell zu erledigen ist. Schubst man sie allerdings zu stark oder zu unvermittelt in die Pflichten des Alltags, kann es passieren, daß seine kreativsten Ideen und Ansätze verloren gehen. Die Gratwanderung, diesen Visionär an die Arbeit zu stellen, verläuft am sichersten, wenn es seinem Chef gelingt, an seine Selbstdisziplin zu appellieren. Die ist nämlich in erstaunlich großem Ausmaß vorhanden, auch wenn der Wassermann sie gut hinter Chaos und Anarchie zu verbergen weiß.

Vielleicht liegt darin auch der Grund, aus dem Wassermänner besonders selten die Karriereleiter als Angestellte erklimmen (Gunter Sachs: Die Akte Astrologie, München 1997). So weit nach oben schubst sie eben kein Chef dieser Welt. Stattdessen sind viele von ihnen in freien Berufen zu finden.

Besonders interessiert sind Wassermänner an den Bereichen Naturwissenschaften, Technik, Kunst und Medizin sowie den Grenzbereichen der Wissenschaft. Außerdem interessieren sie sich für Erziehungsberufe, was auch die Statistik bestätigt. Im Flugzeugbau, als Piloten, im Bahn-, Post- und Funkwesen sind sie an bestens geeigneten Stellen, ebenso im Verlagswesen und in der Presse. Erfordert ihre Tätigkeit ausgedehnte Reisen, so kommt ihnen dies zusätzlich entgegenen.

Besonders fleißige Arbeiter sind die Wassermänner allerdings nicht. Und da sie zudem gern großzügig leben, ist die Wahrscheinlichkeit, auf einen Wassermann in finanziellen Nöten zu stoßen, recht groß. Aber machen Sie sich nichts daraus. Mit ebenso großer Wahrscheinlichkeit findet er finanzielle Sponsoren, so daß ihn seine Geldsorgen selten wirklich gefährden.

Der hoffnungsvolle Anfang

Das Element des Wassermannes ist die Luft, und entsprechend luftig sollte Ihre erste Annäherung an diesen Visionär ausfallen. Mit aufreizender Kleidung, romantischem Gesäusel oder körperlichen Verführungskünsten erreichen Sie bei diesem Vertreter des Tierkreises nicht viel. Während der ersten Rendezvous seine Leidenschaft zu wecken, grenzt an ein Ding der Unmöglichkeit. Versuchen Sie lieber, Interesse und Bewunderung in ihm zu schüren.

Das gelingt Ihnen sicherlich dort am besten, wo der geistige Hunger oder die Neugierde des Wassermanns befriedigt werden. Laden Sie ihn auf einen frühmorgendlichen Spaziergang über den Großgrünmarkt oder den Fischmarkt ein, gehen Sie mit ihm ins Kabarett oder besuchen Sie eine klassische Varieté-Vorführung. Schlagen Sie einen gemeinsamen Fortbildungskurs vor oder eine gemeinsame Reise.

Der Wassermann schenkt gern und läßt sich gern beschenken. Wenn es Ihre Finanzen zulassen, können Sie ihn getrost schon kurz nach dem Kennenlernen mit der Concorde in die Disney Universal Studios nach Orlando entführen. Oder wenn es dann doch etwas günstiger sein soll, mit dem französischen Hochgeschwindigkeitszug TGV ins Euro Disney.

Natürlich können Sie mit „Ihrem Wassermann" auch das anregende Gespräch suchen – etwa im neuesten Szene-Restaurant, wo geröstete Heuschrecken an Wachtelmousse serviert werden. Doch Vorsicht! Bevor Sie eine solche Einladung aussprechen, sollten Sie sicher sein, daß Sie die unkonventionelle Art des Wassermanns, sich zu kleiden, in diesem Umfeld aushalten.

Abseits der Kleiderfrage sollten Sie tunlichst alles meiden, was das Thema Gefühle auch nur streifen könnte. Wassermänner verdrängen ihre Emotionen in die tiefsten Abgründe ihres Unterbewußten, streiten alles ab, was sich unterhalb ihres Kopfes noch abspielen mag und hassen es, mit den Gefühlen anderer belästigt zu werden. Üblicherweise ziehen sie sich mit messerscharfen Analysen aus der Affäre und überschütten den Analysierten mit klugen Ratschlägen. Wehe, Sie setzen diese dann nicht auch um. Dann kann es durchaus passieren, daß Ihnen der Wassermann die Zügel aus der Hand nimmt und sich tief in Ihre Angelegenheiten verstrickt.

So anregend der erste Abend auch verlaufen sein mag, ein Wiedersehen müssen schon Sie in die Wege leiten. Wassermänner warten lieber ab, und in der Zwischenzeit kühlt ihre Begeisterung merklich ab. Bleiben Sie also am Ball, genießen Sie diese Phase der Annäherung und die dann folgende Zeit des Vorspiels. Darin sind Wassermänner wahre Meister.

Der Eros des Wassermanns

Das Liebesspiel mit einem Wassermann ist eine denkbar natürliche Angelegenheit. Große Inszenierungen im schwarzen Negligé oder dem ausgefallenen Herrenstring kühlen ihn eher ab. Ein Wassermann liebt die Bequemlichkeit. Die großen Flammen der Leidenschaft sind ihm fremd. Klein, aber fein ist sein beständiges Feuer der Liebe. Er wärmt seinen Partner, umhüllt ihn mit verständnisvollen, einfühlsamen Streicheleinheiten. Dabei kommt manchmal sogar so etwas ähnliches wie eine romantische Seite zum Vorschein. Wobei der Wassermann eigentlich auch kein Romantiker in Sachen Liebe ist. Auf große Liebesschwüre warten Sie bei ihm vergeblich, und er wird Sie auch verständnislos ansehen, wenn Sie ihn extra für eines Liebesnacht im Schlafwagen nach Venedig entführen wollen.

Langeweile kommt mit diesem Vertreter der Luft jedoch auch nicht auf. Zuhause, im bequemen eigenen Bett, wird der Wassermann erfinderisch. Gewissenhaft – man könnte fast schon sagen, mit Selbstdisziplin – arbeitet er das neueste Arbeitsbuch des Tantra durch oder studiert mit Ihrer Hilfe alle Stellungen des Kama Sutra. Und wenn Sie ihm die Kooperation verweigern, dann studiert er es auch allein. Wassermänner sind schließlich die Autoerotiker des Tierkreises.

Diese Neugierde ist beiden Geschlechtern gemeinsam. Dabei sprengen sie alle Konventionen. Bei der Wassermann-Frau sollten Sie zudem sorgfältig darauf achten, daß sie sich nicht als Sexobjekt fühlen muß. Eile haßt sie, und sie mag auch zu nichts gedrängt werden. Spürt sie dagegen einen ausreichend großen Freiraum, wird ihr Liebesspiel phantasievoll, schöpferisch und sogar waghalsig. Besonders empfindlich sind ihre Unterschenkel, die Fußgelenke und die Oberseite ihrer Füße.

Der männliche Wassermann liebt es, wenn man ihn verführt. Er ist zu so gut wie jeder Spielart bereit, die Ihnen Lust und Befriedigung verschafft, sofern er nicht allzu kommandoartig darauf hingewiesen wird. Seine Lust am Experiment artet manchmal in Sadismus aus, allerdings läßt er sich im Gegensatz zu einigen anderen Vertretern des Tierkreises mit der gleichen Neigung schon durch kleine Gesten bremsen.

Auch bei ihm sind die Beine und dort vor allem die Füße und Unterschenkel jene Bereiche, die seinen Eros wecken. Und was läge da näher, als dies einmal in einer verschlungenen Vereinigung in der Schwerelosigkeit des Wassers gründlich auszukosten? Egal, wer Ihnen auch erzählt haben mag, daß Wassermänner das Liebesspiel der Wassernixen mit Poseidon, dem Meereskönig, lieben, glauben Sie es nicht. Es gibt wohl kaum eine bessere Methode, einen Wassermann auf Dauer aus ihrem Bett fernzuhalten, als mit dem Versuch, ihn in der Badewanne, im Schwimmbad oder gar im Meer zu verführen. Der Wassermann haßt die Welt der Gefühle; im Wasser, der materiellen Entsprechung, glaubt er, ertrinken zu müssen. Er ist kein Wesen halb Mensch, halb Fisch; er ist weder Poseidon noch Nixe; er ist der Wasserträger, der den Menschen das lebenswichtige Element der Gefühle bringt – allerdings ohne sich selbst dabei naß zu machen.

Der Wassermann als Partner

„Wasch mich, aber mach mich nicht naß" scheint auch in der Partnerschaft die Maxime vieler Wassermänner zu sein. Kein anderes Luftzeichen glaubt derartig heftig, daß ihm die Luft ausgeht wie er. In dieser Beziehung ist er wirklich ein Prototyp unserer Zeit. Er ist alles andere als ein Einzelgänger und liebt die Annehmlichkeiten einer Partnerschaft. Doch wenn es zur Sache geht und er Verantwortung übernehmen oder sich gar einschränken soll, weicht er aus.

Gelingt es Ihnen, Ihrer Wassermann-Beziehung einen ausreichend großen Rahmen zu stecken, dann warten die nächsten Schwierigkeiten auf Sie. Der Wassermann gehört nämlich auch zu jenen unverbesserlichen Weltverbesserern, die Wasser predigen und Wein trinken. Er macht das nicht mit Absicht, es passiert ihm einfach. Denn während er große Ideale und mitreißende Visionen vor Augen hat, fehlt ihm der Blick auf sich selbst und seine Nächsten.

Er ist der Mann, der die Gleichberechtigung auf seine Banner schreibt und zu Hause seiner Frau seelenruhig dabei zusieht, wie sie beim Spagat zwischen Schularbeiten ihrer Kinder, Haushalt und Beruf schier zerrissen wird. Macht sie ihm irgendwann eine tränenreiche Szene, weil sie die Doppelt- und Dreifachbelastung einfach nicht mehr aushält, zieht er sich ungerührt auf den Standpunkt eines intellektuellen Beobachters zurück.

Gefühle sind ihm peinlich; die der anderen genauso wie die eigenen. Daher verdrängt er sie auch so gründlich, daß er sie noch nicht einmal selbst erahnt. Er verkörpert geradezu die Probleme, die Männer heutzutage haben. Er ist kein Macho, aber Gefühle kann und will er nicht zulassen. Erwarten Sie also keine glühenden Liebeserklärungen von ihm. Er kennt das Gefühl brennender Liebe einfach nicht.

Und da er darüber hinaus ein schonungslos ehrlicher Mensch ist, wird er Ihnen das auch ganz unverblümt sagen.

Dieses merkwürdige Verhältnis zu den eigenen Gefühlen hat allerdings auch seine guten Seiten. Sie brauchen auf „Ihren Wassermann“ trotz seines Freiheitsdranges nicht allzu sehr aufzupassen. Er flirtet zwar für sein Leben gern; schließlich ist er an allem Neuen, Anregenden interessiert. Doch verliebt er sich dabei kaum. Das wäre ihm schlicht zu peinlich. Dann läßt er seine verdrängten Wünschen lieber in seinem Kopf Gestalt annehmen und lebt sie in versponnenen erotischen Phantasien aus.

Wassermann-Frauen tauchen in zwei zunächst sehr unterschiedlichen Varianten auf: Beide sind sehr idealistisch, doch richtet die eine ihre Ideale auf Haushalt, Kinder und andere traditionell weibliche Belange, während die zweite ihre Visionen in der Berufswelt, oft sogar in männlich dominierten Bereichen sucht. Egal, welches Feld sie auch zu ihrem gemacht haben mag, die Wassermann-Frau wird nie zum Opfer der Umstände, sondern steht aus freien Stücken auf ihrem Platz. Sie weiß, was sie will, und das nimmt sie sich auch. Das hat manchmal zur Folge, daß ihre Sexualität sehr maskulin wirkt und daß sie mit ähnlichen Problemen im Umgang mit Gefühlen kämpft wie der männliche Vertreter dieser Spezies. Wird sie gekränkt, etwa durch einen Treuebruch, dann wird Sie Ihnen sofort beweisen, daß ihre Prinzipien und nicht ihre Gefühle verletzt wurden.

Vielleicht werden Sie wie viele andere Partner von Wassermännern auch die Erfahrung machen, daß dem Wesen an Ihrer Seite Freundschaft ungleich wichtiger ist als Liebe. Seien Sie nicht enttäuscht. Wassermänner sind hinreißende Freunde, loyal, idealistisch und schwungvoll, auch wenn Sie auf Sinnlichkeit bei ihnen vielleicht vergeblich warten müssen.

Der Wassermann-Mann

Wassermänner sind Idealisten. Es sind schonungslose Reformer, mutige Freidenker, strategische Retter ganzer Nationen aus der Krise. Friedrich II. (der Große), Abraham Lincoln, Christian Dior – die Liste ließe sich fast endlos fortsetzen. Es sind durchwegs idealistische Männer, Männer, die sich über Konventionen, eingefahrene Vorstellungen und gesellschaftliche Normen hinwegsetzten oder oktroyierte Zwänge überwanden. In Sachen Liebe fielen sie hingegen kaum auf – oder wenn, wie der große Preußenkönig, als Liebhaber des eigenen Geschlechts. Solche Menschen können unser Schulwesen reformieren, eine Kriegswirtschaft auf eine erfolgreiche Basis stellen, ja, vermutlich könnten sie sogar unser Gesundheits- und Pensionssytem reformieren.

Warum sollte der Wassermann gerade bei der Wahl seines Partners seine Visionen vergessen? Er wählt kompromißlos, dem Ideal vor seinem geistigen Auge folgend, auch wenn Hautfarbe, Geschlecht, gesellschaftliche Tabus oder Standesunterschiede dagegenstehen. Wieviel wurde schon in das Verhältnis des Wassermannes Wolfgang Amadeus Mozart zu seiner Schwester, dem „Nannerl", hinein interpretiert. Tasächlich schrieb er in einer Direktheit und Unverblühmtheit Briefe, wie sie unter Geschwistern sonst nicht üblich sind. Doch daß es bei verdrängt erotischen Gefühlen blieb, liegt bei einem Wassermann nahe. Er liebt das Ideal und merkt es noch nicht einmal. Für die tatsächliche Umsetzung fehlt ihm der Sinn.

Und warum sollte Mozart, der sonst mit seiner Lust am Flirt, seiner treuherzigen Art, seinem Freiheitsdrang und seiner Unfähigkeit, mit Geld umzugehen, ausgerechnet in diesem Punkt anders gewesen sein? Also Schluß mit den Vermutungen. Ehefrau Constanze fehlte ihm jedenfalls in den Zeiten der Trennung immer sehr. Er war überzeugt, in der Cousine Carl Maria von Webers wiederum einem Ideal begegnet zu sein: einer Frau, die ihn verstand, ergänzte, ja menschlich und künstlerisch weiterbrachte.

Die Wassermann-Frau

„Im Grunde ist die Liebe doch eine alltägliche Sache", meinte die Wassermann-Frau Gabrielle-Sidonie Colette, Meisterin in der Beschreibung menschlicher Begegnungen, Entfremdungen und Abschiede. Es sind Wassermann-Themen, die in der aufkeimenden Bindung bereits das erstickende Ende in sich tragen.

Vor allem ihre Frauengestalten setzen sich mit üblichen und unüblichen Idealen der Liebe auseinander. Vinca, die Protagonistin in „Erwachende Herzen", widersteht den erotischen Verlockungen, bis eine erfahrene Rivalin auf den Plan tritt und Vincas Jugendfreund Phil in die Geheimnisse der Liebe einführt. Aus Vincas anfänglicher Resignation wird Zorn – wohlgemerkt, über das Prinzip verletzter Treue, nicht über die eigenen gedemütigten Gefühle – aus dem Zorn Zärtlichkeit. So gibt sie sich dem Freund hin. Nun hat Phil das schlechte Gewissen. Doch überraschenderweise wird Vinca nicht von einem schlechten Gewissen überwältigt, sondern weiß um Selbstbestimmung und Genuß.

Colettes Romane tragen zum Teil starke autobiographische Züge. Dreimal war die Schriftstellerin verheiratet, und so spiegeln ihre Romane durch die Bank die Suche nach dem Ideal, die hinter der Suche nach Liebe und Partnerschaft steckt. Ihre Frauen repräsentieren das neu erwachende weibliche Bewußtsein in der ersten Hälfte unseres Jahrhunderts, die Umorientierung und das wachsende erotische Selbstbewußtsein.

Das schnelle Ende

Sie wollen „Ihren Wassermann“ loswerden? Da gibt es nur einen Weg: Gehen Sie!

Natürlich kann man auch dem Wassermann nahelegen, daß die Beziehung nicht mehr das ist, was sie einmal war. Werden Sie geizig, verweigern Sie Abendunterhaltungen und Gesellschaft, wischen Sie seine Ratschläge achtlos beiseite, machen Sie ihm täglich eine tränenreiche Szene und demonstrieren Sie Geheimnisse vor ihm. Schnell wird der Wassermann zu der Überzeugung kommen, daß ihn in solch einer Partnerschaft nichts mehr hält. Doch anstatt selbst zu gehen, wird er seinerseits die Weichen für ihren Abgang stellen. Und das hätten Sie auch ohne all Ihre Bemühungen haben können. Also warum nicht gleich so?

Der Wassermann und seine Partner

Wassermann und Widder

Wassermann und Widder ergeben ein unwiderstehliches Gespann. Der Wassermann sprüht vor Ideen, der Widder setzt sie gutgelaunt um. Es ist jener Idealfall, in dem das Feuer des einen die Luft des anderen so aufwärmt, daß sogar so schwere Gegenstände wie der Korb eines Fesselballons abheben und davonschweben.

Für den Wassermann und für die Welt, die von den Visionen des Wassermanns profitieren will, ist diese Verbindung jedenfalls ein Glücksfall. Denn der Widder fängt seinen Gefährten mit aller gebotenen Energie wieder ein, wenn dieser an seinen Luftschlössern baut. In den meisten Fällen gelingt ihm dies schon deshalb so gut, weil auch der Widder in der Tiefe seines feurigen Wesens einen guten Zugang zu jenen spirituellen Welten hat, in die der Wassermann so gern entfleucht.

Eine unerschöpfliche Kraftquelle findet dieses Paar im Bett. Der Wassermann bringt den Kitzel der Neuerungen ein, der Widder die körperorientierte Leidenschaft. Vielleicht ist der Widder nicht immer einfühlsam genug, vielleicht läßt es der Wassermann im Bett ab und zu an Takt fehlen. Doch im großen und ganzen beziehen die beiden die Kraft für ihr anstrengendes Leben aus der gemeinsamen Erotik.

Wassermann und Stier

Gerät man in einen Streit zwischen Wassermann und Stier, so fühlt man sich unversehens in eine Komödie versetzt. Stur beharren die beiden auf ihren Standpunkten, ohne zu bemerken, daß sie über gänzlich verschiedene Dinge reden. Doch was beim Außenstehenden Belustigung hervorrufen mag, ist für diese Beziehung eine echte Katastrophe.

Der Wassermann mag einfach nicht auf den Boden der Tatsachen kommen und reagiert verärgert, wenn sich der Stier weigert, ihm in seine Luftschlösser zu folgen. Er fühlt sich eingeengt, wo sein Partner Gemütlichkeit schaffen will, und in seinen Idealen mißachtet, wo der Stier Seitensprünge und Treuebruch wittert.

Selbst im Bett gehen die Mißverständnisse weiter. Nachdem sie sich anfangs gegenseitig recht anziehend fanden, will es nach dem Ausziehen nicht so recht klappen. Den Wassermann irritiert die sinnliche Erotik des Stiers, der wiederum von den neuen Ideen des Wassermanns nach anfänglichen Kostproben wenig hält.

Im Grunde hätten die beiden die Chance, miteinander zu lernen, daß die eigene Wahrnehmung eben nur ein Teil der

Wahrheit ist. Doch bedarf es sehr reifer Vertreter dieser Tierkreiszeichen, damit diese Chance genutzt wird. So machen vor allem die Wassermann-Männer einen statistisch nachvollziehbaren Bogen um Stier-Frauen (Gunter Sachs: Die Akte Astrologie, München 1997).

Wassermann und Zwillinge

In der klassischen Astrologie werden die Verbindungen der Luftzeichen allgemein bejubelt. Ein leichtes, luftiges, abwechslungsreiches Leben, so sieht das entworfene Bild gemeinhin aus. Doch ganz so leicht, luftig und lustig geht es in diesen Partnerschaften in Wahrheit dann doch nicht zu. Das belegt übrigens auch die Statistik. Die Ehen, die Wassermann-Männer und Zwillinge-Frauen eingehen, sind nicht besonders haltbar.

Eigentlich liegen die Schwierigkeiten der beiden – oder besser der drei – auf der Hand. An Ideen wird es ihnen tatsächlich nicht mangeln. Aber wer soll in dieser Beziehung etwas zu Ende bringen, wer soll den Wert der Visionen und Ideale im Alltag abschätzen? Und wer soll für solch erdige Bedürfnisse wie geordnete Finanzen, eine warme Mahlzeit täglich oder lustvollen Sex sorgen?

Natürlich kann eine Beziehung auch ohne all diese Dinge befriedigend laufen. Doch gehen die Schwierigkeiten weiter. Dem Wassermann sind die ständigen Rollenspiele der Zwillinge verhaßt. Schließlich hat er das Stadium des Gauklers bereits hinter sich gelassen. Er ist der Magier, der als solcher geachtet werden will. Beginnt der Wassermann dann auch noch, wie ein wandelndes Buch oder mathematisches Regelwerk durchs Leben zu gehen, stürzen die Zwillinge ob des an sie herangetragenen Anspruchs in tiefe Depressionen. Oder sie flattern davon.

Wassermann und Krebs

Wenn ein Wesen dem Wassermann die Bedeutung von Gefühlen vermitteln kann, so ist dies der Krebs. Zunächst muß der Wassermann allerdings sein Gefühl überwinden, von dem emotionsgeladenen Zeitgenossen erstickt zu werden. Die besten Chancen haben die beiden, wenn der Wassermann seine Ideale für die Menschheit im ganzen auf den Krebs im speziellen umlenkt. Der Krebs weiß es nämlich sehr zu schätzen, wenn sich ein Mensch ganz in den Dienst seiner Entwicklung stellt; genau so, wie es im Idealfall die Mutter des kleinen Krebses einst getan hat.

Doch für eine wirklich befriedigende, im großen und ganzen reibungslose Beziehung müssen die beiden viel voneinander lernen: Unterdrückte Gefühle und Gefühlsausbrüche sind ihr gemeinsames Thema. Der Krebs muß seinen Hang, beleidigt zu reagieren, genauso in den Griff bekommen wie der Wassermann seine gefühllose Ehrlichkeit. Denn während der eine (Krebs) im Bewußtsein seiner Emotionen verstockt dasteht und vergeblich auf eine Regung seines Partners wartet, verleugnet der andere (Wassermann) sogar vor sich selbst, was ihn bewegt. Doch haben sie tatsächlich gute Karten, den ersten Schritt aus den alten Mustern miteinander zu machen, zumal sie sich im Bett gegenseitig aufs Herzerfrischendste inspirieren.

Wassermann und Löwe

Warum sich die beiden bekriegen, weiß keiner so genau. Denn eigentlich sind sie für einen gemeinsamen Hofstaat wie geschaffen. Der herrschende Löwe könnte augenzwinkernd auf seinen Hofnarren schauen, der sich in dieser Rolle tatsächlich die ganze Narrenfreiheit nehmen könnte, die er zum Leben braucht. Tatsächlich gibt es solche Paare auch, doch sind sie erstaunlich selten.

Schaut man sich die astrologische Grundkonstitution der beiden an, kommen die Grundprobleme zum Vorschein. Dem Wassermann fehlt das Gefühl dafür, wann der Löwe bewundert werden möchte; und selbst, wenn er es hätte, so würde er es kaum tun. Denn seine Bewunderung gilt abstrakteren Dingen als einer schönen Partnerin oder einem geistreichen Partner. Zudem ist ihm der körperbetonte Löwe unheimlich, was nicht zuletzt die Erotik im gemeinsamen Bett gegen Null drückt. Ausgefallene Spielchen oder gar sadistische Varianten liegen dem Löwen mit seinem Hang zu „geradem“, direktem Sex nicht, und wenn der Wassermann dann auch noch beginnt, sein Widerstreben zu analysieren, ist beim König der Tiere der Ofen aus.

Wassermann und Jungfrau

Im ersten Augenblick mag sich der Wassermann „Vergiß es“ denken. Doch dann erliegt er der Rhetorik der Jungfrau doch. Denn sie ist von ihm so fasziniert, daß sie alle Register ihrer (intellektuellen) Fähigkeiten zieht, um seine Aufmerksamkeit zu erregen. Und das ist genau die Strategie, der ein Wassermann kaum widerstehen kann.

Wollen sie miteinander alt werden, haben die beiden allerdings eine Menge zu lernen. Die Jungfrau muß sich abgewöhnen, den Wassermann ständig zu kritisieren. Doch noch viel größer sind die Probleme, die sich aufgrund ihrer unterschiedlichen Denkmuster ergeben. Der Wassermann springt von einer Neuigkeit zur nächsten, verfolgt Visionen in ferner Zukunft und baut an unberechenbaren Luftschlössern, während die Jungfrau am liebsten alles in der alten, überschaubaren Ordnung hielte. Versteht sie allerdings, den ordnenden Saturn in ihm zu stärken, fügen sie sich in ihrer Unterschiedlichkeit zu einem passenden Ganzen zusammen.

Erotisch läuft bei ihnen dagegen nicht viel. Beide Tierkreiszeichen brauchen Stimulanz, die diese Partner nicht zu bieten haben. Dafür werden die Nächte mit tiefschürfenden Gesprächen und luftigen Visionen verbracht. Auch kein schlechtes Programm, wenngleich es zugegebenermaßen nicht nach jedermanns Geschmack ist.

Wassermann und Waage

Auf den ersten Blick passen diese beiden sympathischen Chaoten hervorragend zusammen. Allerdings hat die Spontaneität der Waage wenig mit der mangelnden Selbstorganisation des Wassermanns zu tun. Sie will alle und alles berücksichtigen, um Harmonie herzustellen, er will von allen geliebt werden, wobei ihm die Bedürfnisse der anderen jedoch herzlich egal sind.

Das Paar läßt sich von solchen grundlegenden Unterschieden jedoch nicht allzu sehr stören. Dazu sind die Gemeinsamkeiten zu groß. Beide lieben den Luxus und die bildenden Künste. Langweilig wird ihnen miteinander nie. Und da sie sich auch genügend Freiraum für ihre individuellen Wünsche lassen, wird es ihnen auch nicht zu eng.

So gesehen handelt es sich um die gelungenste Kombination zweier Luftzeichen. Sie ist jedoch selten, denn beide warten auf die Initiative des anderen. Wagt der Wassermann schließlich doch den ersten Schritt, wird die Waage die Zündhemmung mit ihrem Zaudern noch verstärken. Die besten Chancen, gemeinsam in einem Bett zu landen, haben die beiden, wenn sie in alter Freundschaft verbunden auch noch die Freuden des Eros entdecken. Wirklich aufregend wird diese Beziehung jedoch kaum.

Wassermann und Skorpion

Einem Wassermann an der Seite eines Skorpions kann man eigentlich nur gratulieren, auch wenn die Beziehung nicht viel Aussicht auf dauernden Bestand hat. Doch mit diesem Partner bekommt der Wassermann zumindest einmal eine Ahnung von menschlichen Schwächen und Bedürfnissen. Der Skorpion bringt ihn mit der Realität in Kontakt, mit funktionaler Ordnung und mit dem Gefühl, wie es ist, wenn die eigenen Träume Wirklichkeit werden. Das alles trägt ungemein zur Entwicklung des Wassermanns bei, auch wenn er sich selbst in dieser Beziehung immer wieder heftig bedauern mag.

Aus seiner Sicht ist die Verärgerung des Wassermanns gut nachvollziehbar. Der Skorpion ist für seinen Geschmack viel zu besitzergreifend. Er raubt ihm damit nicht nur die Luft zum Atmen, sondern will ihm darüber hinaus sogar vorschreiben, was er zu denken und zu fühlen hat. Das kann sich dieser bindungsunwilligste Vertreter des Tierkreises nicht gefallen lassen, zumal auch der Skorpion nicht unbedingt ein Ausbund an Beziehungsfähigkeit ist. Statistisch läßt sich das übrigens gut nachvollziehen. Wassermann-Männer heiraten Skorpion-Frauen fast so selten wie Stier-Frauen (Gunter Sachs: Die Akte Astrologie, München 1997).

Wassermann und Schütze

Ob diese Partnerschaft gut funktioniert, ist stark von den ersten Begegnungen zwischen dem Wassermann und dem Schützen abhängig. Erleben sich die beiden als gleich stark, dann steht die kommende Beziehung unter einem ausgesprochen guten Stern. Lebhaft, aktiv und unberechenbar, genießen sie ihr Leben im allgemeinen und ihre Partnerschaft im speziellen. Doch wehe, sie treffen in Zeiten aufeinander, in denen es einem von ihnen nicht gut geht. Die starke Schulter, an der er bei seinem Partner zunächst Kraft tanken darf, bezahlt er später mit Unterordnung. Und diese Entwicklung stürzt bemerkenswerterweise auf Sicht beide in Schwermut und Depression.

Doch bleiben wir bei der positiven Spielart dieser Beziehung. Ihre Zeit verbringen sie vor allem mit anregenden Gesprächen, in denen der Wassermann üblicherweise das Ziel vorgibt, das der Schütze in eine jagdbare Beute umformt. Daß ihre wilde Jagd kaum mit dem Triumph des Erfolges gekrönt ist, stört sie wenig. Ja, sie bemerken es nicht einmal, weil sie bereits das nächste Ziel im Auge haben und längst weitergestürmt sind. Daß es im Bett mit den beiden ähnlich gut klappt, ist das Tüpfelchen auf dem I dieser Beziehung.

Wassermann und Steinbock

Manchmal mag den Wassermann der Verdacht beschleichen, der Steinbock denke sich all seine Regeln nur aus, um ihn zu quälen. Dann wird er an diesen vermeintlichen Zwängen mit aller Kraft rütteln, selbst wenn er in seinem tiefsten Inneren von der Notwendigkeit einer strukturellen Ordnung überzeugt ist.

Zum Glück sind beide keine übermäßig emotionalen Wesen. So stehen die Chancen recht gut, daß sie sich auf die intellektuelle Ebene retten, um den Streit zu beenden. Und da beide keine Schwierigkeiten haben, Freiräume zu gewähren und selbst zu nutzen, hat diese Partnerschaft erstaunlich viel Bestand. Der Himmel auf Erden ist sie allerdings nicht. Dazu lieben die beiden viel zu unterkühlt. Als lebenslange Freunde haben sie deutlich bessere Karten.

Wassermann und Wassermann

In einer Wassermann-Beziehung geht es ausgesprochen harmonisch zu. Ordnungsliebenden Außenstehenden mag die Wohnung der beiden zwar wie der Vorhof zur Hölle erscheinen, doch die beiden lieben ihr beschauliches Chaos. So ist es auch nicht weiter verwunderlich, daß Wassermänner ausgesprochen gern ihr eigenes Tierkreiszeichen freien. Endlich ein Wesen mit ähnlichen Bindungsängsten, endlich ein Wesen mit ähnliches Utopien.

Doch auch in diesem Fall klingen Gratulationen schal. Diese beiden sind nicht durch tiefe Gefühle verbunden. Es ist der Weg des geringsten Widerstandes, der sie zusammenführt. Daher hinterlassen sie auch kaum Spuren.

Wassermann und Fische

Der Wassermann liebt die Gesellschaft, die Fische lieben das Individuum. Eigentlich sollte man meinen, die beiden sänken sich von gegenseitiger Liebe erfüllt in die Arme. Doch weit gefehlt. Wenn der Wassermann auch alle liebt, den Partner übersieht er dabei gern. Und das ist für die liebesbedürftigen Fische einfach nicht akzeptabel. Beleidigt ziehen sie sich in den Schmollwinkel zurück, zumal der Visionär an ihrer Seite ihnen ständig die Rolle als Retter der Welt wegzunehmen scheint.

Im Bett treffen sich die beiden nur, wenn ihre Phantasie mit ihnen durchgeht. Dann kann es sein, daß sie ein hinreißendes Abenteuer miteinander erleben, ohne daß irgend etwas passiert, was Grund zu einer Scheidungsklage zu Hause gebliebener Partner böte. Echten Sex haben sie nur selten, was dem Wassermann mit den sinnlichen Fischen auch kaum gefiele.

Die Liebe im Zeichen der Fische

Die Fische – 20. Februar bis 20. März

Die Fische sind vermutlich die verkanntesten Vertreter des gesamten Tierkreises. Schwach und beeinflußbar tauchen sie in der einschlägigen Literatur als Opfer und Gefolgsleute auf, als weltfremde, pseudoerleuchtete Besucher esoterischer Seminare und als verblendete Jünger charismatischer Heilsbringer mit problematischen Botschaften.

Tatsächlich neigen die Fische zur Schwärmerei und fühlen sich in geistigen Dimensionen zu Hause, in die ihnen so leicht niemand folgen kann. Bevor sie eine heftige Auseinandersetzung beginnen, lassen sie den anderen lieber gewähren. Das gibt ihnen den Anschein eines ewigen Opfers und fördert das Mißverständnis, Fische seien leicht zu betrügen. Dabei ist genau das Gegenteil der Fall, was klar wird, wenn man einen Blick auf diese spezielle Welt der Fische wirft.

Ihr ganzes Glaubenssystem wird von dem Element, in dem sie leben, geprägt. Unter Wasser scheint alles um ein Drittel größer und näher zu sein und ist zudem leicht verschwommen. Trotzdem können sich die Fische in dieser Welt hervorragend orientieren. Sie erfassen instinktiv die unterirdischen Strömungen, die Motive und Gefühle, die ihre Mitmenschen noch nicht einmal bei sich selbst erkennen. Sie sind schwer zu täuschen und scheinen den Schlüssel zum Unterbewußtsein ihrer Mitmenschen zu besitzen. Das macht sie zu hervorragenden Therapeuten, den wahren Priestern unserer Zeit.

Ja, mehr noch: Schaffen sie es, aus ihren Träumen zu erwachen, werden sie zu den wahren Religions- und Sinnstiftern unserer Welt. Dann brauchen sie allerdings gut geerdete Begleiter und durchsetzungsfähige Gefolgsleute, die ihnen helfen, sich mit den festen Grenzen unserer materiellen Welt auseinanderzusetzen.

Diese feinfühlige, hellsichtige, spirituelle Dimension der Fische bringt sie allerdings auch fast zwangsläufig mit ihren Schattenseiten in Kontakt; Schattenseiten, die in herkömmlichen Horoskopen ebenfalls kaum beachtet werden. Die angeblichen Opfer werden nämlich leicht zu machthungrigen, wenngleich kaum faßbar agierenden Tätern.

Das darf nicht wundern, denn die Fische wissen um ihre Verletzlichkeit in unserer Welt, in der ihnen eigentlich alle Voraussetzungen zum Überleben fehlen. In ihrer Fähigkeit, andere in ihre spirituelle Welt des Wassers (und des Unterbewußten) zu entführen, erkennen sie schnell eine hervorragende Waffe, um sich am Ufer der bewußten Gefilde zu behaupten.

Der zweite große Schatten der vielschichtigen Fische hängt eng mit ihrem Gurutum zusammen. Alles, was sie machen, machen sie im Übermaß. Ihre Welt des Wassers hat ihnen nie ein Gefühl für Grenzen, schon gar nicht für solche materieller Natur, vermittelt. So sind sie grenzenlose Phantasten, die keinerlei Einschränkungen ertragen. Bei Fehlschlägen fallen sie in unendliche Tiefen der Depression, Streit macht sie regelrecht krank. Dann driften sie in die körperliche, geistige und seelische Selbstzerstörung, ohne daß es ihre Umgebung sofort mitbekommen würde. Denn die Fische sind auch Meister der Tarnung und können – trotz ihres Wasserzeichens – nur schlecht über ihre Gefühle sprechen. Sie erwarten, daß Freunde und Familie ihren Zustand auch ohne große Worte erahnen.

Schwierigen Lebenssituationen entziehen sie sich, häufig mit Hilfe von Alkohol oder anderen Drogen. Daß sie in der Statistik eher als Drogenhändler denn als Drogenkonsumenten schlecht auffallen (Gunter Sachs: Die Akte Astrologie, München 1997), mag an ihrer Maßlosigkeit liegen. Sie werden mit solchen Mengen erwischt, daß niemand an Eigenbedarf glauben mag, auch wenn den ertappten Fischen nichts ferner liegt als der Handel.

All das deutet auf ein sehr extravagantes Wesen hin. Doch ist es das dritte Doppelzeichen des Tierkreises und besitzt daher auch die scheinbar entgegengesetzten Aspekte. Fische finden ihr Glück in großer Sicherheit. Sie brauchen einen überschaubaren, völlig loyalen Kreis geliebter Menschen, die ihnen Geborgenheit geben und mit denen sie nach festgefügten, tradierten, nie in Zweifel gestellten Regeln leben können.

Beruf und Berufung

Um eines gleich vorweg zu nehmen: Harte Arbeiter sind Fische in der Regel nicht. Wenn sie sich mit Begeisterung in eine Aktivität stürzen, besteht die große Gefahr, daß sie sich auf dem Weg zum Erfolg in Kleinigkeiten verzetteln. Außerdem scheinen sie überzeugt zu sein, daß es solch auserwählten Geschöpfen wie ihnen leicht gemacht werden muß. Widerstände oder gar Mißerfolge entmutigen sie.

Oft entziehen sie sich dann in phantastische Ideen, die mit der Wirklichkeit so wenig zu tun haben, daß sie am Ende nicht nur vor ihrer zerstörten Existenz stehen, sondern auch noch ein Strafverfahren wegen einer verschleppten Konkurseröffnung am Hals haben.

Als Selbständige trifft man Fische nicht überdurchschnittlich oft an, als leitende Angstellte sogar ausgesprochen selten. Am besten sind sie dort am Platz, wo es um kreative, ungewöhnliche Projekte geht oder wo ein Gefühl für Gerechtigkeit und Ordnung gefragt ist. Sie sind einfühlsame Richter, integere Polizisten, gute Verwalter. Auch als Pädagogen, Therapeuten und Trainer bringen sie hervorragende Leistungen, besonders, wenn ihre Fähigkeiten und ihr

Charisma von Schülern und Klienten anerkannt wird. In der Statistik tauchen sie darüber hinaus auch noch besonders häufig als Landwirte, Krankenschwestern und Mechaniker auf, was ihrem Hang, zu nähren, zu pflegen und zu helfen entspricht.

Der hoffnungsvolle Anfang

Fische sind grenzenlose Romantiker – bei allem, was sie im Leben tun. Die Regieanweisungen für ihr erstes Fische-Rendezvous ist also denkbar eindeutig: sanfte Musik, Kerzenschimmer, guter Wein oder Champagner und ein ebenso gutes Essen. Das wichtigste an diesem Abend ist jedoch ein warmes, herzliches Gespräch. Dabei werden auch die kaltblütigsten Fische langsam warm.

Gehen Sie mit Ihrem Fische-Geborenen Fisch essen – am besten Tintenfisch – oder besuchen sie ein Nudel- oder Strudelrestaurant, denn er ist kohlehydratiger Nahrung nicht abgeneigt und liebt Süßigkeiten. Kultivieren Sie die schöne alte Sitten des Füßelns unter dem Restauranttisch. Erstens streicheln Sie auf diese Weise bereits während des Essens die für Zärtlichkeiten empfänglichsten Körperregionen Ihres Gegenübers. Und zweitens kommen Sie dem Hang der Fische zu Heimlichkeiten entgegen.

Vielleicht erkundigen Sie sich in einem solchen Augenblick auch einmal durch die Blume, ob „Ihre Fische" gebunden sind. Falls ja, steht Ihnen vermutlich ein hinreißender Abend bevor, und vermutlich wird der Flirt zu dem Anregendsten, was Sie seit langem erlebt haben. Im Bett werden Sie mit diesem Partner jedoch kaum landen. Er redet zwar viel von seinen erotischen Bedürfnissen und lädt Sie zu den erotischen Ausflügen ins Reich der Phantasie ein. Doch letzten Endes siegen Sicherheitsdenken und traditionelle

Treuegebote. Fische sind geborene Tantriker, die mit Leichtigkeit die gesamte spirituelle Dimension der Ekstase auszuschöpfen wissen. Ihr sicheres Heim setzen sie dafür aber kaum aufs Spiel, selbst, wenn Sie ihnen mit aller Kraft signalisieren, wie gerne Sie dies täten.

Besuchen Sie „Ihre Fische" zu Hause, sind ein Fliederstrauß oder falscher Jasmin, Alpenveilchen, Vergißmeinnicht oder eine Kamelie ein gutes Gastgeschenk. Darf es etwas teurer werden, freuen sich die Fische über Korallen, Opale und Aquamarine oder über Ziergegenstände in diffusen Gelbtönen, Türkis und Meergrün; so, wie sie sich überhaupt für ihr Leben gerne beschenken lassen.

Der erste Ausflug könnte einem Kloster oder einer Insel gelten; planen Sie jedenfalls eine Gelegenheit zum Baden ein. Vielleicht können Sie „Ihre Fische" in ein Thermalbad einladen. Wärme und Wasser in einer Traumlandschaft kommen mit Sicherheit gut an. Haben Sie schließlich das Gefühl, „Ihre Fische" haben angebissen, dürfen Sie in Ihren Aktivitäten auf keinen Fall nachlassen. Denn nun kommt der eigentliche Teil der Arbeit: sie ans Land zu ziehen. Unterlassen Sie dies, besteht die große Gefahr, daß „Ihre Fische" zurück ins Reich der Träume und der unerfüllten Wünsche gleiten, obwohl sie durchaus real zu haben wären. Doch das ist nicht ihre Welt, freiwillig betreten sie sie nicht. Dazu bedarf es schon des Nachdrucks von Ihrer Seite.

Der Eros der Fische

Die Fische sind pathetische Liebhaber. Sexualität und Erotik sind für sie von kultartiger Bedeutung, kaum etwas in ihrem Leben ist ihnen wichtiger. Allerdings wissen sie das vor sich und anderen bestens zu verstecken, was ihnen aufgrund ihres Herrschers, Neptun, auch bestens gelingt.

Neptun gilt als Fortentwicklung der Venus. Entsprechend leidenschaftlich und offen ist die Sexualität der Fische, wenngleich die sinnlichen Genüsse noch weiter in den Hintergrund treten als bei der Waage, dem zweiten Venus-Zeichen. Überspitzt ausgedrückt, sind die Fische jene Zeitgenossen, die nicht mit ihren dafür bestimmten Organen die sexuelle Vereinigung anstreben, sondern mit ihren Chakren (Energiezentren). So sieht zumindest ihr Anspruch aus.

In gewisser Weise kommen die Fische nie aus jener Phase der Pubertät hinaus, die den erotischen Träumen, den geistigen Verzückungen und den unerreichbaren Repräsentanten der Lust gehören. Sie träumen von knackigem Sex, doch tun sie nichts dazu, ihn auch zu bekommen.

Im Gegenteil, oft sind sie zwanghaft auf unerreichbare Partner wie Priester, Therapeuten, Verheiratete oder sogar auf Stars fixiert. Ihre Träume werden so gut wie nie von der Realität korrigiert, egal, wie heftig die Enttäuschung auch ausfallen mag. Sie reagieren sich auch nicht bei erreichbaren Surrogaten wie Prostituierten oder Pornoheften ab. Das ist ihnen viel zu anstrengend. Nein, ihre Ekstase bleibt im Vergeistigten, wenn sie auf Erden keine Entsprechung findet.

Das sollten Sie sich bei der Eroberung „Ihrer Fische" durchaus zunutze machen. Die erogenen Zonen sind die Beine und Füße. Aber probieren Sie doch lieber die vergeistigte Erotik dieses Wesens aus. Kein anderes Zeichen reagiert derartig stark auf die Stimulanz seines Energiefeldes. Streicheln Sie die Aura der Fische, und dieses empfängliche Geschöpf vergeht bereits vor Lust.

Fische-Frauen müssen sich oft ihrer sexuellen Anziehungskraft vergewissern. Dann trifft man die angeblich ach so scheuen Wesen als Aktmodelle, Striptease-Tänzerinnen oder auch als Verfasserinnen erotischer Bilder oder Romane.

Im Bett folgen sie einem unübertreffbaren Hang zur Dramatik und haben Spaß an allen nur denkbaren Varianten. Die Fische-Frau sagt selten Nein, setzt jedoch ihren Körper auch ungeniert ein, um etwas zu erreichen. Verführen Sie sie auf einem Wasserbett, am besten zur Zeit der Menstruation. In dieser Zeit wird sie von ihrer Ekstase in Gefilde getragen, die weit jenseits jeder Selbstkontrolle liegen.

Auch Fische-Männer sind offene, experimentierfreudige Liebhaber. Ihr Einfühlungsvermögen würde sie zu idealen Partnern für sehr junge, unerfahrene Mädchen machen, doch bevorzugen sie erfahrene Frauen, mit denen sie besser ins Reich der Experimente vordringen können.

Der Fische-Mann liebt es, verführt zu werden, nimmt dann jedoch die Zügel in seine Hände und hält sie fest in der Hand. Für weitere Verzögerungen hat er nach dem Intermezzo der Verführung kein Verständnis, was allerdings nicht heißt, daß er sich nicht auch in einem langen Vorspiel verlieren könnte. Bekommt er jedoch einen Korb, nachdem er sich bereits für besiegt erklärt hat, reagiert er unglaublich beleidigt.

Die Fische als Partner

Die Fische sind ihr Leben lang auf der Suche nach ihrem „Dual", jenem zweiten Teil ihrer Seele, der vor undenklichen Zeiten als gegengeschlechtlicher Counterpart von ihnen getrennt wurde und ihnen seither zu ihrer persönlichen Vollkommenheit fehlt. Keine Frage, dieser Counterpart ist auf Gottes Erden kaum zu finden, und so führt die Suche nach ihm die Fische noch weiter in das Reich der Träume.

Daher sind die Fische auch ständig verliebt; sei es in einen Menschen, sei es in eine Sache, eine fixe Idee oder eine Aufgabe.

Zudem sind die Fische sehr vielschichtige Wesen. Einen Teil von sich bringen sie nie in eine Beziehung ein. Der ist gleichsam dem Kosmos vorbehalten. Sie sollten von „Ihren Fischen“ besser keine Liebeserklärungen erwarten. Wie sollte er auch, da er doch genau sieht, daß Liebe und Haß und alle erdenklichen Kombinationen von beiden jederzeit und überall vorhanden sind?

Zwingen Sie sie, klar Stellung zu beziehen, werden sie Ihnen unweigerlich zwischen den Fingern hindurchgleiten und auf Tauchstation gehen. So, wie sich die Fische festen Bindungen ohnehin lieber entziehen. Sie sind zwar nicht zum Alleinsein geboren und genießen die Annehmlichkeiten einer behaglichen Zweisamkeit, doch graut ihnen gleichzeitig vor den Beschränkungen durch Verantwortung.

Fische sind jene Menschen, die bei ihrem Partner mit einigen wenigen, wohlüberlegten Dingen einziehen, aber die eigene Wohnung behalten. Wird die Beziehung zu beengend, tauchen sie ohne große Erklärungen ab und hinterlassen bei ihrem Parnter nichts weiter als die wenigen Sachen, die sie beim Einzug mitgebracht hatten.

Was die Beziehung zu Fischen überdies nicht einfach macht, ist ihr merkwürdiges Verständnis von Treue. Sie leben im Augenblick, und dann sind sie auch durchaus treu. Doch stoßen in den Fischen ein geringes Selbstwertgefühl und die vage Ahnung, ein Märchenprinz oder eine Märchenprinzessin zu sein, aufeinander. Eine fatale Kombination, die ihre Explosivität immer dann entwickelt, wenn die Fische testen, ob sich die neue Bekanntschaft vielleicht als fehlendes „Dual“ entpuppen könnte. Im Bett landen sie zu Testzwecken üblicherweise nicht, doch geben sie dem Partner jeden anderen Anlaß zur Eifersucht. Als Draufgabe reagieren sie selbst auf durchaus geringere Anlässe bereits mit heftigen Gefühlsausbrüchen.

Der Fische-Mann

Die Fische finden ihre Verkörperung in einem, den wir landläufig dem Zeichen des Steinbockes zuordnen. Jesus Christus war vielleicht kein Fisch, so genau wird das wohl niemand mehr authentisch zurückverfolgen können. Aber er war die Verkörperung des Fische-Prinzips: die universelle, göttliche Liebe zur Menschheit, die unpersönliche, unvoreingenommen Liebe zum einzelnen Menschen, das Mitgefühl und die Vergebung sowie eine Opferbereitschaft weit über die Grenzen der Selbstauflösung hinaus. Jesus von Nazareth, der Gottessohn und Erlöser, verkörpert wie kein zweiter das Zeitalter, das etwa zur Zeit seiner Geburt begann.

Daß wir in ihm heute einen Steinbock sehen, der am 25. Dezember seinen Geburtstag feiert, hat mehr mit römischer Machtpolitik als mit astrologischen oder historischen Dispositionen zu tun. Knapp vor Jesu Geburt wurde im Römischen Reich mit dem Julianischen Kalender das Sonnenjahr eingeführt. Am Tage der Wintersonnenwende huldigte er dem Unbesiegbaren Sonnengott, *Sol invictus*. Der Feiertag fand eine derartig große Akzeptanz während der licht- und freudlosen Zeit des Jahres, daß man ab dem 4. Jahrhundert den Geburtstag Christi auf diesen Tag legte. „Ich bin das Licht, die Wahrheit und das Leben“ – mit diesem Programm war die Verbindung zum heidnischen Sonnengott auch durchaus gegeben.

Betrachten wir Jesus Christus also nicht als Steinbock, und hüten wir uns, ihn als Fische-Geborenen zu bezeichnen. Doch verkörperte er wie kein zweiter das Fische-Zeitalter, in dem die verblendete Menschheit ihren Retter ans Kreuz schlug, um Erlsöung zu finden.

Sein Verhältnis zu Frauen war von der gleichen allumfassenden, allgemein gültigen Liebe und Achtung geprägt, die er der gesamten Menschheit entgegenbrachte. Er heilte und ehrte sie ebenso wie Männer, suchte ihre Nähe und ihren Rat und wies gesellschaftsbedingte Unterwürfigkeit zurück.

Frauen nahmen im Leben Jesu Christi unzweifelhaft eine wichtige Rolle ein.Und vielleicht war er ja auch nicht gar so asexuell, wie ihn die Kirchenväter späterer Jahre gern sahen und sehen. Aber für eine sein Leben beherrschende Beziehung war ganz offensichtlich kein Platz. Er kam auf diese Welt, um die Schatten möglichst vieler zu erlösen und sie zum Licht zu führen. Am Kreuz galt seine Sorge nur einer Frau: seiner Mutter.

Die Fische-Frau

Natürlich betreten Fische nicht nur im Gewand des Erlösers die Bühne dieser Welt. Begabt mit ihrer unendlichen Intuition, ihrer differenzierten Sicht der Dinge und ihren fast kindlich anmutenden Phantasien trifft man sie auch als Maler, Musiker, Literaten und – vor allem – als Schauspieler.

Ein Prototyp diese Fische-Variante ist Liz Taylor, dieser „Körper einer Frau mit den Gefühlen eines Kindes“, wie sie sich selbst charakterisierte. Offensichtlich lebt sie nicht nur das Fische-Thema des Erwachsenwerdens par excellance. Ihr ist zusätzlich etwas für diese Vertreter des Tierkreises besonders Seltenes vergönnt: Sie besitzt die Gabe, sich selbst zu beobachten. So meinte sie auch nicht ganz unrichtig: „Die schwierigste Rolle ist der Versuch, erwachsen zu werden“ – und feierte sie ihren 60. Gebutstag in Disneyland, pflegte die kindliche Beziehung zur eigenen Mutter und suchte sich in Michael Jackson einen Kind-Ersatz, mit dem sie zu geschwisterlichen Eskapaden aufbrechen kann.

Die Liebe ist für Liz Taylor nichts weiter als ein großartiges Schauspiel, jede neue Verliebtheit eine neue Rolle, die erste Szene in einem neuen Drehbuch. Richard Burton sagte von der Galerie ihrer Ehemänner einmal sinngemäß: Ihre erste Ehe war ein Fehler, die zweite scheiterte am Altersunterschied, die dritte war perfekt, doch leider ist der Mann tot, die vierte war ein Trauerspiel, und dann kam ich.

Richard Burton wurde gleich zweimal ihr Ehemann. „Ich bin eine Frau, die dominiert werden muß", meinte die Taylor von sich selbst, und das dürfte dem Skorpion Burton auch nicht weiter schwergefallen sein. Doch scheiterte die Verbindung trotz der astrologisch hervorragenden Voraussetzungen zunächst an der beruflichen Konkurrenzsituation zwischen den beiden Schauspielern.

Ihr Intermezzo mit dem 20 Jahre jüngeren Bauarbeiter und LKW-Fahrer Larry Fortensky holte sie kurzfristig aus diesem Dilemma. Offensichtlich tat ihr die Beziehung zu diesem erdgebundenen Menschen, der auch während der Ehe in seinem Beruf arbeitete, gut. Er hatte auch physisch die breiten Schultern, die sie sich zum Anlehnen wünschte, während er auf geistiger Ebene ihren kindlichen Träumen folgte.

Das schnelle Ende

Wenn Sie „Ihre Fische" ganz schnell wieder loswerden wollen, hilft nur eins: Legen Sie sich möglichst rüde Umgangsformen zu. Negieren Sie den Status der Fische als Märchenprinz oder Märchenprinzessin. Beginnen Sie, Ihren Partner herumzukommandieren.

Blamieren Sie ihn in der Öffentlichkeit, reagieren sie zynisch auf all seine liebevollen Dramaturgieversuche, lachen Sie über seine theatralische Ader. Tauchen Sie nicht wie gewohnt mit ihm gemeinsam in seine Träume ein, sondern zerstören sie sie gründlich durch allzu unvermittelten Kontakt mit dem Boden der Tatsachen. Negieren Sie vor allem die bislang gültigen Grundregeln Ihres Zusammenseins. Betrügen Sie ihn, verweigern sie bislang übernommene Pflichten.

Tauschen Sie zu guter letzt die großzügigen Geschenke der Fische um. Das wird ihr sensibles Herz kaum verkraften. Spätestens dann tauchen sie ab..Doch zum Glück müssen Sie mit Fische-Geborenen nur in den seltensten Fällen so weit gehen. Es wäre auch wirklich schade, denn sie machen wunderschöne Geschenke.

Die Fische und ihre Partner

Fische und Widder

Im ersten Augenblick mögen die Fische in den Armen eines Widders erleichtert aufatmen. Endlich ein Wesen, das ihren Phantasien und Träumen Halt und Struktur zu geben scheint. Instinktiv wissen die Fische um die verborgenen, spirituellen Qualitäten des Widders, und es fällt ihnen gar nicht schwer, sie auch tatsächlich zu Tage zu fördern. So glauben sie, den idealen Beschützer und Kämpfer für ihre Mission gefunden zu haben.

Im Bett erreichen sie miteinander tantrische Höhen. Die Fische beleben den Sex mit ihrer Ungezwungenheit und ihrer Phantasie und stoßen beim Widder auf ungeahnte Kräfte zur Umsetzung. Doch wehe, die beiden verlassen die schützende Intimität ihres Liebeslagers. Dann wird schnell greifbar, daß ihr Lebensausdruck zu unterschiedlich ist. Die Fische reagieren überempfindlich auf die ungeschliffene Art des Widders. Außerdem stellen sie enttäuscht fest, daß dieser anfangs so stark scheinende Partner als echte Stütze ausfällt, da er viel zu ungeduldig ist.

Fische und Stier

Im Stier finden die Fische viel eher die stabile Schulter, an der sie sich anlehnen können. Doch irgendwie scheint man es diesem wendigen Zeitgenossen nicht recht machen zu können. Er wünscht sich zwar Sicherheit und Halt, doch wenn er es in Form des Stieres tatsächlich bekommt, entwindet er sich blitzschnell. Denn in seinem tiefsten Herzen findet er diesen Venusjünger viel zu materiell, zu statisch und behäbig.

Meist werden die Fische trotzdem in dieser Beziehung verharren, zumindest, solange ihnen nicht ihr ersehntes „Dual“, der abgetrennte zweite Teil ihrer Seele, über den Weg zu laufen scheint. Der Stier repräsentiert für sie den Alltag, mit dem es sich zu arrangieren gilt. Für die Sicherheit und Stabilität des Stieres nehmen die Fische dann sogar seine Sparsamkeit in Kauf. Wirkliche Höhen und Tiefen wird es in dieser Beziehung trotzdem nicht geben, obwohl mit dem Stier ein Jünger der Venus auf den Archetyp des Weiblichen, die Fische, trifft. Vielleicht geht es den beiden wie guten, alten Freundinnen: Sie lieben sich, aber ohne kleinere und größere Sticheleien kommen sie einfach nicht aus.

Fische und Zwillinge

Luftzeichen sind eigentlich durch die Bank nichts für die Fische, auch wenn sich die luftigen Vertreter manchmal unwiderstehlich von ihnen angezogen fühlen und deshalb ihr gesamtes Verführungsregister ziehen. Für eine Nacht oder zwei mag das Ganze noch vertretbar sein. Doch auf Dauer bleiben die Fische in der Verbindung mit einem Vertreter der Luft auf der Strecke – sie verdorren geradezu.

Die Verbindung von Fischen und Zwillingen ist besonders fatal. Hier treffen gleich vier Schauspieler mit ihren Rollen aufeinander, denn beide Doppelzeichen übernehmen für ihr Leben gerne Rollen.

So gesehen, können sie mit ihrem wechselweisen Gauklertum recht gut umgehen. Doch während bei diesem Theater bei den Zwillingen die Lust am Spiel im Vordergrund steht, steckt bei den Fischen deutlich mehr dahinter. Sie sehen mindestens zwei bis drei Dinge gleichzeitig, die sie alle verkörpern und umsetzen wollen. Daher erscheinen die Zwillinge den Fischen mit der Zeit oberflächlich, zumal sie für Fische-Ohren die fatale Neigung haben, alles zu zerreden.

Am schlimmsten wird es, wenn die Fische in eine ihrer Depressionen versinken. Die Zwillinge holen sie dort zwar bereitwillig heraus, weigern sich dann jedoch, weitere Verantwortung zu übernehmen. In ihrer Überforderung reagieren sie neckisch, was die Fische an den Rand der Selbstzerstörung treibt.

Fische und Krebs

Wenn diese beiden Träumer aufeinander stoßen, so ist das Liebe auf den ersten Blick. Gemeinsam tauchen sie in das Reich der ewigen Liebe ab, was zwar schön, aber nicht unbedingt alltagstauglich ist. Die Fische lassen sich in die liebenden und fürsorglichen Arme des Partners sinken, ganz in der Gewißheit, in ihm ihr lange vermißtes „Dual“, den zweiten Teil ihrer Seele, gefunden zu haben. Dabei ignorieren sie völlig, daß auch der Krebs von ihnen Zeichen des Schutzes und der Geborgenheit braucht, um aufzublühen.

In der Regel ist tatsächlich der Krebs der Stärkere und Lebenstüchtigere dieser Kombination. Was allerdings noch lange nicht heißt, daß der Krebs stark und lebenstüchtig ist. Er wird dafür sorgen, daß zumindest der Kühlschrank halbwegs gefüllt und das Haus in Ordnung ist. Doch so weit, daß alle Rechnungen pünktlich bezahlt würden, kommt es selten. So findet sich dieses Paar trotz aller Liebe unversehens in einem Existenzkampf, für den sich beide schlecht gerüstet fühlen.

In solch einer Situation leidet nicht zuletzt auch die Sexualität der beiden. Der Krebs braucht rundherum Sicherheit, um sich im Bett zu öffnen. Die Fische gehen dagegen seiner Ansicht nach viel zu leichtherzig ans Werk und präsentieren dem verunsicherten Krebs dann auch noch ihre ausgefallenen Wünsche und Ideen. Sie bestehen zwar nicht darauf, lassen den Krebs jedoch ihre sexuelle Unzufriedenheit deutlich spüren. Das heizt seine Unsicherheit neuerlich an, was einen Teufelskreis wie aus dem Lehrbuch entstehen läßt.

Fische und Löwe

Im Bett mögen sich die beiden kurz einmal gegenseitig wärmen. Dort kann der Löwe zu seiner Verblüffung feststellen, daß er es offensichtlich doch nicht mit einer geringen Kreatur zu tun hat, die seiner Aufmerksamkeit nicht würdig ist. Doch abgesehen von der offenen und ehrlichen Erotik der Fische haben sich die beiden herzlich wenig zu sagen.

Den Fischen ist das In-Szene-setzen des Löwen verhaßt. Versteht denn dieses Geschöpf gar nicht, daß in Wahrheit sie, die Fische, die Märchenprinzen und -prinzessinnen des gesamten Universums sind? Was vermag da schon ein Herrscher der Tiere? Dem Löwen mag diese Mißachtung seiner Würde gar nicht auffallen, ist doch auch er munter dabei, sein Gegenüber mit seinem Geltungsanspruch nicht zur Kenntnis zu nehmen. Ein lauter Brüller, und schon sind die Fische in Deckung gegangen. Solche Wesen wecken noch nicht einmal seinen Jagdinstinkt. Und das soll etwas heißen.

Fische und Jungfrau

Auf intellektueller Ebene sind sich die beiden auf Anhieb sympathisch. Beide schätzen das anregende Gespräch, allerdings kann es leicht passieren, daß sich die Fische von der analytischen Kühle des Jungfrauen-Verstandes etwas irritiert zurückziehen. Die Jungfrau findet ihr Gegenüber aufs erste zwar interessant, weicht dann jedoch vor seinen launenhaften Exztravaganzen enttäuscht zurück. Hier trifft sie doch nicht auf die gleichen überschaubaren Werte und Verhaltensregeln, die sie bei den Fischen anfangs orten zu können glaubte.

Die Fische reden zwar nicht großartig über ihre Gefühle, doch die Jungfrau spürt sie trotz allem. Und sie sind ihr zu stark; vor allem, wenn es sich um negative Empfindungen handelt. Außerdem findet sie die erotischen Inszinierungen der Fische schwülstig. Da beide auch noch mit einem eher schwach ausgeprägten Selbstwertgefühl zu kämpfen haben, bauen sie sich gegenseitig eher ab als auf. Dem trägt übrigens auch die Statistik Rechnung: Vor allem die Fische-Männer und die Jungfrauen-Frauen weichen einer Ehe miteinander eher aus.

Fische und Waage

Angesichts einer Waage fühlen sich die Fische sofort wohl. Es ist eine Begegnung wie unter guten alten Freunden. Kein Wunder, sind es doch beides Doppelwesen, deren Extreme jedoch nicht wie bei den Zwillingen komplett auseinander laufen können. Die auseinanderstrebenden Fische werden durch das Band in ihren Mäulern auf eine ähnliche Weise zum beständigen Ausgleich gezwungen wie die Waagschalen durch den verbindenden Arm.

Auch sonst sind die beiden aus einem ähnlichen Stoff. Die Waage ist eine Jüngerin der Venus, die Fische dienem dem Neptun, einer höheren Form der Venus. Vermutlich wird sich trotz dieser Leidenschaft versprechenden Kombination die Erotik der beiden im Kopf abspielen. Die Waage ist nicht unbedingt die erotische Impulsgeberin, während die Fische leicht ins Reich der Phantasien davongleiten.

Der Alltag der beiden wird vermutlich die Liebe zerstören. Denn die Waage ist mit ihren beständigen, ausgleichenden Schwankungen kaum in der Lage, den Fischen Halt ud Struktur zu geben. Sie müssen sich in Aktivitäten flüchten, wenn ihre Beziehung Bestand haben soll.

Fische und Skorpion

Die beiden haben wirklich einen Glücksgriff miteinander gemacht: Im Bett geht die Post ab, daß Außenstehenden das Hören und Sehen vergehen würde, in spirituellen Belangen wissen sie sich eins, und im praktischen Leben ist der Skorpion voll auf seinem Posten und wird von den Fischen in seinem Führungsanspruch auch nie in Frage gestellt.

Die Fische bewundern jedenfalls die Fähigkeit des Skorpions, mit den Widrigkeiten des Lebens fertig zu werden. Stecken sie selbst im Dreck und wissen sie nicht mehr recht weiter, können sie sich auf diesen Partner verlassen. Erstens ist er ein loyales Wesen, daß seine Lieben verteidigt. Und zweitens kennt er den Dreh, um den hin und her zappelnden Fischen zu etwas Entscheidungsfreude zu verhelfen.

Probleme haben die beiden miteinander vor allem dann, wenn die Fische versuchen, dem Skorpion ihre etwas schwülstigen Vorstellungen von Romantik unterzujubeln. Ansonsten sehen nur die Freunde und Bekannten, auf die diese Beziehung unübertreffbar langweilig wirkt, schwarz. Sie sind eben nicht dabei, wenn die beiden im Taumel der Ekstase auch auf die spirituelle Vereinigung zusteuern.

Fische und Schütze

Einem in wilder Liebe entbrannten Schützen können die Fische gar nicht widerstehen. Egal, ob Fische-Mann oder Fische-Frau, irgendwann werden sie sich dem anrennenden Charme dieses Gesellen einfach ergeben. Ist es dann endlich soweit, müssen die Fische jedoch erstaunt zur Kenntnis nehmen, daß dieser so feurig scheinende Liebhaber plötzlich den Kumpel herauskehrt. Und das ist – entgegen heftig verbreiteter Vorurteile über die Fische – so gar nicht nach ihrem Geschmack.

Fische mögen zwar über lange Zeit mit ihrer erotischen Phantasie das Auslangen finden. Doch wenn sie dann schon einmal ein leibhaftiges Wesen neben sich im Bett spüren, wollen sie den Mann oder die Frau, und nicht den besten Freund in Armen halten. Doch leider fühlen sich Schützen allzu oft in ihrem Körper gefangen, während Fische die Grenzen, die ihnen ihr Körper auferlegt, in den meisten Fällen noch nicht einmal spüren. Dann ist es verblüffenderweise gerade die Hingabe der Fische, die den Schützen mißtrauisch werden läßt.

Als geistige Grenzgänger zwischen den Welten haben die Fische dem visionären Schützen viel zu bieten. Nur allzugerne nimmt er Bemerkungen auf, die sein Fische-Partner nebenbei fallen läßt, und stilisiert sie zu großen Erkenntnissen oder Weisheiten hoch, denen er künftig folgen will. Die Fische fühlen sich mit einer solchen Rolle als Leitbild jedoch furchtbar überfordert, manchmal sogar ausgenutzt. Dann tauchen sie aus Selbstschutz ab.

Fische und Steinbock

Im Steinbock kann den Fischen tatsächlich ihr „Dual" begegnen, jener vor undenklichen Zeiten abgespaltene Teil ihrer Seele, der ihnen zur Vollkommenheit fehlt und den sie daher ständig suchen. Allerdings muß ein Mensch eine gewisse Reife haben, um diese vollkommene Ergänzung zu erkennen und auszuhalten. Denn allzuoft wird sie gerade von Fische-Geborenen mit harmoniesüchtiger, reibungsloser Vertrautheit verwechselt.

Ohne Arbeit an sich und der Beziehung wird es mit den beiden nicht gehen. Das erklärt vielleicht auch, warum Ehen zwischen Fische-Frauen und Steinbock-Männern auffallend oft scheitern (Gunter Sachs: Die Akte Astrologie, München 1997), obwohl sie doch so gute Karten miteinander haben.

Der Steinbock läßt sich von den Fischen nichts vormachen. Unbeirrbar holt er sie immer wieder auf den Boden der Tatsachen, verlangt Struktur und Realismus von ihnen. Doch dafür bekommen die Träume der Fische auch eine ganz unbekannte Komponente: die Aussicht auf Umsetzung, die durch die Zielstrebigkeit und die Genügsamkeit des Steinbocks auch in ganz aussichtslosen Umständen entsteht. Doch auch wenn die Fische dagegen ein wenig bocken müssen, weil harte Arbeit nicht unbedingt von ihnen erfunden wurde: Sie fügen sich letzten Endes doch. Da mag übrigens auch die totale erotische Ergänzung eine Rolle spielen, die den beiden für ihr anstrengendes, Entwicklung förderndes Miteinander den notwendigen Ausgleich gibt.

Fische und Wassermann

Gemeinsames Träumen wird wohl noch erlaubt sein, mögen sich die Fische denken, wenn sie sich einem Wassermann nähern. Daß beide keine bindungsfreudigen Wesen sind, stört dabei zunächst einmal nicht. Trennen kann man sich später auch noch. Und so werden die beiden eine Nacht nach der anderen erleben, in denen ihre erotischen Höhenflüge sie ins Reich des Vergessens entführen.

Doch die Trennung wird trotzdem fast zwangsläufig folgen. Denn für eine dauerhafte Beziehung mit den Fischen hat der Wassermann einfach zu wenig Feingefühl. Er liebt die Menscheit insgesamt und übersieht beinahe völlig die nach Streicheleinheiten dürstenden Fische zu seinen Füßen. Die lassen sich jedoch nicht übersehen, schon gar nicht mit der Vision der Menschenliebe. Schließlich sind sie die Märchenprinzen und -prinzessinnen unseres menschlichen Geschlechts.

Fische und Fische

Fische fliegen aufeinander; in ihrem Ebenbild glauben sie, dem lange gesuchten „Dual" begegnet zu sein, und übersehen dabei die ergänzende Funktion dieser „Zwillingsseele". Doch so schnell werden sie nicht die Augen öffnen, schließlich geht es ihnen im Bett hervorragend miteinander. Ihre Beziehung läuft, was will man mehr. Schließlich haben sie die harte Arbeit nicht erfunden; schon gar nicht die an sich und der Partnerschaft. Doch können sich in einer derartigen Partnerschaft schnell beide zu emotionalen Blutsaugern entwickeln. Dann geht es nur mehr darum, wer mehr Substanz hat und den anderen überlebt.

Literatur

Adrienne von Taxis, Astrologie. Tosa, Wien 1997

Chi An Kuei, Himmlische Verführung – Die Astrologie der Liebe. Metropolitan Verlag, Düsseldorf/München 1996

Liz Greene, Sag mir dein Sternzeichen, und ich sage dir, wie du liebst. Droemersche Verlagsanstalt Th. Knaur Nachf., München 1997

Carola Martine, Die Sinnlichkeit der Sternzeichen. Gondrom Verlag, Bindlach 1996

Peter Orban, Drehbuch Partnerschaft – Der Partner im Spiegel deines Horoskops. Rowohlt Taschenbuch Verlag, Reinbek bei Hamburg 1996

Wolfgang Reinicke, Praktische Astrologie. Droemersche Verlagsanstalt Th. Knaur Nachf., München 1993

Gunter Sachs, Die Akte Astrologie. München 1997